中国社会科学院国情调研丛书
CASS Series of National Conditions Investigation & Research

中国社会科学院创新工程学术出版资助项目

中国社会科学院国情调研丛书
CASS Series of National Conditions Investigation & Research

湖南省典型地区
共享发展研究

Paths and Policies for Shared Development:
Case Study of Several Typical Regions in
Hunan Province

李平 刘建武 张友国 吴滨 等著

中国社会科学出版社

图书在版编目(CIP)数据

湖南省典型地区共享发展研究/李平等著 . —北京：中国社会科学出版社，
2018.10

(中国社会科学院国情调研丛书)

ISBN 978 - 7 - 5203 - 3048 - 0

Ⅰ.①湖…　Ⅱ.①李…　Ⅲ.①区域经济发展—研究—湖南　Ⅳ.①F127.64

中国版本图书馆 CIP 数据核字(2018)第 193039 号

出 版 人	赵剑英
责任编辑	黄　晗
责任校对	王　龙
责任印制	王　超

出　　版	中国社会科学出版社
社　　址	北京鼓楼西大街甲 158 号
邮　　编	100720
网　　址	http://www.csspw.cn
发 行 部	010 - 84083685
门 市 部	010 - 84029450
经　　销	新华书店及其他书店

印　　刷	北京君升印刷有限公司
装　　订	廊坊市广阳区广增装订厂
版　　次	2018 年 10 月第 1 版
印　　次	2018 年 10 月第 1 次印刷

开　　本	710 × 1000　1/16
印　　张	14.75
插　　页	2
字　　数	235 千字
定　　价	59.00 元

目　　录

前　　言

"创新、协调、绿色、开放、共享"五大发展理念是我们党针对中国发展中的突出矛盾和问题，致力于破解发展难题、增强发展动力、厚植发展优势，是改革开放以来中国发展经验的集中体现，在党的十八届五中全会决议中首次明确提出。进入 21 世纪以来，共享发展的理念逐渐深入，共享发展的思路逐步成熟，共享发展的内容逐步明晰。党的十六大指出，"在经济发展的基础上，促进社会全面进步，不断提高人民生活水平，保证人民共享发展成果"。党的十七大指出，"走共同富裕道路，促进人的全面发展，做到发展为了人民、发展依靠人民、发展成果由人民共享"。党的十八大指出，"共同富裕是中国特色社会主义的根本原则"。党的十九大报告中强调在发展中保障和改善民生，"保证全体人民在共建共享发展中有更多获得感，不断促进人的全面发展、全体人民共同富裕"。

一　共享发展是实现"两个一百年"奋斗目标的重要保障

强调共享发展是习近平新时代中国特色社会主义思想（以下简称"习近平新思想"）的一个基本特征。共享发展理念的首次提出是在党的十八届五中全会上，这一理念反映了以习近平同志为核心的党中央对当前中国经济社会发展中民生问题不掩饰、不回避的态度和彻底解决民生问题的决心。党的十九大确立的习近平新思想，提出了新时代坚持和发展中国特色社会主义的十四条基本方略。坚持包括共享发展在内的新发展理念就是其中的一条基本方略。

习近平新思想所提出的十四条基本方略还包括"坚持以人民为中心"以及"坚持在发展中保障和改善民生"。"坚持以人民为中心"既强调共享即"把人民对美好生活的向往作为奋斗目标",同时也强调共建即"要依靠人民创造历史伟业"。"坚持在发展中保障和改善民生"再次强调发展的根本目的是增进民生福祉,而共享发展是保证这一根本目标得以实现的根本途径。只有通过共享发展,才能补齐当前中国民生领域包括教育、收入、医疗、养老、住房、社保、扶贫等各方面的一系列短板。能否有效推进共享发展,直接关系到"坚持以人民为中心"与"坚持在发展中保障和改善民生"能否得以贯彻落实。

"两个一百年"奋斗目标即"到建党一百年时建成经济更加发展、民主更加健全、科教更加进步、文化更加繁荣、社会更加和谐、人民生活更加殷实的小康社会,然后再奋斗三十年,到新中国成立一百年时,基本实现现代化,把我国建成社会主义现代化国家"。"两个一百年"奋斗目标在党的十五大被首次提出,在党的十八大得以再次重申,党的十九大则进一步清晰描绘了"两个一百年"奋斗目标的时间表和路线图。毫无疑问,"两个一百年"奋斗目标与中国梦一起,已经成为当前引领中国前行的时代号召,并通过党的十九大决议写入党章。

为什么说共享发展是实现"两个一百年"奋斗目标的重要保障呢?党的十九大报告明确指出,从现在到2020年,是全面建成小康社会决胜期,必须紧扣我国社会主要矛盾变化,通过统筹推进"五位一体"总体布局及实施一系列重大战略,使全面建成小康社会得到人民认可、经得起历史检验。我国社会主要矛盾变化就是"中国特色社会主义进入新时代,我国社会主要矛盾已经转化为人民日益增长的美好生活需要和不平衡不充分的发展之间的矛盾"。显然,发展不平衡问题是当前影响全面建成小康社会的关键问题,其中贫困人口的脱贫问题尤为关键。发展的不平衡问题只有通过共享发展才能解决,因而共享发展是第一个百年目标的必由之路。

进一步,党的十九大报告明确提出,第二个百年奋斗目标分两个阶段完成。第一个阶段从2020年到2035年,在全面建成小康社会的基础上,再奋斗十五年,基本实现社会主义现代化。这一阶段需要完成的主要任务之一是"中等收入群体比例明显提高,城乡区域发展差距和居民生活水平差距显著缩小，基本公共服务均等化基本实现，全体人民共同富裕迈出坚实步伐"。这一任务也必须通过共享发展才能实现，因而也是共享发展的主要内容。同时，只有顺利完成第一阶段的任务，才能进一步完成好第二阶段的任务，即"从2035年到本世纪中叶，在基本实现现代化的基础上，再奋斗十五年，把我国建成富强民主文明和谐美丽的社会主义现代化强国"。因此，第二个百年奋斗目标也必须坚持实施共享发展才能实现。

二　共享发展理念的演进

（一）古代的共享观念

共享发展是人类社会进步的标志，也是人类孜孜以求的目标。自古以来，人类就向往和追求社会的公平正义，把公正作为社会制度安排的道德标准，共享观念在古代主要体现在人们对社会的公平正义的追求中。例如，中国传统文化中的天人合一的宇宙观，天下大同、家国一体的共享情怀，并最终推广至万物，体现共识、共信和共享的天下观，如儒家的仁爱万物、道家的物无贵贱、佛家的众生平等等思想（张彦和顾青青，2016）。其中，《论语·季世》就说，不患寡而患不均。墨子的兼爱思想就强调"共同、兼备"之意，注重人与人之间关系的平等性与包容性。

西方共享思想也产生较早，亚里士多德认为，"公正是一切德性的总括。"罗尔斯认为，"正义是社会制度的首要价值，正像真理是思想体系的首要价值一样。"虽然中西方许多思想家未明确提出"共享发展"的概念，但他们对公正的重视已经体现和蕴含着丰富的共享思想。

（二）马克思的共享精神

马克思主义科学预测了社会的发展趋势，形成了较为系统的发展理论。在揭示人类社会发展规律的基础上，马克思强调人类社会应当是公正的，人类社会之所以要过渡到共产主义社会，重要原因之一就在于资本主义是一个极不公正的社会，在那里劳动存在着异化，人也存在着异化。在马克思主义看来，公正的根本内容主要体现在经济领域"多劳多得、少劳少得，有劳动能力的人不劳动不得食"是在经济领域贯彻"按劳分配"原则，在政治领域实行"权利与义务相一致"原则，在法律领域实行

"罪与罚相对称"原则。

同时,马克思提出了"自由人的联合体":在"真正的共同体"中,"人不是在某一种规定性上再生产自己,而是生产出他的全面性",真正达成共同意志的认同与共享关系的实现。马克思关于公正的思想,为提出共享发展理念奠定了重要的理论基石。

(三) 社会主义共享发展理念

按照马克思主义理论,中国处在社会主义初级阶段。中国共产党是马克思主义公正观的继承者和发展者,始终将实现社会公平正义作为崇高使命,贯穿于中国革命、建设和改革的全过程。因此,共享发展是中国特色社会主义的本质要求,而且是中国共产党的使命担当。改革开放以来,从中国不同发展阶段可以看出对于共享发展理念有不同的理解。

1992年,邓小平提出社会主义本质是"解放生产力,发展生产力,消灭剥削,消除两极分化,最终达到共同富裕"。

1993年,中央在确立社会主义市场经济体制的文件中提出"效率优先,兼顾公平"的分配原则,同时提出了"先富带动后富,最终实现共同富裕"的发展路径。

1997年,中共十五大在概括社会主义初级阶段经济建设纲领时提出,"在社会主义条件下发展市场经济,不断解放和发展生产力"的目的就是"保证国民经济持续快速健康发展,人民共享经济繁荣成果"。

2004年,中共十六届四中全会首次将社会建设与经济建设、政治建设、文化建设相并列,提出构建社会主义和谐社会的目标。

2007年,中共十七大进一步明确社会建设的重点是保障和改善民生,社会建设的基本原则是"共建共享",社会建设的总目标是"使全体人民学有所教、劳有所得、病有所医、老有所养、住有所居"。

2009年,在亚太经合组织第十七次领导人非正式会议上,胡锦涛提出了"包容性增长"的理念,指出实现包容性增长的根本目的是让经济发展成果惠及所有人群,为此就必须坚持社会公平正义,着力促进人人平等获得发展机会。

2012年,中共十八大提出了"加快形成政府主导、覆盖城乡、可持续的基本公共服务体系"。为了在社会建设领域落实共建共享的原则,推进基本公共服务均等化。

2015 年，在中共十八届五中全会上，以习近平同志为核心的党中央正式提出"创新、协调、绿色、开放、共享"的"五大发展理念"，提出共享发展贯穿于整个国民经济和社会发展之中，发展为了人民，发展依靠人民，发展成果由人民共享。

可见，从"先富带动后富，最终实现共同富裕"到"共享经济繁荣成果"，"共建共享"，"包容性增长"，"基本公共服务均等化"，直到"共享发展"，体现出我们在"共享"问题上认识的逐步深化、实践的逐步推进，体现了社会主义的本质要求和中国共产党的使命担当。只有让更多的发展成果由人民共享，让人民有更多获得感，才能体现社会主义制度的优越性。

三　共享发展理念提出的现实背景

从中国社会发展的现实来看，改革开放 30 多年来，中国的经济社会发展在取得令世界瞩目的巨大成就的同时，也从原来的平均主义转变为今天社会分化较为突出的国家。而且，随着社会分化的不断加深，各利益群体之间也产生了越来越深的鸿沟，由于诉求的不同而产生的矛盾和冲突，影响和制约着中国的经济社会全面发展（王瑾，2016）。

改革开放在给国家和人民带来巨大实惠的同时，也造成了中国社会各群体、行业、地区之间的差距逐渐扩大。主要表现为三个方面：一是收入差距过大。2015 年全国居民收入基尼系数为 0.462，一直没有低于国际公认的警戒线 0.4，城乡居民收入和行业收入差距扩大，社会保障的不平衡，也加剧了收入差距扩大的趋势，贫富差距已经影响到了社会稳定和谐。二是城乡二元分割仍旧存在。目前，城乡之间的差距不仅表现在经济发展水平和居民收入上，更反映在政府提供的公共医疗、义务教育、最低保障等基本的公共产品上。三是地区之间发展差距拉大。地区间差异具体表现在经济发展差距、人类发展差距、社会发展差距、知识发展差距等方面。不仅体现在居民收入水平上，更主要的是在工业化水平、产业结构和基础设施等发展水平方面的差距迅速拉大。在所有制结构、市场化进程等方面，差距也十分明显。

四 共享发展的内涵与特征

2015 年 10 月，党的十八届五中全会提出了"创新、协调、绿色、开放、共享"五大发展理念，是统领和引导"十三五"乃至更长阶段中国经济社会发展的重要指针。其中，以增进广大人民福祉、促进人的全面发展为目标的共享发展理念，是五大发展理念的根本出发点和落脚点。共享发展不仅是一种理念，更是行动指南。

（一）党的十八届五中全会关于共享发展理念的阐释

党的十八届五中全会按照共享发展的目标、原则和路径对共享发展理念进行了阐释。

目标：坚持共享发展，必须坚持发展为了人民、发展依靠人民、发展成果由人民共享，作出更有效的制度安排，使全体人民在共建共享发展中有更多获得感，增强发展动力，增进人民团结，朝着共同富裕方向稳步前进。

原则：按照人人参与、人人尽力、人人享有的要求，坚守底线、突出重点、完善制度、引导预期，注重机会公平，保障基本民生，实现全体人民共同迈入全面小康社会。

路径：增加公共服务供给，从解决人民最关心最直接最现实的利益问题入手，提高公共服务共建能力和共享水平，加大对革命老区、民族地区、边疆地区、贫困地区的转移支付。实施脱贫攻坚工程，实施精准扶贫、精准脱贫，分类扶持贫困家庭，探索对贫困人口实行资产收益扶持制度，建立健全农村留守儿童和妇女、老人关爱服务体系。提高教育质量，推动义务教育均衡发展，普及高中阶段教育，逐步分类推进中等职业教育免除学杂费，率先从建档立卡的家庭经济困难学生实施普通高中免除学杂费，实现家庭经济困难学生资助全覆盖。促进就业创业，坚持就业优先战略，实施更加积极的就业政策，完善创业扶持政策，加强对灵活就业、新就业形态的支持，提高技术工人待遇。缩小收入差距，坚持居民收入增长和经济增长同步、劳动报酬提高和劳动生产率提高同步，健全科学的工资水平决定机制、正常增长机制、支付保障机制，完善最低工资增长机制，完善市场评价要素贡献并按贡献分配的机制。建立更加公平更可持续的社会保障制度，实施全民参保计划，实现职工基础养老金全国统筹，划转部分国有资本充实社保基金，全面实施城乡居民大病保险制度。推进健康中国建设，深化医药卫生体制改革，理顺药品价格，实行医疗、医保、医药联动，建立覆盖城乡的基本医疗卫生制度和现代医院管理制度，实施食品安全战略。促进人口均衡发展，坚持计划生育的基本国策，完善人口发展战略，全面实施一对夫妇可生育两个孩子政策，积极开展应对人口老龄化行动。

（二）习近平同志在省部级主要领导干部学习研讨班上的讲话

2016年1月18日，习近平同志在省部级主要领导干部学习班上从四个方面讲述了共享发展理念，指出共享是"全民共享，全面共享，共建共享，渐进共享"。

第一，共享是全民共享。全民共享是讲发展成果要覆盖全民。习近平同志指出："共享发展是人人享有、各得其所，不是少数人共享、一部分人共享。我们必须坚持发展为了人民、发展依靠人民、发展成果由人民共享，作出更有效的制度安排，使全体人民朝着共同富裕方向稳步前进。"实现全民共享，就是要把不断做大的"蛋糕"分好，让社会主义制度的优越性得到更充分体现，让人民群众有更多获得感。我们要在不断发展的基础上尽量把促进社会公平正义的事情做好，既尽力而为，又量力而行，努力使全体人民在学有所教、劳有所得、病有所医、老有所养、住有所居上持续取得新进展。特别是要加大对困难群众的帮扶力度，坚决打赢农村贫困人口脱贫攻坚战。

第二，共享是全面共享。全面共享是讲共享的内容要全面。习近平同志指出："共享发展就要共享国家经济、政治、文化、社会、生态各方面建设成果，全面保障人民在各方面的合法权益。"人们往往仅从经济角度、物质财富分配的角度来理解"共享"，"共享"不仅仅拘泥于经济领域，举凡政治、文化、社会、生态等各种领域都应包含在内。

第三，共享是共建共享。共建共享是共享实现的途径。习近平同志指出："共建才能共享，共建的过程也是共享的过程。要充分发扬民主，广泛汇聚民智，最大激发民力，形成人人参与、人人尽力、人人都有成就感的生动局面。"例如，作为共享发展的主要内容，扶贫脱贫就是为了使贫困群众能够从中国的经济发展中受益，共享改革开放的成果。不过，习近平同志也强调要将"扶贫与扶智、扶志相结合"，也就是将共享与共建结合起来。

第四，共享是渐进共享。渐进共享是对共享发展的进程而言的。习近平同志指出："共享发展必将有一个从低级到高级、从不均衡到均衡的过程，即使达到很高的水平也会有差别。我们要立足国情、立足经济社会发展水平来思考设计共享政策。"坚持渐进共享，要做到既积极而为又量力而行。正确处理当前和长远的关系，不断提升人民群众的获得感。

从上面可以看出，共享发展是坚持以人民为中心的发展思想，把增进人民福祉、促进人的全面发展作为发展的出发点和落脚点，坚持发展为了人民，发展依靠人民，发展成果由人民共享的发展理念。同时，共享发展理念要坚持全民共享、全面共享、共建共享、渐进共享，不断做大"蛋糕"、分好"蛋糕"，才能使发展成果更多更公平惠及全体人民。

综合来看，共享发展是以人民为中心，把增进人民福祉、促进人的全面发展作为出发点和落脚点，贯穿于经济、社会、文化、政治、生态等领域的全面发展，发展成果由全民共享的渐进实现的发展理念。

通过共享发展的内涵，可以看出共享发展具有以下特征。

一是发展性。发展是共享的基础，只有通过不断发展，才能为共享提供坚实的物质基础。中国处在社会主义初级阶段，要解决近14亿人口的基本生活需求，这个任务显得格外重要。因此，我们党始终把发展作为执政兴国的第一要务，发展必须以经济建设为中心，但又必须兼顾政治、文化、社会、生态文明建设。

二是共享性。共享是发展的目的，发展并非必然带来共享。发展的成果如果不能公平有效地分配，则会引起贫富分化的加剧，进一步引发政治腐败和社会动乱，不利于社会的可持续发展。如果注重分配的公平和公正，建立完善的社会保障体系，则经济发展比较迅速，人们安居乐业，社会也比较稳定，有利于整个社会的可持续发展。

五　共享发展与其他相关概念和范畴的关系

为了进一步明晰共享发展的内涵，有必要将共享发展及与之相关的几个重要概念加以区别和辨析它们之间的差异。

（一）共享发展与平均主义

共享是一种共同价值，既要求共享发展资源、发展机会，也要求共享发展过程、发展成果；既要求共享财富，也要求共享权利。共享发展不同于平均主义。平均主义也是共享发展的大敌，因为平均主义离开生产谈分配，脱离共建共创，不论各人在财富创造中的努力和贡献，企图只凭借自己的身份，就能与其他人一样分得等量的一份财富。可是古今中外各类平均主义的实践都已证明，平均主义必然降低人们的积极性和创造性，耗尽社会财富，最后大家绑在一起穷。同时，人人都有基本生活需要得以满足的基本权利，保障这种基本权利，是国家的责任和要求，但是，社会公平正义不等于平均主义，但包含了基本公共服务上的平均（童星，2017）。

（二）共享发展与共产主义

共享发展与共产主义也有本质的区别。共享发展是一种发展理念，而共产主义是社会发展的一种形态，两者的概念有着本质的不同。共享发展是所有参与生产活动、财富创造过程的人们共享发展机会和财富，使全体人民有更多获得感，朝着共同富裕方向稳步前进。当然，如果不能实现共享发展，必然会扩大贫富差距、造成两极分化，引起社会动乱。而共产主义社会是"生产力高度发达、社会产品极大丰富、人们按需分配的美好社会"，共产主义是社会发展的高级形态，需要经过相当长的发展时间才有可能实现。社会主义共享发展的最终目标是促进整个社会的可持续发展，为共产主义的实现提供发展的基础。

（三）共享发展与分享（共享）经济

共享发展和分享经济是两个不同的概念，不可以将两者相提并论（郑洪，2017）。共享发展和分享经济首先在内涵上就是不同的，共享发展是一个与发展相关的理念。分享经济也叫作共享经济，是一种经济运行的具体模式。共享发展和分享经济的两者制定目的也是不同的，共享发展他所发展的最终目的是增加所有社会成员的一种获得感，从而可以在一定程度上提高原有的生活质量。而分享经济的目的则是从消费者的角度出发，也就是说不强调最终的经济所有权，从而可以降低消费者在交易过程中的成本。

（四）共享发展与包容性增长

共享发展与包容性增长之间是包含与被包含的关系。"包容性增长"这一概念最早由亚洲开发银行在 2007 年提出，其主要含义是通过创造生产性就业岗位、能确保机遇平等、为最弱势群体提供保障的方式，最大限度地让普通民众成为经济发展的受益者。可见，包容性增长主要强调经济发展成果的共享，而共享发展则不仅突出强调共享经济发展成果，也强调共享政治、文化、社会以及生态文明等各方面的建设成果。因此，共享发展的内涵不仅能完全涵盖包容性增长，也远远超越了包容性增长。

（五）共享发展与共同富裕

共享发展和共同富裕之间有着密切的联系，共享发展最终的目的是实现共同富裕，也就是说共同富裕才是共享发展的最终目标。共享发展是发展中的一个必要过程，两者之间存在一定的因果关系，共享发展在一定程度上保障着我们稳定地向共同富裕的目标发展。通过共享发展，才有可能实现共同富裕，如果不实现共享发展，就会造成居民收入存在着一定的差距，甚至贫富差距悬殊，共同富裕肯定也不能实现。

六　本次调研的目的与意义

共享发展是指导中国中长期发展的五大理念之一。为贯彻落实共享发展理念，及时总结共享发展经验、教训，对共性发展进展状况进行调研。本次调研主要了解湖南省的共享发展状况，了解扶贫、城乡均衡发展、收入分配、社会保障、医疗、教育、住房、文化、生态环境等领域共享发展的现状、相关规划和政策措施的制定及实施状况，取得的成效，存在的困难和问题，典型案例。希望通过本次调研能够发现共享发展中存在的一些带有共性的问题、困难及其解决方案，为进一步推进共享发展提供政策参考。

本次调研具有重大的现实意义和理论价值。改革开放使中国经济飞速增长，但居民收入增长速度长期滞后于经济增长速度，而且居民收入差距日渐扩大。为了使改革开放成果为人民所共享，全民共享小康，党的十八届五中全会将共享发展确定为我国的五大发展理念之一。习近平同志指出："共享发展就要共享国家经济、政治、文化、社会、生态各方面建设成果，全面保障人民在各方面的合法权益。"因此，共享发展是实现共享发展的应有之义和不可或缺的环节，甚至是首要任务。

然而，正如习近平同志所指出的："落实共享发展是一门大学问，要做好从顶层设计到'最后一公里'落地的工作，在实践中不断取得新成效。"如何完善制度和制定政策、措施以有效推进扶贫脱贫、缩小收入差距、增加就业、完善收入分配制度、促进公共服务（教育、社会保障、医疗卫生）均等化，是中国实施共享经济发展亟待研究、解决的关键问题。破解这一重大课题，首先必须准确把握中国推进扶贫脱贫、缩小收入差距以及公共服务均等化所面临的现实困难和调整；其次，必须对一些地区在上述各方面所取得的做法加以总结，推广有价值和普遍意义的经验，同时吸取相关教训。因此，针对共享经济发展的国情调研具有十分重大的现实意义，同时也十分有助于推动共享发展的理论研究。

本项目选取湖南省典型地区作为调研地点。推进民生共享，是贯穿"十二五"期间湖南改革发展最显著的民生工程——全省基本建成了覆盖全省的社会保障体系和公共服务体系，累计新增城镇就业382万人，新增农村劳动力转移就业360万人，减少贫困人口520万以上，城乡居民可支配收入稳步提高……持续不断地改革红利和民生投入，提升了全省群众的公平感、幸福感，催生大众创业、万众创新的活力。但截至2014年年底，湖南省仍是贫困人口超过500万的六个省份之一。目前湖南省正在大力实施扶贫攻坚民生工程，以保证全省596万贫困人口同步迈入小康社会。因此，作为共享经济发展的调研地点，湖南省湘江流域具有十分突出的典型性。

七 本次调研实施过程

为了做好本次调研活动，中国社会科学院数量经济与技术经济研究所联合湖南省社会科学院，组织骨干科研人员成立课题组，以共享发展研究为主题，申请了中国社会科学院国情调研基地项目。课题组负责人为中国社会科学院数量经济与技术经济研究所所长李平和湖南省社会科学院院长刘建武。课题组成员包括中国社会科学院数量经济与技术经济研究所的张友国、吴滨、蒋金荷、朱承亮、白延涛、陈金晓、程远、马晔风、左鹏飞、张茜、徐海龙、刘建翠、汪陈、刘玉玲；湖南省社会科学院的李晖、邝奕轩、杨顺顺。本报告即为该项目的结题报告。

本课题于 2016 年 4 月正式启动。在半年多的时间里，本课题组通过对共享发展的理论思考，选取了湘潭市岳塘区，永州市祁阳县、吉首市和慈利县作为案例，对这四个地区共享发展的现状、经验及面临的挑战进行了深入调研分析。为便于调研，本课题组分为两个小组，一组前往湘潭市岳塘区和永州市祁阳县；一组前往吉首市和慈利县。同时，课题组还构建了共享发展的评价指标体系，并据此确定调研提纲。通过相关数据的收集、整理，定量评估了湖南省四大经济板块①的共享发展进程；对其中存在的问题和不足进行了初步分析。

课题组先后与调研地区市委、市政府及组织部、发改委（局）、扶贫办、经信委（局）、财政局、工商局、地税局、金融办、农委（局）、司法局、信访局、人社局、卫计委、住建局、规划局、教育体育局、民政局、科技局、文化局、环保局、园林局、水务局、统计局等相关部门负责人；有关乡镇、村负责人及工业园区企业负责人进行了座谈。实地考察了相关社区、企业及乡村生产基地。获取了大量一手资料，并在上述访谈过程中有针对性地考察具体的共享发展经验、存在的问题和挑战。红网、岳塘新闻网、湘潭在线、张家界在线、祁阳县政府网、慈利新闻网、网易新闻、搜狐网对本次调研活动进行了报道。

八　本次调研内容

本项目的调研内容集中于湖南省四个典型地区的共享发展。"十三

---

① 湖南省四大经济板块即长株潭板块、环洞庭湖板块、大湘西板块和泛湘南板块。长株潭板块包括长沙市、湘潭市和株洲市，环洞庭湖板块包括岳阳市、益阳市和常德市，大湘西板块包括邵阳市、怀化市、张家界市、湘西州，泛湘南板块包括衡阳市、郴州市、永州市、娄底市。

五"期间,中国共享发展的总体思路可概括为:以推进社会公平正义为前提,以推进扶贫脱贫、缩小收入差距为抓手,以推进区域、城乡基本公共服务均等化为保障,以推进共同富裕为目标。据此,本项目的内容主要包括以下个六方面。

(一)调研地区经济、社会发展基本状况

了解调研地区的经济、社会发展等基本状况有助于深入理解其共享发展。这方面的调研内容包括调研的区位优势、自然及人文资源状况、经济规模、经济结构、城市化、对外贸易、人口规模及构成、人口分布状况、贫困人口规模、居民住房及消费状况、基础设施、教育、卫生、生态环境等。

(二)调研地区共享发展政策措施及实施情况

一方面,通过调研了解湖南省委省政府关于共享发展的总体考虑和定位。调查梳理相关地区各个层面、各个领域(就业、扶贫、收入分配、教育、社会保障、医疗卫生)和各个方面(经济、行政、法律、宣传教育)的共享发展思路与政策体系,识别其中的关键领域和关键政策措施。另一方面,通过调研了解相关地区共享发展政策、措施的落实情况及效果。

(三)调研地区共享发展存在的问题、面临的困难和挑战

通过调研找出相关地区共享发展存在的主要不足之处,如是否忽略了一些关键领域、关键环节,或是否在某些关键领域进展缓慢。分析相关地区进一步共享发展面临的困难和挑战,包括思想观念、资金、人才方面可能存在的制约,经济、行政、法律等方面体制、机制可能产生的制约或存在的不足,共享发展政策(如就业、扶贫、收入分配、教育、社会保障、医疗卫生等政策)与经济增长政策之间可能存在的冲突等。

(四)调研地区共享发展水平评价

本项目将根据共享发展的内涵,制定共享发展指标体系。概括来说,共享发展就是要坚持全民共享、全面共享、共建共享、渐进共享。习近平

同志指出："这四方面是相互贯通的，要整体理解和把握。"根据上述内涵，共享发展指标体系至少包括就业、扶贫、收入分配、教育、社会保障、医疗卫生等。不过，在不同发展阶段，各指标的权重应有所不同。在构建指标体系的基础上，本项目考虑根据数据可获得性，对相关地区的共享发展状况进行跟踪调研和定量评价。

（五）进一步推进共享发展战略的对策和建议

通过课题组前期一系列调研掌握的情况，并以座谈、访谈或问卷调查的方式与相关企业、行业协会、研究机构、地方政府进行充分沟通，继而对当前和未来一段时期相关地区共享发展特别是相关体制、机制提出意见和建议。

（六）湖南省典型地区共享发展经验的启示

通过对湖南省典型地区共享发展实践的调研，从中总结和提炼出具有普遍意义和推广价值的典型做法，为其他地区和全国的共享发展提供借鉴。

九　调研报告内容概述

本报告采取点面结合的方式研究了湖南省的共享发展。主体部分选取四个县（区）深入剖析了共享发展的政策措施、成效、存在的问题及进一步改善的路径，附录部分对湖南省地级市及四大经济板块共享发展的总体情况进行了定量分析。

第一章以湘潭市岳塘区为例，总结了湖南省城市地区的共享发展经验。岳塘区将基层党建作为城市治理和共享发展的总抓手，构建了上下贯通、三级联动的工作体系，强化了基层党组织的政治功能和服务功能，共享发展成效显著。岳塘区在经济共享发展方面重视财政保障、村级经济发展、扶贫攻坚和城乡收入均等化；在社会共享发展方面，强调体制机制建设、资源的协调整合；在文化教育共享发展方面，把加大投入、科学规划和群众参与等措施有机结合起来；在生态共享发展方面，贯彻落实"党政同责、一岗双责"的环境保护责任体系及各项规章制度，切实解决各类突出的环境问题。

第二章选取慈利县，调研了省直管县的共享发展状况。慈利县委、县政府高度重视共享发展，注重对共享发展经验的及时总结和推行，将共享发展理念落实到发展的各个方面。慈利县在经济共享发展方面，重视产业的合理选择、基础设施的建设以及多路径的扶贫攻坚；在社会共享发展方面，注重城乡医疗、社保、就业的一体化；在文化教育共享发展方面，采取了文化惠民工程、文化基础设施建设、发展文化旅游，教育扶贫、城乡教师双向交流、远程教育等措施；在生态共享发展方面，把生态文明建设顶层设计、绿化工程、污染治理、产业转型有机结合起来。

第三章以祁阳县为例，总结了生态屏障地区共享发展的经验。祁阳县的共享发展强调政府部门的政治站位和责任担当。在经济共享发展方面，祁阳县把金融服务和财政支持有机结合起来，大力推进产业优化升级，致力于投资兴业高地建设和扶贫攻坚；在社会发展领域重视医疗资源的均衡化和医疗资源共享，推行"社区养老"模式，通过基础设施建设加快推进城乡一体化发展；在文化教育共享发展方面，充分挖掘当地丰富的文化资源（如祁剧）并积极组织各类文化活动，财政投入优先保障教育发展并密集出台了一系列教育共享发展规划；在生态共享发展方面，明确环保责任和制度建设，着力推进产业转型和淘汰落后产能，积极美化城乡环境和争创全国文明城市。

第四章聚焦吉首市，探讨了少数民族聚居地区的共享发展。近年来吉首市委、市政府积极落实共享发展理念，在推进共享发展方面进行了有益尝试。吉首市在经济共享发展方面强调发展优势产业、大力推进新型城镇化和扶贫攻坚；在社会共享发展方面强调医疗卫生资源的有效供给、均等化，中医药事业和生态康养事业深度融合，通过完善社保体系推进"幸福吉首"建设，通过完善就业创业政策体系促进"实干吉首"建设；在文化和教育共享发展方面，重视顶层设计、文化与旅游的深度融合，开展群众文体活动，加大投入教育基础设施，实施教育扶贫工程，扩大优质教育资源覆盖面；在生态共享发展方面，把"生态文明建设"作为重点贯穿在全市的各项工作中，大力推进国家森林城市建设，加大环境保护力度，积极发展新兴产业。

第五章是关于本次调研地区共享发展经验的总结及其启示作用的提

炼。这几个地区的共享发展经验主要有两方面。一是积极探索共享发展新思路，包括以基层党建聚力引领共享发展、着力打造地方特色共享发展模式、统筹推进城乡一体化发展、以新型城镇化促进共享发展、大力拓展产业扶贫特色之路、着力提升基本公共服务水平和质量。二是精心构筑共享发展长效机制，包括积极探索优质公共资源共建共享机制、以改革破除共享发展体制障碍、大力推进共享发展制度建设。主要启示有七点：促进社会公平正义是社会共享发展的核心要领、提升人民获得感是社会共享发展的根本目标、基本公共服务均等化是共享发展的主线和导向、区域自我发展能力是共享发展的动力和源泉、政策的协同与整合是社会共享发展的重要抓手、政策执行力是社会共享发展的前提和保障、政府投入是实现共享发展的重要保障。

附录Ⅰ从共享发展的内涵分析入手，根据科学、全面、简明、层次分明、可操作等原则建立了共享发展的评价指标体系，提出了共享发展指数。在此基础上，附录Ⅱ选取湖南省四大经济板块的相关数据，评价了四大经济板块的共享发展进展状态。定量分析的结果表明，湖南省四大经济板块中，长株潭板块的共享发展水平特别是经济和社会共享发展水平显著高于其他三大板块；环洞庭湖板块的经济共享水平仅次于长株潭板块，但社会、文化及生态共享发展水平较低；泛湘南板块的社会共享发展水平仅低于长株潭板块，但经济、文化和生态共享发展水平有待加强；大湘西板块的文化和生态共享发展水平较高，但经济和社会共享水平还需进一步提高。

第 一 章

城市地区共享发展——湘潭市岳塘区调研[①]

第一节　岳塘区概况

一　区位地理

岳塘区位于湖南省湘潭市河东地区，湖南省湘江与涟水河汇合处，东接株洲市石峰区，南与湘潭县隔湘江相望，西同雨湖区隔湘江相望，北近长沙市长沙县。该区是 1992 年经国务院批准的新区，由原板塘区、岳塘区、郊区合并而成。2004 年，湘潭市行政中心东迁至岳塘区，岳塘区成为湘潭市的政治中心，是湘潭市乃至湖南省的重要工业基地和国务院批准设立的"资源节约型、环境友好型"社会建设综合配套改革试验区。全区土地总面积 206 平方公里，2016 年直接管辖 9 个街道和 1 个省级经济开发区，常住人口 47.23 万人，城镇化率达到 95.7%。

岳塘区是长沙、株洲、湘潭三市交界的"金三角"中心地带，联系三市之枢纽，扼湖南经济开发带"五区一廊"之要冲。京广铁路、湘黔铁路和长株潭城际铁路纵横穿境，107 国道、320 国道、京珠和沪昆高速公路交汇其间，湘江呈 U 字形三面环绕，四季宜航，可通长江入大海，四座大桥横卧其上，接通四面八方，乘车至黄花机场只需半小时，交通快

---

① 在岳塘区期间，调研组采取座谈会的方式与岳塘区发改委（局）、扶贫办、经信委（局）、财政局、工商局、地税局、金融办、农委（局）、司法局、信访局、人社局、卫计委、住建局、规划局、教育体育局、民政局、科技局、文化局、环保局、园林局、水务局、统计局、相关企业和事业单位进行了座谈，考察了长塘创新创业街、岳塘国际商贸城、竹埠港、盘龙大观园、五里堆社区、清水学校等地了解岳塘区社会各方面在共享发展取得的成就和面临的问题。

捷便利。

岳塘区属湘中丘陵至湘南山地的过渡地带，基本为山地丘陵类型，土壤多为黄红土。岩层属第三纪衡阳红系砂岩、页岩、砾岩。区域内地层多为风化岩残积层土壤，100 米以下为石灰岩层，地下水在地表 10 米以下。岳塘区地震基本烈度为 6 度。

二　资源禀赋

水资源。湘江流经岳塘区的西部、南部和东南部，全长约 42 千米，是工业区和全区的重要水源，也是纳污水体。

光照资源。岳塘区光能资源比较丰富，历年平均日照时数 1640—1700 小时。

植物资源。岳塘区内的昭山有 120 多个科 300 多种植物，主要为松、杉、杂木及灌木丛，无裸露的山体及荒地。该区域内森林覆盖率达 92%，无珍稀、濒危动植物。

旅游资源丰富。有古潇湘八景之一的昭山、法华山、3000 亩仰天湖、东风水库、红旗水库，既是农业示范基地，又是观光旅游休闲之地的盘龙现代农业示范园。

三　经济社会发展①

岳塘区具有较好的经济发展基础，水、电、路、邮电等基础设施配套齐全，近年来经济增长迅速，现代产业蓬勃发展，经济实力有较大提升。2011—2016 年，岳塘区 GDP 从 384.48 亿元增加到 530.70 亿元，年均实际增长 9.43%；人均 GDP 从 84076 元提高到 112903 元，年均名义增长 5.03%；财政收入从 10.70 亿元迅速提高到 65.87 亿元，年均名义增长 35.38%，财政支出从 6.70 亿元增加到 65.27 亿元，年均名义增长 46.14%。一般预算支出 26.57 亿元，同比增长 8.28%，其中一般公共服务支出 3.53 亿元，社会保障和就业支出 1.73 亿元，教育支出 3.11 亿元，城乡社区事务支出 10.89 亿元。

---

① 本部分数据来自 2012 年和 2013 年湖南统计年鉴，2011 年、2012 年岳塘区国民经济和社会发展统计公报，2014—2017 年岳塘统计年鉴。

全年全区社会消费品零售总额 99.6 亿元，同比增长 11.7%。其中，区属社会消费品零售总额 66.9 亿元，同比增长 10.3%；限额以上法人单位消费品零售额 39 亿元，同比增长 20.4%。按行业分，批发业零售额 19.1 亿元，同比增长 30.2%；零售业零售额 34.4 亿元，同比增长 5.2%；住宿和餐饮行业零售额 13.4 亿元，同比增长 1%。

经济结构有所优化。岳塘区第五次党代会提出了"优先发展三产业、转型提升二产业、统筹发展一产业"的经济发展思路和"三圈、三带、五区"的产业发展布局，全区现代产业加速发展，形成了钢铁制造及深加工、机电制造、新能源、现代物流、现代农业、文化创新等产业竞相发展的态势。2011 年三次产业结构构成比例为 1.38：75.88：22.74，2016 年三次产业结构构成比例为 1.28：58.36：40.36。第二产业下降 17.52 个百分点，第三产业上升 17.62 个百分点。

全社会固定资产投资有较大增长，投资偏向第三产业。2011 年岳塘区固定资产投资总额 92.90 亿元，2016 年达到 264.05 亿元，年均名义增长 19.02%。近年来岳塘区固定资产投资以第三产业为主，2016 年投资达

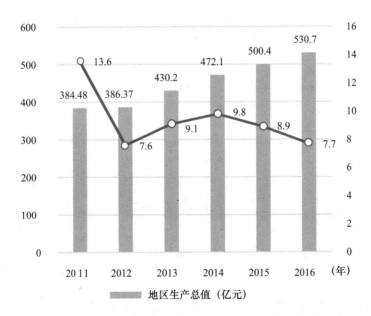

图 1-1　2011—2016 年岳塘地区生产总值及其增长速度

资料来源：根据岳塘区历年统计年鉴、国民经济和社会发展统计公报整理。

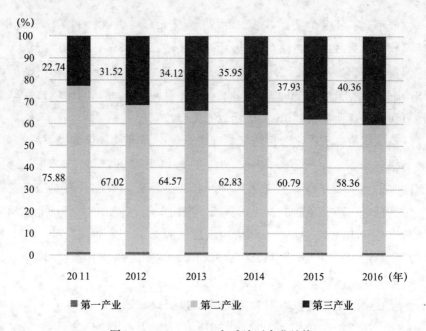

图1-2   2011—2016年岳塘区产业结构

资料来源：根据岳塘区历年统计年鉴、国民经济和社会发展统计公报整理。

到245.55亿元，占总投资的92.99%，2015年是197.66亿元，占总投资的83.97%。实际利用外资快速增长，2011年利用外资2800万美元，2016年达到9698万美元，年均名义增长23.00%。

贸易发展迅速。2011—2016年，岳塘区社会消费品零售总额从63.86亿元提高到99.6亿元，名义年均增长7.69%。进出口总额从7756万美元增加到93772万美元，名义年均增长51.5%。其中，进口总额从802万美元增加到63675万美元，名义年均增长207.32%；出口总额从6954万美元增加到30097万美元，名义年均增长127.66%。

各项社会事业全面进步。岳塘区坚持以人为本，加大投入，突出抓好为民办实事，全力改善民生。社会保障体系逐步完善，基本医疗保险覆盖率从2013年的91.00%提高到2016年的95.50%，基本养老服务补贴覆盖率从51.10%提高到100%。

科、教、文、卫等社会事业均取得可喜的成绩。先后荣获"国家科技进步先进区""全国科普示范城区""国家计划生育优质服务先进区""全国农村中医工作先进区""省教育两项督导评估考核"优秀单位等多项殊荣。2011—2016 年,专利申请量和授权量有较大增长,专利申请量从 715 件提高到 1223 件,授权量从 490 件提高到 701 件。每千人拥有床位数从 2013 年的 6 张提高到 2016 年的 6.68 张。2016 年,居民平均受教育年限是 12.20 年,广播综合人口覆盖率、电视综合人口覆盖率均为 100%。

居民人均收入不断提高,住房条件不断改善。2011—2016 年,农村居民人均纯收入从 16755 元提高到 26481 元,名义年均增长 7.93%;城镇居民人均可支配收入从 21066 元提高到 31734 元,名义年均增长 7.05%。人均住房使用面积从 2013 年的 41.7 平方米提高到 2016 年的 43.1 平方米。

2016 年是"十三五"规划的开局之年,面对复杂严峻、持续下行的宏观经济形势,在区委、区政府的正确领导下,全区上下全力以赴促改革、稳增长,致力园区发展和项目建设,突出民生改善和社会稳定,全区经济社会实现平稳较快发展。地区生产总值达到 530.7 亿元,同比增长 7.7%。三次产业结构构成比例为 1.3:58.4:40.3。完成财政总收入 65.87 亿元,同比增长 3.15%;一般预算支出 26.57 亿元,同比增长 8.28%。城镇居民人均可支配收入 31732 元,农村居民人均可支配收入 26481 元,同比均增长 8%。有国家级企业重点实验室 1 个,省级工程(技术)研究中心 7 个,高新技术产值达到 760 亿元。

表 1 - 1 　　　　　　　　　2016 年岳塘区基本情况

基本指标	数量	基本指标	数量
一、人口与自然资源		三、社会	
1. 常住人口(万人)	47.23	1. 高中阶段毛入学率(%)	100
2. 耕地(公顷)	2899.81	2. 平均受教育年限(年)	12.2
3. 城镇建成区绿化覆盖率(%)	41.3	3. 城镇居民人均可支配收入(元)	31732
二、经济		4. 农村居民人均纯收入(元)	26481
1. 地区生产总值(亿元)	530.7	5. 人均住房使用面积(平方米)	43.1

续表

基本指标	数量	基本指标	数量
2. 人均地区生产总值（元）	112903	6. 基本养老服务补贴覆盖率（%）	100
3. 第1、2、3产业比重（%）	1.3:58.4:40.3	7. 基本医疗保险覆盖率	95.5
4. 地方一般预算收入（亿元）	65.87	8. 城镇化率（%）	95.7
5. 一般预算支出（亿元）	65.27	9. 每千人拥有床位数（张）	6.68
6. 固定资产投资（亿元）	737.51	四、环境	
7. 社会消费品零售总额（亿元）	99.6	1. 城镇污水处理率（%）	95.0
8. 高新技术产业增加值（亿元）	190.79	2. 空气质量达标率（%）	88.8
9. 进出口总额（万美元）	93772	3. 地表水质达标率（%）	100
		4. 农村垃圾集中处理率（%）	95

资料来源：岳塘区2017年统计年鉴。

第二节　岳塘区共享发展主要举措

一　构筑新时代基层党建新格局推动共享发展

在岳塘区所辖的9个街道办事处、45个社区、16个行政村中，有基层党组织538个、党员14336名，其中城市基层党组织506个，占94%，城市党员13122名，占92%。近年来，岳塘区主动适应城市发展的新形势新变化，以"基层党建引领社会治理创新"为目标，把加强城市基层党建作为贯穿社会治理和基层建设的主线抓紧抓实，整体效应持续增强，有力推动了全区经济社会发展的转型升级，党建在共享发展中的领航作用不断凸显。岳塘区以党建促共享发展的具体做法包括如下四个方面。

（一）强化思想引领，凝聚城市基层党建共识

1. 在思考调研中凝聚共识

岳塘区党委通过中心组学习、专家授课等方式深刻领会习近平总书记的指示精神，不断提升认识，强化共识，将城市大党建理念入脑入心。区委常委班子成员先后深入街道、社区、企业等基层党组织开展调研。同

时，赴上海、厦门、长沙等地考察，对比先进，更加认识到工作关键要以政治建设为引领，强化政治功能，发挥基层党建的核心领航作用。

2. 在直面问题中凝聚共识

当前，城市经济社会结构发生了新变化，新的经济和社会组织加速涌现，新的社会矛盾不断增多，城市基层党组织力量分散、覆盖不全、配合不力等问题制约了城市的创新发展，单纯依靠街道社区党组织的力量解决问题，往往有心无力，必须整合区域内各领域基层党组织。为此，岳塘区党委提出了推进城市基层党建"组织共建、资源共享、机制衔接、功能优化"的系统化整体化建设思路。

3. 在统筹谋划中凝聚共识

把城市基层党建纳入全区整体工作部署和党的建设总体规划，研究制定了《关于加强城市基层党建工作的实施意见》等"1＋X"文件，着力构建"3456"① 的城市基层党建新格局。同时，全面推行社区"去行政化"，清理、规范170余项社区承担的公共事务，建立社区事项准入制度，推动社区党组织回归服务职能本位，聚焦主责主业。

（二）坚持上下贯通，构建三级联动工作体系

岳塘区构建区、街道、社区三级联动的工作体系，基本实现了"横向到边、纵向到底、上下贯通"。

1. 以健全的组织体系强化统筹领导

区委成立城市基层党建工作领导小组，每年召开4次以上成员单位联席会议，加强统筹、指导和协调，推进各级各部门齐抓共管。9个街道全部成立"大党工委"，发挥"枢纽核心"作用，协调推动区域党建整合。45个社区党组织全部落实"兼职委员制"，发挥凝聚和服务群众"主阵地"作用，把基层党组织职能职责落到实处。通过三级党组织共同发力，整体系统推进，组织联系更紧密、社会动员更有力、推动工作更顺畅、服务群众更有效。

---

① "3456"城市基层党建新格局：3即健全区、街道、社区三级联动体系；4即把社区党组织、机关事业单位党组织、国有企业党组织和"两新"党组织全部纳入共建组织网络，实现"四建融合"；5即建立街道"大党工委"和社区"兼职委员"机制、党建联席会议机制、"五化"建设责任机制、骨干队伍共育机制、综合考核评价机制五项工作机制；6即构建教育管理平台、共享资源平台、志愿服务平台、共建载体平台、工作网络平台、社会治理平台六大工作平台。

2. 以健全的责任体系推进层级管理

把推进城市基层党建纳入相关部门、街道党政领导班子季度"同业对标"管理、年度绩效考核和党组织书记履行基层党建责任述职考核内容。每季度进行讲评，评优促后。基层党建考核没有评定为"好"等次的党组织书记，取消当年所有评先评优资格。实行社区工作考核，每年财政拿出近300万元考核奖励社区，对排名靠后的5个社区党组织负责人进行提醒谈话。通过传导压力，落实责任，街道社区领导核心作用有力发挥。

3. 以健全的制度体系夯实基础保障

近年来，岳塘区委建立了社区运转经费和干部基本报酬递增机制，每年专题研究一次社区经费保障提标工作。2016年社区工作经费达50万元以上，社区书记基本报酬达3000元以上。实施阵地提质改造"两年行动计划"，全区45个社区提前全部建成600平方米以上、高标准的综合服务场所。以换届为契机选优配强社区党组织带头人，社区书记平均年龄42.8岁，大专以上文化程度的占93%，能力素质实现整体提升，为落实市委"领头雁"计划打好了基础。在全省率先为每个社区公开选聘了一名专职党建员，并建立了选拔培养管理的长效机制。有力的人财物保障，让基层党员干部更加坚定了扎根基层干事的信心。

（三）推进深度融合，形成多方协同共建合力

岳塘区在基层党建中也十分注重贯彻共享发展理念，把"推动区域内各领域党组织实现互联互动，资源融合"作为党建的主要措施来抓。

1. 建立联结机制让各类组织动起来

围绕共同目标，岳塘区推动325家驻区单位党组织与社区党组织签订共建协议，促进互帮互促。开展人才交流共育，聘请110多名驻区单位党组织负责人担任街道"大党工委"成员、370多名社区民警和业主委员会、物业公司等方面党员担任社区"兼职委员"；深入开展"三员三创三行动"①，向"两新"组织派出27名党建指导员、66名党建联络员，明确党组织书记为责任员，结对开展指导、互助。

---

① "三员三创三行动"：即在"两新"党组织中设立党建指导员（由区级领导担任）、党建联络员（由区直部门党员干部担任）和党建责任员（由"两新"党组织书记担任）；在"两新"党组织中实施创建活动、创优活动和创先活动；在"两新"党组织中开展示范行动、培训行动和感恩行动。

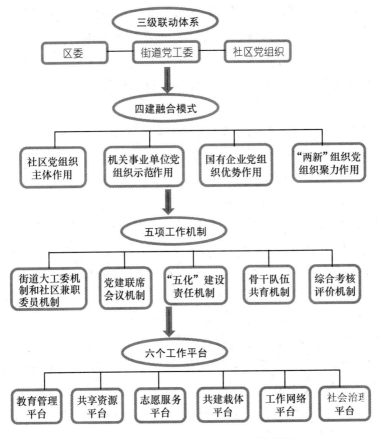

图 1 - 3　岳塘区城市基层党建工作架构图

资料来源：岳塘区党委提供。

2. 建立共享机制把各方资源统起来

岳塘区在园区和所有街道都建立了高标准、开放式的党群活动服务中心，引领推动城市资源共享。同时，整合辖区范围内各单位的党组织活动阵地和设施，建立共享资源清单 430 余项、需求清单 390 余项，相互开放，统筹使用。在社区换届期间，一部分社区由于党员人数较多，会议场所紧张，社区党组织通过共享资源清单预约场地，得到了驻区单位党组织的大力支持，为换届工作创造和优化了条件。

3. 建立评价机制使各方责任实起来

街道"大党工委"协商考核评价办法，对参与共驻共建情况开展综合评价，并作为推荐"两代表一委员"资格等方面的依据，有效引导和督促区域内机关事业单位党组织发挥示范作用，国有企业党组织发挥优势作用，"两新"组织履行社会责任，共同参与城市建设和社会治理。如湘钢、湘电、江滨、长房等驻区单位党组织无偿为4个社区提供办公用房4000多平方米，17家非公企业党组织为文化艺术节提供资金和场地支持。

（四）凸显服务功能，激发区域持续发展活力

强化城市基层党组织的政治功能和服务功能，在同频共振中发挥整体效能，促进城市各项事业全面发展和人民生活品质全面提升。

1. 以党建引领推动基层治理创新

把党建工作融入城市社会治理的方方面面，通过"智慧岳塘"建设，进一步提升网格化管理。全区划分为332个网格，配备网格员、信息员585名，将各领域党组织和党员纳入网格管理，推动网格服务与居民需求有效对接。截至2016年年底，共交办网格事件3万余件，办结率100%，满意率达97%，平台共记录居民服务14万余条。

2. 以党建引领推动中心大局发展

把城市基层党建融入城市建设的全过程，发挥基层党组织和党员在中心工作中的中流砥柱作用。如在项目建设、文明创建、抗洪抢险等工作中，全区基层党组织和广大党员胸怀大局，以勇于担当、甘于奉献的精神冲锋在前，率先示范，彰显了党性光辉。

3. 以党建引领推动惠民服务落地

将有关职能部门的人员、项目、资金等"捆绑打包"下放到街道社区，完善社区"一站式"服务，方便群众就近办事。组建了劳动就业、扶贫帮困、治安巡防等各类志愿服务团队245个，推广"王小娟工作室""老书记工作室"等平台搭建，引导党员到社区开展认领"微心愿"活动，打造特色型党建。

二 岳塘区探索经济共享的主要实践与成效

（一）经济共享主要实践措施

1. 增强财政资金保障，共享经济发展红利

（1）加强收入组织，增强财力保障

2016年以来，岳塘区财税部门加强收入组织，努力争资争项，强化

财力保障，2016 年实现财政总收入 35.82 亿元，2017 年预计增长 10.5%，完成 39.5 亿元。一是深入推进综合治税。组织核实 30 万元以上税源户 363 户，整合财政部门及街道的协税护税力量，加大对房产、建筑项目税收清缴力度，尤其是强化对精美湘潭项目税收征管，做实税收基础。二是强化财源建设培育。不折不扣落实各项减税清费政策，贯彻落实促进实体经济发展、鼓励扶持企业利用多层次资本市场发展系列政策，着力为市场主体松绑减负。助推板块经济发展，提升服务水平，新增美的地产、金芙蓉置业、湘潭中心等重点项目，争取碧蓝环保、中国银行等税源大户落户该区。三是努力向上争取资金和项目支持。通过全区通力合作，已累计向上争取资金 3.26 亿元用于该区基本设施建设等，有效为该区经济社会发展和民生改善提供财力支撑。

（2）支持重点产业发展

对金阳农产品商贸物流城、中国（中部）岳塘国际商贸城等按协议低价出让土地，争取上级政策支持，予以报建费 70% 返还。岳塘区累计拨付中国（中部）岳塘国际商贸城、金阳农产品商贸物流城等补贴 3000 余万元。加快岳塘国际商贸城周边配套路网建设，营造物流企业发展的良好环境，着力降低物流成本。贯彻落实《关于促进湘潭金融商务区集聚发展的暂行办法》，支持鼓励金融和现代服务业集聚发展，助推湖南股交所湘潭分所、平安银行等金融机构入驻，提高岳塘区城市竞争力和综合承载能力。

2. 重视发展村级经济，促进城乡经济协同发展

（1）坚持共享理念，丰富工作内涵

岳塘区坚持把共享发展作为带动和促进农村工作的重要内容，始终把"富民安民、便民惠民、利民乐民"作为农村发展的顶层设计和发展理念，从规划设计、基础设施建设、教育发展、社会保障等方面做到城乡统筹，并制定了"十三五"规划、扶贫攻坚长效机制、美丽乡村建设、农村集体经济发展、农村土地流转奖补办法等一系列的政策措施，引导农村加快发展，实现农村与城市的有机融合。

（2）坚持协调发展，注重内外兼修

在农业农村发展过程中，岳塘区既注重发展村级经济，又注重增加农民收入；既注重基础设施、公共服务等物质方面的建设，又注重丰富村民

的精神文化生活、提高村民文明素质、增强现代意识；既注重加强政府的财政投入引导，又注重广泛引进社会资本；既注重农业产业的发展，又注重农产品加工企业的扩张。岳塘区有以蔬菜、花卉、茶叶、油茶等为重点的利佳、科林、月意等 8 个农业规模生产基地，有以农产品加工、休闲农业、农产品物流等为重点的伟鸿、日出东方、东信、月意生态等 8 个农业产业化龙头企业，全区规模以上农产品加工企业 2016 年实现总产值 54.7亿元。

（3）坚持循序渐进，实现均衡发展

岳塘区在突出重点，加快发展的基础上，更注重循序渐进，实现均衡发展。一方面，岳塘区积极建设美丽乡村，全区 16 个村每年都突出建设1—2 个示范村和 2—3 个环境整治村，岳塘区先后有 3 个村成功创建了省级美丽乡村示范村，2017 年岳塘区又重点打造了一个美丽乡村示范片和 2 个美丽乡村示范村，并申报 1 个省级美丽乡村示范村。岳塘区开展"三化一拆"（居民美化、环境净化、道路亮化、拆除违章建筑）行动，打造产业发展、绿色生态、宜居宜游的美丽乡村。另一方面，岳塘区开展精准扶贫，出台了扶贫攻坚方案，探索扶贫攻坚长效机制，通过产业帮扶、教育帮扶、社会保障帮扶等一系列措施，帮助困难群众脱贫。此外，岳塘区积极开展农民素质培训，通过举办蔬菜、养殖、休闲旅游、美丽乡村建设、农产品加工、务工技能、脱贫政策宣讲等多种培训班，不断增强村民的自身素质和工作技能，拓展农民的创收渠道，增加农民收入。

（4）坚持对外开放，确保农村稳定

开门搞建设是促进农村快速发展、共享发展的重要内容。岳塘区积极引进中国国际商贸城、正方体等项目，加快推进农村建设，改善农村面貌，先后引进了盘龙大观园、金阳农产品物流、步步高物流等企业，促进农业产业的转型升级。同时以乡情为纽带，培育新乡贤文化，吸引成功人士回乡支持农村建设。在项目建设过程中，坚持统筹规划，引导农民到企业务工就业，做到企业发展和农民增收双赢，确保农村经济稳定发展。

3. 巩固脱贫攻坚成效，实现城乡收入均等化

（1）出台扶贫系列文件，构建全区扶贫长效机制

为建立健全岳塘区扶贫长效机制，凝聚部门攻坚合力，确保扶贫政策落实到位，全区出台了一系列扶贫工作文件，如《巩固脱贫攻坚成效的

实施意见》（岳办发〔2017〕22 号）、《岳塘区建立健全稳定脱贫长效机制实施细则》（岳办发〔2017〕26 号）、《岳塘区党政领导干部带头开展脱贫攻坚"三走访三监督三签字"工作实施方案》（岳办发〔2017〕28 号）、《岳塘区区直部门、街道党政正职脱贫攻坚工作问责规定（试行）》（岳办〔2017〕62 号）。从 2016 年起，岳塘区没有新的减贫任务，扶贫工作的任务主要是做好对脱贫户的跟踪服务，开展精准帮扶，防止已摘帽的贫困户返贫，增加自身"造血"功能，建立健全稳定脱贫长效机制。岳塘区各级各部门积极推进国家和省市在扶贫领域推出的各项民生惠民政策在荷塘、霞城、东坪 3 个街道 16 个村"最后一公里"的落地工作，充分保障他们享受相关政策的福利待遇，做到"精准帮扶、不落一人"。通过扎实的工作，岳塘区稳定脱贫的良好局面得到充分巩固。

（2）加强扶贫资金管理，提高专项资金使用效益

为进一步加强和规范财政专项扶贫资金的使用和管理，提高资金使用效益，保障脱贫户继续享受脱贫攻坚有关惠民政策（产业扶持、生态补偿、就业培训、危房改造、教育扶贫、健康扶贫、兜底保障），岳塘区扶贫办同财政局、区纪委、区审计和区教育局等相关扶贫责任部门召开了"国家扶贫专项资金安排预审会议"，并印发《岳塘区财政专项扶贫资金管理办法》（岳扶办发〔2017〕7 号）、《关于 2017 年国家财政扶贫资金预安排的通知》（岳扶办发〔2017〕8 号），明确了扶贫专项资金的分配方式和管理使用方法。

（3）深挖潜力巧结对子，探索特色产业扶贫之路

岳塘区作为中心城区，没有一片广阔的农村天地用来发展种养业等特色农业，但通过依托区内现有各类产业和涉农企业、农村合作社等社会经济组织，挖潜力、结对子，通过转移就业和休闲旅游等特色农业的发展来辐射带动，走出了一条量体裁衣、科学有序的产业扶贫道路。通过聚焦荷塘、霞城、东坪 3 个街道 16 个村有劳动能力和创业意愿的脱贫户，采取科学有效措施，保障通过每年 20—30 人的农村劳动力就业转移一批；通过对本区内有接受能力的涉农企业加大补贴力度，安置补贴一批；通过扶持鼓励农家乐等休闲农业发展，扶持增收一批。岳塘区初步探索了一条有区域特色的产业脱贫路径，充分保证所有脱贫户继续稳定实现"一提高、两不愁、三保障"生活稳定、不返贫。

（二）经济共享取得的成效

1. 产业集聚持续提升

岳塘产业集聚持续提升。2017年岳塘区全年地区生产总值579.77亿元，同比增长8.2%；第三产业增加值242.77亿元，同比增长12%；完成固定资产投资834.76亿元，同比增长13.7%；完成财政总收入78.29亿元，同比增长18.84%。湘潭金融商务区加速崛起，中国银行、华融湘江银行、湘潭农商银行、渤海银行、交通银行等区域性金融机构总部入驻，福星国际金融中心、长房上层国际等一批项目建成，天虹百货、上海邮币卡华南中心、湖南股权交易所湘潭分所、福星凯莱和美高梅酒店开业运营。建设路口核心商圈凸显繁荣，正在成长为全市乃至全省极具影响的重要商圈。步步高（华隆）购物广场全面建成营业，成为中南地区单体面积最大的商场之一，湘潭中心大厦一期也盛大开业。岳塘区产业集聚为经济社会发展增强了后劲。

专栏1.1：岳塘国际商贸城

中国（中部）岳塘国际商贸城以对接"中部崛起"战略和"一带一路"倡议为指导，着力打造湖南省、中部、国内和世界"四个第一"的现代商贸物流枢纽。项目创新"全首层"设计和"以商兴商"模式，实现智慧仓储物流功能体系集成，首创全国第七代现代智慧商贸物流枢纽。项目总投资约1000亿元，总规划用地约15000亩，专业市场总建筑面积约500万平方米，辐射范围500公里，覆盖人口3.2亿人。其中，项目一期一阶段占地529亩，总投资68亿元，总建筑面积180万平方米，其中专业市场面积80万平方米，商铺1.5万余个。

目前，项目实际完成投资76亿元，项目一期一阶段150万平方米专业市场和配套公寓主体工程已全部完成，全面进入内外装饰及安装工程；5万平方米的钢架结构临时仓储也于八月底完工；已销售商铺11000余个，公寓2000余套；2017年已完成税收约1亿元，累计完成税费逾3.6亿元。招商方面，通过举办中国儿童全产业链发展研讨会、参加全国儿童游乐设施设备博览会、参访中国儿童用品工作委员会、中国酒店用品协会和湖南省湘菜产业促进会等行业协会，与行业内最具影响力的企业签订了合作协议，正稳步、有序引导相关行业生产企业和品牌商家入驻岳塘国际商贸城；引进2家专业物流园区，完成实体投资约2000万元，签约入驻信息配载部约470家，构建了直达省内122个县（市、区），省外23个省会级物流节点、枢纽，实现了外省至岳塘落货、岳塘至省内散货的渠道贯通。

中国（中部）岳塘国际商贸城项目，以"联合出资、以商兴商"模式，采取五江集团占股 51%，其他中小股东、经营户占股 49% 的方式，带动 1000 余小股东到岳塘经开区投资兴业，共担风险、共享收益。

2. 城乡收入差距减小

岳塘区委、区政府坚持以共享理念统领农业农村工作，精品农业、都市农业、休闲农业大力发展，城乡一体化建设进程加快。2016 年，岳塘区农村集体经济收入达到 3697.19 万元，农村人均可支配收入达到 26481元。2011—2016 年，岳塘区农村人均可支配收入保持 9.76% 的增长速度，高于岳塘区城镇居民人均可支配收入的增长速度（8.57%）。

专栏 1.2："公司+农户"，为农民创收增收

正江蔬菜基地毗邻湘江，土壤肥沃，蔬菜种植面积达千余亩。基地以"公司+农户"的形式，成立了蔬菜专业合作社，社员人数达 270 户。今年，全区又新扩蔬菜面积 200 亩、新成立 2 个专业合作社，30 余名原建档立卡的脱贫户参与其中，同奔小康。还有囊括 20 多户入社成员（其中原建档立卡脱贫户 8 人）的青山油茶专业合作社，区域内油茶面积达 4000 余亩，合作社成员每户平均年增加产值1.5 万元，增收 5000 元。

2017 年加大青山油茶专业合作社建设，培训种植管理人员，对 1000 余亩的油茶进行了复垦和提质改造。目前，入社成员有 20 多户，建档立卡脱贫户就业 8 人，区域内油茶面积达到 4000 余亩，合作社成员每户平均年增加产值 1.5 万元，增收5000 元。与此同时，岳塘区还加强新型职业农民的技术培训，培养一批"爱农业、懂技术、善经营"的新型农民，优化了农村从业人员结构。

3. 扶贫脱贫成效显著

岳塘区贫困户建档立卡最开始的时间为 2013 年年底至 2014 年，2014年全区建档立卡 1631 户、3382 人。2015 年年底已实现全部脱贫，2016年起岳塘区没有新的减贫任务，扶贫工作集中在继续做好对脱贫户的跟踪服务。区委区政府找准了产业扶贫这一路子，通过发展产业增强脱贫户自身的造血功能。

专栏 1.3：湘潭盘龙生态农业示范园，带动农民脱贫致富奔小康

图 1-4　湘潭盘龙大观园鸟瞰图

资料来源：http：//www.mafengwo.cn/loadeals/2058975.html。

岳塘区是长株潭城市群的中心城区，没有一片广阔的农村天地可以用来发展种养业等特色农业。通过前期扎实的调研走访，岳塘区终于找到了属于自己的"路子"——依托区内现有各类产业和涉农企业、农村合作社等社会经济组织，挖潜力、结对子，通过转移就业和休闲旅游等特色农业的发展来辐射带动，走一条量体裁衣、科学有序的扶贫之路。

示范园在规划、建设时就特别注重促进当地农民就业增收和新农村建设，把农业、农产品加工业和农村服务业紧密相连的"三农"产业形态作为目标。示范园充分利用"绿心保护区"自然条件和田园风光，把传统农业打造成以花卉产业为主题的生态农业、旅游农业、景观农业。近年来，示范园直接安排近 300 名当地农民就业，间接就业的近 1000 人。40 岁以上的农民从事工程、农业生产等方面工作，40 岁以下的从事园区服务工作。园区既解决了用工紧张，又减少了员工吃饭、住宿需兴建基础设施的开支。农民实现了离土不离家，就近就业，农民变成了职业农民。示范园同时邀请湖南农业大学的专家、教授给当地农民传授花卉栽培、蔬菜种植、牲畜养殖等技术，以前靠山靠水吃饭的农民已经转变成懂技能、有手艺的职业农民。示范园还带动了当地花卉苗木产业的发展，目前园区周边村已有几十户成为花卉苗木专业户，年经济效益达十万元以上。示范园的发展带动了周边的农民就

业，丰富了当地农民增收致富途径，提高了当地农民的素质和生活水平。

示范园建设初期就非常重视与"三农"的融合，相互促进，共同发展。示范园部分建设用地为农居用地，几十家村民因项目建设而拆迁。示范园主动与村部、危改办共同选址、兴建农民新村，安置拆迁农民，新建的农民新居把厕所、太阳能畜禽舍与地下沼气池建在一起，利用沼气做饭，达到节地、节水、节能、节材的要求；同时还建设了垃圾处理池，将废料集中进行沉淀、过滤、重新使用或混合运送销毁处理。示范园让当地农民摆脱了茅屋泥房、漏水进风的日子，住上了温暖舒适、有电有网的独栋别墅，有的还开上了小轿车。以前这里晚上黑灯瞎火，如今变得灯火通明。示范园所辖的荷塘、指方两个村由岳塘最贫穷落后的村，变成了全省新农村建设示范村，其中指方村还成功申报了全省特色旅游名村。

示范园的建设，充分发挥了旅游业的融合带动作用，为旅游扶贫增收找到了有效的途径。下阶段，示范园将继续开发建设一系列生态旅游项目，提升景区基础服务设施与产品服务，引导本地区的旅游扶贫工程的实施，从根本上改变当地村民的生产、生活环境，助推当地的"三农"发展，将示范园打造成全省乃至全国的乡村旅游、休闲旅游扶贫示范亮点。

三 岳塘区促进社会共享的实践和成效

（一）社会共享实践

1. 深化医疗卫生体制改革，推动城乡医疗卫生资源共建共享

（1）推行"1 + 1 + X"组合签约服务模式，促进城乡医疗资源共享

"1 + 1 + X"模式中第一个"1"为基层医疗卫生机构，第二个"1"为医疗健康集团内二级以上综合医院（如市中心医院、市一医院、市三医院），"X"为专科医院（如市妇幼保健院、市中医院）。"1 + 1 + X"的组合签约允许居民或家庭在与家庭医生团队签约的同时，再自愿选择一所二级以上综合医院，一所专科医院，在基层首诊的基础上，签约居民在组合之内可根据需求自行选择就医机构。"1 + 1 + X"的组合签约服务模式既充分调动医疗资源的共享，也为居民提供方便和多样化选择。2017年，岳塘区共组建了46支家庭医生团队深入机关、部门、家庭开展签约服务。截至2016年年底，累计签约289314人，服务率达60%。共派出专家下基层8342人次，近3万名妇女儿童等重点人群在基层机构接受三甲医院的专家免费服务。其中上转3318人次，下转915人次，转诊救治危重孕产

妇 600 余人次。基层医疗卫生机构诊疗量占比同比增长 4.84% ，小病首
诊在基层的就医新格局基本成形。

表 1-2 "十二五"期间岳塘区政府颁布的关于促进社会共享的政策

基础建设	湘民函〔2012〕13 号规定	岳塘区农村危房改造"十二五"建设规划
公共医疗	岳政办发〔2014〕34 号	关于印发《岳塘区创建慢性病综合防控示范区工作方案》的通知
社会保障	岳人社发〔2013〕28 号	关于解决区直破产改制企业社保和财政协保的"4050"人员参加城镇职工基本医疗保险的通知
	岳政办发〔2014〕54 号	湘潭市岳塘区人民政府办公室关于印发《岳塘区2014 年为民办实事"重性精神疾病患者救治救助工程"实施方案》的通知
	岳政办发〔2013〕32 号	关于转发《湘潭市人民政府关于进一步加强和改进最低生活保障工作的实施意见》的通知
	潭政办函〔2017〕149 号	湘潭市岳塘区人民政府办公室关于印发《岳塘区农村适龄妇女"两癌"免费检查工作方案》的通知

（2）推动医疗资源的上下联动，强化医疗服务技术支撑

岳塘区纵向联合组建家庭医生团队，为加强医疗健康集团内的交流合
作，确保每个家庭医生服务团队至少有 1 名上级医院的专家加入。横向拓
展网络远程诊疗服务，在基层医疗卫生机构与市级医院之间搭建了分级诊
疗、双向转诊、远程医疗等信息平台，共享检查检验、病理诊断、医学影
像、消毒供应等资源，实现医疗集团和医共体资源共享，为家庭医生团队
提供技术支撑。

（3）通过"八个统一"合作，推进医联体建设

岳塘区成立了以湘潭市第一人民医院为核心的医疗健康集团，通过深
入开展"八个统一"的合作，即通过统一分级诊疗、统一人才培养、统
一对外发布人才引进信息、统一学科对接、统一资源开发、统一信息化建
设、统一质量管理、统一规划布局，推进医联体建设，实现医疗资源充分

利用，达到医疗资源共建共享。

2. 加快社会保障制度建设，推进城乡社保体系一体化

从城乡分割走向城乡一体化是中国社会保障制度变革取向。近年来，岳塘区不断加大适合保障投入力度，吸引培育社会公益力量，完善社会保障制度体系建立，社会保障"安全网"作用不断加强。

（1）培育社会公益组织，增强社会保障力量与活力

2016 年年底，岳塘区建立了社会组织孵化基地，以更好地"培育"这些公益组织。基地采取"政府资金支持、民间力量兴办、专业团队管理、政府公众监督、社会民众收益"的运营模式，按照"政务公开、优质服务"的要求运营。孵化基地通过整合社会资源，建立支持社会组织体系，对社会组织给予能力建设、资源和智力支持，培育社会组织发展，引导社会组织提供公益服务，为社会组织、志愿者提供了方便，吸引了更多的社会公益组织入驻岳塘，为城乡人民提供更多生活保障。

（2）灵活制度设计，建立合适有效社会保障体系

通过兼顾不同的需求，采取有效的保障方式，对孤、老、病、残农民分别给予不同形式、不同力度的保障。充分保障农民个人利益，各项保障成本大部分由政府承担，各项财政支出及时足额到账，确保农民个人利益。大力集中财力投入到社会保险、社会救济、社会福利等社会保障公共服务领域，推进城乡社会发展一体化进程。

（3）发展多层次的社会保障，提高城乡一体化建设

岳塘区按照省、市统一部署，加快完善农民市民化制度，健全医疗、养老保险关系衔接办法，将进城落户的农民分别纳入企业职工或城乡居民养老保险，推进全面社保登记试点，全面普及社会保障"一卡通"，全面推进医疗保险支付制度改革，以社区为平台，整合救助资源，积极推进"爱心超市"，进一步完善困难群众帮扶救助机制。

3. 推动区域就业服务均衡化，促进就业创业服务资源共享

促进就业创业是坚持人民共享发展的基本表现，也是共享发展的重点任务之一。岳塘区总人口 35 万人，劳动力 21 万人，下辖 14 个街道、1 个镇、2 个乡。作为湘潭市的经济大区，岳塘区一直将促进就业创业作为工作重心，近几年岳塘区政府一直致力于推动区域公共就业服务均衡化，以城乡就业服务资源共享。

（1）开展就业创业援助活动，提升岳塘区困难人群就业能力

岳塘区人力资源服务中心开展了以服务农村富余劳动力及就业困难人员为主的"春风行动暨精准帮扶、就业援助"专场招聘会5场。活动期间，共发放"春风卡"、社会保险政策、就业再就业政策宣传资料、职业技能培训和创业担保贷款等宣传资料上万份，进场招聘企业共130多家，提供就业岗位1万多个，进场应聘人员3000余人，初步达成用工意向1012人。其后，开展了"精准扶贫"专场招聘会6场，服务岳塘区帮扶人员100余人，其中现阶段登记在册的帮扶人员61人，同时开展"高校毕业生暨就业困难对象就业援助"专场招聘会1场，进场企业120家，提供岗位上万个，初步达成就业意向513人次。

（2）建立现代物流产业基地，促进低水平劳动力再就业

为响应党的十八大发展绿色经济、"绿水青山就是金山银山"的号召，岳塘区政府将竹埠港重工业基地陆续关停，截至2017年11月，竹埠港28家化工企业已拆除27家。但由此也带来一系列低水平劳动力的重新安置问题，岳塘区建立了专业物流园区以解决原有低水平劳动力再就业问题。

岳塘国际商贸城项目利用岳塘特殊的地理优势，引进2家专业物流园区，签约入驻信息配载部约470家，构建了直达省内122个县（市、区），省外23个省会级物流节点、枢纽，实现了外省至岳塘落货、岳塘至省内散货的渠道贯通，着力打造全国第七代现代智慧商贸物流枢纽，为吸收竹埠港原有劳动力提供契机，也推动湘潭经济迈上一个新台阶。

（二）社会共享发展取得的成效

1. 公共医疗卫生惠及面不断提升

随着中国经济的快速发展，发展水平的不均衡问题更加突出，"看病难、看病贵"成为广泛关注的社会问题。2006年10月，党的十六届六中全会通过《中共中央关于构建社会主义和谐社会若干重大问题的决议》，把提高居民的健康素质作为建设和谐社会的一个重要目标。2017年，国务院颁布《"十三五"推进基本公共服务均等化规划》（国发〔2017〕9号），强调推进基本公共服务均等化，是全面建成小康社会的应有之义，对于促进社会公平正义、增进人民福祉、增强全体人民在共建共享发展中的获得感、实现中华民族伟大复兴的中国梦，具有十分重要的意义。中国

公共卫生服务水平不同区域差距较大，总体来说公共卫生服务水平与经济发展水平密切相关，经济发达地区好于落后地区。

岳塘区为湘潭市的经济大区，高度重视公共医疗卫生服务工作，竭力改善贫困乡村医疗条件，不断完善城乡公共医疗服务制度，加强城乡医疗硬件投入，丰富城乡医疗资源配置，推进区域医疗服务共同体建设推进，将优质医疗资源与基层共享，基层医疗卫生服务向健康管理转型，不断提升基层医疗卫生服务质量。

城乡医疗资源配置更加丰富，岳塘区目前有卫生机构 339 个，医院、卫生院卫生技术人员 3604 人，每千人拥有卫生技术人员 10.18 人，其中执业医师与执业助理医师 1369 人，注册护士 1743 人。医疗卫生机构床位 3155 张，每千人拥有床位数 8.91 张。岳塘区每千人拥有卫生技术人员、每千人拥有床位数均高于湘潭市平均水平，其对应值分别为 6.05、7.06。

基层医疗卫生服务向健康管理转型，切实规范儿童、孕妇以及老年人健康管理，同时在全区展开健康教育工作。切实加强儿童健康管理和系统管理，2015 年、2016 年 5 岁以内儿童死亡率控制在 4.8‰、5.87‰。0—6 岁儿童健康管理率达 94.77%，0—6 岁儿童系统管理率达 93.87%，新生儿访视率为 94.5%。积极开展出生缺陷防治宣传教育，落实婚前保健、免费增补叶酸等措施，努力减少出生缺陷的发生。全区已连续三年未发生孕产妇死亡，2016 年，全区活产 3238 人，孕产妇系统管理率为 93.24%，产后访视率为 94.72%，住院分娩率达 100%。积极为辖区内 65 岁及以上老年人提供健康管理服务，每年为辖区内老年人进行一次免费体检并进行健康管理，同时积极指导老年人开展适宜的健身活动，定期对卧床老年人进行巡回医疗检查，并及时落实干预措施。至 2016 年年底，管理城乡 65 岁以上老年人 50353 人，老年人健康管理率为 83.75%。各基层医疗卫生机构和街道卫计办均设置健康教育宣传栏，印发了健康教育资料，采取多种方式，多层次深入开展健康教育工作，2016 年，先后组织大型主题宣传活动（结核病防治宣传日、世界无烟日、艾滋病防治宣传日等）共 15 次，制作传播材料 18 种，宣传册 30000 份，宣传单页 60000 张，健康支持性工具 8000 套；组织专业技术人员深入社区开展健康教育知识讲座和健康咨询活动共 406 场次，受益居民达 3.37 万人次。

区域医疗服务共同体建设推进，岳塘区成立了以湘潭市第一人民医院为核心的医疗健康集团，深入开展"八个统一"的合作，以推进医联体建设，实现医疗资源充分利用，达到医疗资源共建共享。

优质医疗资源与基层共享，基层医疗卫生机构与市级医院之间搭建了分级诊疗、双向转诊、远程医疗等信息平台，共享检查检验、病理诊断、医学影像、消毒供应等资源，实现医疗集团和医共体资源共享。

加强城乡医疗硬件投入，近年岳塘区积极争取国家扩大内需建设项目，多方筹资 4000 余万元，改造或新建医疗卫生业务用房 23000 余平方米。从 2015 年起，连续三年区财政每年预算安排 150 万元，逐步更新各基层单位老化落后的医疗卫生仪器设备；按 10 万元/个的标准安排社区卫生服务站建设经费，按 5 万/个的标准安排村卫生室规范化建设经费；市、区两级财政每年安排 5 万元经费用于乡村卫生服务一体化管理。

城乡公共医疗服务制度逐步完善中，岳塘区人民政府下发了《关于进一步加强基层医疗卫生服务体系建设的实施意见》，明确了保障基层医疗卫生机构的人员编制、财政投入、人才队伍建设等内容；区卫计局印发了《岳塘区专业公共卫生机构和中医医疗机构指导基层开展基本公共卫生服务工作实施方案》等指导性文件，建立了以基本公共卫生服务的数量和质量、服务对象满意度等为主要考核内容的考核评价机制。

2. 社会保障覆盖面不断扩大

党的十七大提出了社会保障建设模式：要以社会保险、社会救助、社会福利为基础，以基本养老、基本医疗、最低生活保障制度为重点，以慈善事业、商业保险为补充，加快完善社会保障体系。到 2020 年，"实现覆盖城乡居民的社会保障体系，基本建立人人享有基本生活保障"的目标。"十二五"规划颁布以后，建立一个人人能够享有社会保障的普惠型社会保障体系被提上了日程。近年来，岳塘区将保障和改善民生工作放在重中之重，不断加强社会保障体系建设，社会保险覆盖范围不断扩大，具体如下。

社会保障体系进一步完善。社会保险覆盖面进一步扩大，保障水平进一步提高，被征地农民社会保障工作稳步推进，城乡居民社会养老保险试点工作全面启动，各项社保扩面征缴任务均超额完成。

社保制度建设成效显著，基本医疗保险覆盖率达 82.8%，基本养老服务补贴覆盖率为 95.1%。累计新增城镇就业 72900 余人，城镇登记失业率控制在 4.06% 以内；推进社保"一卡通"，累计发卡 77150 余张。全面实现城乡低保一体化，每月救助标准提高至 460 元。积极推进养老事业发展，完成了红旗社区等 14 个示范性社区日间照料中心建设。

社保待遇水平较高，2016 年年末全区城市低保救助对象 5569 户，累计发放城市低保资金 3957.34 万元，月人均救助 337.73 元；农村低保救助对象 845 户，累计发放农村低保资金 476.68 万元，月人均救助 258.57 元。同年，湘潭市全市获得政府最低生活保障的城镇居民 4.1 万人，发放最低生活保障经费 1.6 亿元，月人均救助 303 元；获得政府最低生活保障的农村居民 8.8 万人，发放最低生活保障经费 1.5 亿元，月人均补助 142 元。

3. 就业创业工作不断推进

就业是民生之本，就业水平衡量着一个国家经济发展水平、人民生活水平和社会稳定程度。创业是提高就业水平源泉，就业创业是民生的重中之重。党中央、国务院高度重视就业创业，2015 年国务院颁布《国务院关于大力推进大众创业万众创新若干政策措施的意见》，提出推进大众创业、万众创新，是发展的动力之源，也是富民之道、公平之计、强国之策。近年来，岳塘区统筹城乡就业创业服务资源，不断推进资源均衡化发展，努力扩大就业，就业创业工作不断推进。

就业创业进一步推进，建立离校未就业高校毕业生实名信息数据库，实现"离校不离线"，帮扶无缝衔接，为高校毕业生更快地走上工作岗位打好基础。打造创新创业街带动就业。长塘创新创业街现已逐步形成饮食文化、健康、教育、物流、汽车文化、创新服务等颇具特色的城市生活圈，目前已安置人员 4500 多人，成为湘潭市河东重要的创业服务街区。打造"互联网＋创业"孵化基地以及"零一"众创空间，基地总面积 13000 平方米，目前已入驻企业 22 家，带动就业 300 余人。

困难群体就业帮扶力度加大，一方面继续加大对就业困难群体的就业援助力度，大力开发适合就业困难对象的公益性岗位，另一方面支持创业扩大就业。加大创业培训力度，鼓励就业困难人员自主创业、自谋职业，政府在社保补贴、小额贷款和税费减免上给予政策支持。

就业目标充分落实，累计新增城镇就业 72900 余人，城镇登记失业率控制在 4.06% 以内；2015 年实现新增城镇就业 14000 人，实际新增城镇就业人数 15080 人，完成任务目标的 104%。2015 年实现失业人员再就业 8000 人，就业困难对象再就业 3450 人，农村劳动力转移就业 300 人，新增创业主体 2700 个，带动城乡就业 5400 人，其中带动城镇就业 3100 人；组织各类培训 3600 人，其中创业培训 600 人；城镇登记失业率控制在 4.2% 以内；失业保险基金征缴 320 万元，参保总人数 7000 人，目标皆超额完成。

机关事业单位养老保险改革更加推进，目前已采集了 94 家机关事业单位基本养老保险数据信息，共采集 4462 人，其中在职 2630 人，退休 1832 人。同时，大力推进社会保障"一卡通"，全区累计持卡人数达 107251 人。

就业创业扶持政策得到落实，一是先后组织开展了 10 场"2016 年春风行动、就业援助"等专场招聘会，提供就业岗位 3 万多个；二是结合区委、区政府"一轴二带三片区"战略部署及 2016 年重点项目安排，全面推进创新创业工作。积极向省、市推荐区内企业和个人参选省、市双百资助工程、市返乡农民工创业基地。

四 岳塘区促进文化教育共享的实践和成效

（一）文化教育共享发展举措

1. 推动文化共享发展的主要举措

为推进岳塘区现代公共文化服务体系示范区创建工作的深入开展，岳塘区根据《湖南省现代公共文化服务体系示范区创建标准》有关要求，结合岳塘区实际，制定了《岳塘区创建湖南省现代公共文化服务体系示范区实施方案》《制度设计研究方案》《岳塘区创建湖南省现代公共文化服务体系管理标准化手册》《岳塘区文艺团队管理扶持办法》《岳塘区原创节目奖励办法》。岳塘区特色公共文化服务体系按照"公益性、基本性、均等性、便利性"的原则，以服务民生、服务群众为导向，充分挖掘岳塘区丰富的文化资源，加快推进以公共文化服务体系为重点的文化事业和文化产业发展，提升综合实力、加快全面建成小康社会。

（1）加大文化建设投入，坚持投入精准化

岳塘区委、区政府高度重视公共文化服务体系建设，有效落实政府主体责任，形成政府主导、社会广泛参与的工作格局，公共文化服务体系建

图 1-5　岳塘区文化工作宣传栏

资料来源：调研组拍摄。

设呈现出蓬勃发展的良好态势。近年来，岳塘区经济快速增长，较强的经济实力为创建国家公共文化服务体系示范区提供了有力的经济支撑。2015年，岳塘区在文化共享方面坚持"舍得投、投得准"的方针，以创建全国文化先进区为目标，全力抓好创建全省公共文化服务体系示范区工作，以加强基层文体设施建设，完善公共文化服务体系为目标，促进文体广新事业进一步发展。2016—2017 年坚持"加大投、投得精"的方针进行工作。文化不仅是经济发展的"助推器"，也是社会和谐的"黏合剂"，更是提升人民群众精神文化生活和幸福指数的"动力源"。为达到这些目标，在公共文化服务体系建设上，岳塘区以群众需求为第一向导，以满足群众需求为最大动力，尊重群众的文化价值取向，满足人民对文化产品的内在需求。在加快推进文化事业和产业建设的过程中，岳塘区实施了基层文化"千千万"工程和送戏送电影送书进社区（下乡）、广播电视村村通、示范性社区文化活动中心乡镇（街道）文化站、文化信息资源共享工程、农家书屋工程等一系列文化惠民措施。实施了送戏送书送电影送展览下乡进社区、广播电视村村通、文化信息资源共享工程等一系列文化惠民措施，政府主导、社会参与、全民共享的公共文化服务体系建设呈现出蓬勃发展的良好态势。

图1-6 岳塘区清水文体活动中心管理制度公示

资料来源：调研组拍摄。

（2）积极将地方特色融入文化共享发展

岳塘区逐步加大文化经费投入，把岳塘特色融入整个创建过程中来，建设具有岳塘特色的文化活动阵地。区级层面，岳塘区重点对湘纺工人文化宫进行策划包装，通过提质改造，将其打造成为区级公共文化演艺活动场馆。街道层面，加强街道综合文化站、社区文体活动中心建设，下摄司街道综合文化站2016年完成提质改造，全区12个街道的综合文化站都创建为部颁二级站。结合创文创卫、小游园建设、拆违控违等工作，确保每个街道文体设施齐全，建设一个示范性文化广场，各村、社区及具备条件的小区都配备有文体综合设施，不断提高文化体育设施的覆盖率。并充分发挥沿江风光带、木鱼湖公园、湖湘公园、东方红广场、滴水湖公园等公共休闲活动区域的作用，积极创造便利条件，举办特色活动，吸引群众走进文化活动阵地。依托岳塘区一些好的资源，抓好一些特色文化活动阵地的建设，将荫梓屋场打造成为全市中共党史教育基地，将盘龙大观园、元怡美术馆以及湘潭天虹即将开业的虹剧场、"阅+书店"打造为岳塘区文化阵地建设方面的重要亮点。而竹埠港工业遗址公园和该片区的开发建设，都按照滨江商务区修建性详规的要求，融入文化创意的元素，加快竹埠港文化街区的建设。

（3）群众唱主角

岳塘区坚持为群众搭建舞台，把群众请上舞台，让群众在文化活动中唱主角。岳塘区 13 个乡街已全部建好文化站，并组建了一支文化志愿者服务分队，下分 31 支小队，全区更有 130 多支文艺队。群众文化活动丰富多彩，形成了"欢乐潇湘·幸福湘潭""周周乐""龙腾狮跃闹元宵""广场舞"以及"排舞"等群众文化活动特色和品牌。并将这些群众文化活动延伸到基层社区，让各社区居民自编自演登台献艺，"演"出了品牌。舞蹈《制酱汉子》、《绿色家园》、《春与秋的随想》、歌曲《最美的人》等，曾在全区汇演中获奖；自编自导舞蹈《制酱汉子》首演大获成功，观众反响强烈。同时以文化共享工程、公益电影放映、农家书屋、广场文化活动等为载体，广泛开展文化惠民活动，组织开展图书、演艺"进农村、进社区、进企业、进学校、进机关"等活动。

2. 岳塘区推动教育共享发展的主要举措

（1）加强领导，科学规划，推进资源合理配置

区委、区政府将集团化办学列入加强教育强区建设和推进义务教育均衡发展的重要内容，并写入政府工作报告，成为深化教育改革、促进岳塘教育发展的重点工作。区教育局成立了以局长任组长的岳塘区教育集团建设工作领导小组和以主任督学任组长的集团化办学督导评估小组，全面领导和指导教育集团建设和发展工作。2014 年 5 月出台了《岳塘区教育集团实施方案》，对集团的运作模式、管理系统、机构设置、集团职能、管理举措、考核评价提出了指导性意见。明确了教育集团定位为紧密型管理模式，即以教育集团为核心，实行一套班子管理不同校区的管理模式。2017 年 3 月，出台了《岳塘区教育集团建设章程（试行）》、《岳塘区教育集团建设实施方案（试行）》、《岳塘区教育集团管理暂行办法》和《岳塘区教育集团建设引导资金管理办法（试行）》等文件，对集团组建、管理结构、权利职能、考核评价等各方面进行规范，对集团内人、财、物、事的管理进行了明确，有力地保证了教育集团的科学性和可持续发展。并启动编写《岳塘区建设教育强区三年行动计划（2017—2019 年）》

作为岳塘区未来三年教育事业发展纲领性文件。落实经费保障，考虑到教育集团建设起步阶段事情繁多以及人员交流等方面的实际情况，区财政落实了对教育集团建设的经费支持，每年预算专项发展引导资金 20 万元，作为推进集团建设的人员和奖励经费。

（2）加强引导，强化实效，推进制度体系建设

在教育集团组建初期，本部和分校区发展极不均衡的情况下，为保障集团化办学的有效推进，明确各教育集团均实行紧密型统一管理。2016年 8 月，对各教育集团的管理班子进行了全面调整，实行集团各个校区一个法人的管理体系，建立了以总校校长为负责人的教育集团校务委员会，作为集团管理的最高决策机构和管理机构。在各教育集团管理上实行真正"六统一"，即师资、财务、招生、教学、考核、待遇实行六统一，确保权责统一。制定出《教育集团办学规划》，通过多种形式加强集团价值共识的凝聚和宣传，提升各校区对教育集团的认同感和归属感。要求各教育集团进一步完善内部治理结构，明确集团发展规划、计划，理顺决策的执行、监督和保障等各环节关系、职能，提升集团整体的管理水平。进一步明确、细化集团校区管理者在人员、经费和分配等问题上的权限，以健全的制度为集团发展提供稳定性。全面修订办学章程和管理及评价方案，通过章程的指引和制度的规范，使得各校区能够最优化地聚合在一起，并根据优质教育资源的生成情况，调整校区间联系的紧密程度。保障教育集团的管理运行、职能分配、任务分工落到实处，出台了教育集团的督导评估方案，分别从班子建设、制度建设、融合程度、师生均衡程度等方面进行评估，由教育督导部门按照集团办学实施方案，对集团建设情况进行年度考核评估，提高教育集团管理效能。

（3）突出核心，扎实推进教育集团建设

各教育集团充分发挥管理、教研和师资队伍建设的优势，把各自教学上的优质资源源源不断地输送到分校的教学管理和实践中，逐步形成了"信息共用、教法共研、经验共享、相互融合、相互促进"的集团资源共享模式。以集团为单位进行管理和评价，本部先进的办学理念、管理经验和教师培训模式、教学教研成果等在各分校区得到全面推广，有力地推进了优质资源的共享。同时，各教育集团教务、德育、后勤等部门全面统筹安排教学活动和管理工作，将常规管理、教师培训、教研活动、学生活动

列入集团统一的学校工作计划。加大教师交流力度，各教育集团通过全员交流、走教支教等形式交流教师，有力地促进了师资的均衡配置。同时，集团定期选派优秀教师前往分校区进行教学指导，上演示课，听观摩课，走进教室、课堂，和分校教师交流，促进分校教师提升。组织集团内学科教师、班主任沙龙论坛，加强交流，实现共同进步。

（二）文化教育共享发展成效

1. 岳塘区文化共享发展概况

岳塘区自 2015 年被确定为创建省级现代公共文化服务体系示范区以来，区委、区政府高度重视，举全区之力，按照公共文化服务体系建设公益性、均等性、基本性、便利性的要求，切实加大对公共文化服务的投入，不断夯实基层基础，努力提高公共服务水平，区、街道、社区（村）三级公共文化设施网络建设进一步推进，基本形成了"设施网络化、供给多元化、机制长效化、城乡一体化、服务普惠化"的现代公共文化服务新格局。

通过几年的努力，现建有乡街综合文化站 13 个（面积 10605 余平方米）、82 个村社区均建有文化活动室（总面积 10161 余平方米）、文化健身广场 602878 平方米、图书室、农家书屋 82 个（2520 平方米）。2015 年人均拥有公共文化体育设施面积约 3.5 平方米。其中下摄司街道文化站为国家一级文化站，并得到推广交流，受到广泛关注、一致好评。截至2016 年年末全区有艺术表演团体 138 个，公共图书馆 1 个，群众艺术馆、文化馆 1 个，体育场地 755 个。广播综合人口覆盖率、电视综合人口覆盖率均为 100%。全年放映农村公益电影 532 场，开展全民健身项目 36 项次，新建农民体育健身工程的行政村 11 个。

2. 岳塘区教育共享发展概况

近年来，岳塘区着力实施教育强区战略，突出教育优先发展，教育事业得到了持续、均衡、优质、快速发展。先后荣获"全国义务教育发展基本均衡区""全国社区教育实验区""湖南省现代教育技术实验区""湖南省教育工作两项督导评估考核优秀单位"（连续三轮）、"湖南省青少年校园足球试点县市区"等荣誉，成功步入"湖南省教育强区"行列。

截至 2016 年年末全区有初中学校 4 所，在校生人数 2436 人；普通小学 21 所，在校学生 17953 人，小学适龄儿童入学率 100%，毕业生升学率

100%。各类民办学校 2 所，在校学生 248 人；幼儿园 77 所，幼儿园在园幼儿 10171 人。全年落实义务教育保障资金 1320 万元。全区有国家级企业重点实验室 1 个，省级工程（技术）研究中心 7 个。全年共取得省部级以上科技成果 16 项，同比下降 50%。全年申请专利 1223 件，同比下降 8.6%；其中，发明专利申请 401 件，同比下降 27.0%。授权专利 701件，同比增长 3.1%；其中，发明专利授权 101 件，同比下降 25.2%。

岳塘区坚持以人为本，加大投入，抓好为民办实事，全力改善民生。城乡就业和社会保障体系逐步完善，文化教育等社会事业均取得可喜的成绩。先后荣获"省教育两项督导评估考核"优秀单位等多项殊荣。

专栏 1.4：岳塘区教育共享——集团化建校成果

岳塘区认真贯彻落实《国务院关于深入推进义务教育均衡发展的意见》和《湖南省教育综合改革方案（2015—2020 年）》精神，以促进区域优质教育资源公平共享，义务教育基本均衡发展为目标，深化教育体制改革，在区委、区政府的支持下，充分发挥区域内优质学校优势，大力推进集团化办学，经过三年努力，取得了较好成效。2014 年 5 月，启动了教育集团组建工作。2014 年 9 月，以火炬学校和育才学校为核心校，分别与红旗学校、清水学校组建火炬学校和育才学校两个教育集团。2016 年 3 月，以湘机小学和湘钢三校为核心校，分别与一完小、和平中心

图 1-7 并入育才教育集团的城郊小学

资料来源：调研组拍摄。

完小组建湘机小学和湘钢三校两个教育集团。2017 年 2 月，红霞学校加入湘机教育集团。至今，岳塘区组建成立了四个教育集团，集团内在校学生 9725 人，占全区小学生在校人数近 50%，大大提高了优质教育资源的覆盖率，有力促进了优质教育资源共享。

岳塘区现辖 9 个街道，中小学 25 所（其中民办小学 1 所），其中完全小学 21 所，初级中学 3 所，九年一贯制学校 1 所，2015 年在校中小学生 19862 人，其中小学 17622 人，初中 2240 人。2016 年在校中小学生 20402 人，其中小学 17953 人，初中 2449 人。2017 年在校中小学生 21024 人，其中小学 18269 人，初中 2755 人；小学 416 个班，中学 57 个班，扩班 19 个。2017 年初中小学解决就近入学和相对就近人数 4261 人。

集团办学：2013 年开始，先后组建火炬、育才、钢三校、湘机小学 4 个教育集团，以优带弱，以城带乡。2016 年开始各集团总部和分校区均由总部校长担任校长和法人，火炬、育才、湘机小学三个集团实行紧密型管理，钢三集团实行松散型管理。2017 年湘机小学集团增加了红霞小学分校。

投入 3790 万元（不含土地征用费用）新建清水学校一期，新增学位 810 个。红旗学校教学楼、火炬学校综合楼等工程建成投入使用，增加校舍建筑面积 10258 平方米，增加学位 405 个。

特别指出的是清水学校。清水学校创建于 1970 年，2015 年搬迁到现址，校园占地面积 13502 平方米，2016 年 8 月底并入育才教育集团进行紧密型管理。2016 年集团化共享教育管理之前，清水学校有 5 个教学班，在校学生 54 人。

2016 年集团化共享教育管理后，2016—2017 年，清水学校有 6 个教学班，在校学生 123 人；2017 年至今，有 8 个教学班，在校学生 249 人。现有教职工共 8 人，专任教师 8 人，专任教师本科学历 4 人，专科学历 4 人，其中高于规定学历人数有 4 人。2016—2017 年，育才学校派 2 名老师常驻援教，派 2 名老师走教交流；2017 年，岳塘区教育局派执行校长常驻清水，育才学校派 5 名老师常驻援教，派 1 名老师走教交流。

五　岳塘区生态环境共享发展的主要举措

岳塘区是湘潭市和湖南省的重要工业基地和国务院批准设立的"资源节约型、环境友好型"社会建设综合配套改革试验区。岳塘区有耕地面积 2951.7 公顷，批准建设用地 116.6 公顷，城市人均公园绿地面积

11.9 平方米，国家 4A 级以上旅游等级区 1 家（岳塘区 2016 年国民经济和社会发展统计公报）。活立木总蓄积量 262060 立方米，森林资源蓄积量同比增长 4.1%。城镇建成绿化覆盖面积 1633.1 公顷，城镇建成绿化覆盖率 40.9%。全区城镇污水处理率达 92.5%，城市生活垃圾无害化处理率达 100%，工业三废排放达标率达 100%，工业企业主要污染物排放达标率达 100%，工业固体废物综合利用率达 99%，主要污染物排放总量削减率为 2.4%。空气质量达标率达 87.1%，地表水质达标率达 100%，农村垃圾集中处理率达 95%，农村居民安全饮水比率为 100%。

近年来，岳塘区以生态文明建设为统领，以创建文明城市为载体，以市环保目标责任书为抓手，全面协调推进中央环境保护督察反馈问题整改落实；深入实施大气、水、土壤污染防治行动计划；严格环境监管执法，推动环境保护各项工作的落实，努力实现全区共享生态文明建设成果。

（一）全面落实"党政同责、一岗双责"的环境保护责任体系

2017 年 3 月，区委、区政府成立了由区委书记任顾问、区长任组长的岳塘区生态环境保护委员会，建立健全了全区"党政同责、一岗双责"的环境保护责任体系。制定出台了《岳塘区迎接中央环保督查工作方案》《岳塘区党政领导干部生态环境损害责任追究实施细则》等；召开环保督察工作会议 20 余次，区长陈爱民同志根据中央环保督察交办任务及省长交办任务分三次下达区长交办函，区生态委办公室会同区政府督查室、区发改局、区财政局开展了两次专项督察，进一步压实部门及街道的环保责任，增强了工作合力。

（二）切实整改各类突出环境问题

全面加强湘江沿岸环境保护。根据督察要求，对湘江沿岸第三自来水厂一级保护区陆域边界安装 1280 米护栏、围网，开展以河道保洁为重点的综合整治工作，在河道垃圾集中清理行动中，累计清理垃圾近 400 吨，确保行政区域内城乡垃圾不入河、辖区内河道垃圾不出境。

大力推进爱劳渠百亩湖污染治理。自 2017 年 3 月以来，岳塘区爱劳渠成为督察重点，为彻底改善这一情况，着力对爱劳渠内及沿线垃圾进行清理，清理垃圾 800 余吨，爱劳渠卫生环境大为改观，治理效果得到周边居民认可，也为下一步污染治理奠定了良好的基础。

（三）联防联控治理大气、水和土壤污染

深入防治大气污染。严格组织实施《大气污染防治特护期强化工作方案》，一是积极完成汽车修理行业挥发性有机物综合治理。截至 2017 年 10 月，区环保局已经完成了一家试点企业的 VOCs 综合治理任务。汽车维修企业的 VOCs 治理任务正在推进。二是加快推进禁燃区内燃煤锅炉（窑炉）治理或淘汰任务。截至 2017 年 10 月，已完成华任、飞山奇燃煤锅炉治理，正督促企业安装在线监控设备，确保污染物达标排放。三是主动做好黄标车淘汰工作。2017 年初制定了《岳塘区关于加快推进黄标车淘汰工作实施方案》，两次下达交办函。截至 2017 年 10 月，已下户走访黄标车车主 369 户，建立走访台账，并及时向交警反馈下户情况，已淘汰黄标车 266 辆、完成淘汰任务的 32.7%。四是做好垃圾、秸秆焚烧工作。2017 年年初，制定了《2017 年岳塘区禁烧（垃圾、杂草、秸秆）工作责任追究办法》《禁燃工作方案》等，采取区、街、村（社区）三级联动的焚烧污染应急处置措施，全年处置垃圾焚烧类投诉 177 起，制止和处理城区燃烧垃圾行为 200 余起。

专栏 1.5：竹埠港老工业区环境污染治理

岳塘经开区承担着湘江流域重金属污染治理计划重点片区竹埠港区域的污染治理任务、国家级竹埠港地区老工业基地整体搬迁改造的战略任务和长株潭"两型社会"综合配套改革试验竹埠港老化工基地产业转型的任务。为实现竹埠港老工业区的转型升级，迫切需要退出原有工业、发展新动能。商贸物流产业能够快速实现人流、商流、资金流高度集聚，适宜在原有产业上进一步改造提升，可以吸纳大量人员就业，为老工业区涅槃重生提供基础与平台。

竹埠港地区深入推进重金属治理工作。一是湘潭市竹埠港地区企业遗留危险废渣处置 EPC 项目完工验收。项目现累计完成陈氏化学危废处置 33038 吨，湘大比德废物处置 5232 吨，总计 38270 吨。目前项目实施已完成并于 2017 年 9 月中旬完成了验收。二是科源科技渗漏废水处置项目已完成验收，共计完成约 27000 吨废水处理。三是竹埠港地区重金属污染土壤稳定化修复示范工程启动验收。现已完成金环颜料厂区、三号地块内共约 2.7 万立方土壤治理，项目治理工作完成。四是易家坪片区土壤修复治理 EPC 项目。完成了场地清理和建筑垃圾处置，正在实施土壤修复，累计完成重金属污染土壤修复约 46 万立方米，有机物污染土壤约 2.6 万立方米，完成产值 7000 多万元。项目范围新增的土方和新发现废渣已完成前期勘察，并启动了相关场地调查、可研修改、立项批复的调整工作。

竹埠港环境污染治理成效显著。区域内的 28 家化工企业已全部征收拆除。企业遗留危险废渣处置 EPC 项目已召开项目验收会，正在申报验收资料；科源科技渗漏废水处置项目已完成验收；重金属污染土壤稳定化修复示范工程 2017 年 10 月底前可完成验收；易家坪片区土壤修复治理 EPC 项目范围新增的土方已完成前期勘察。竹埠港地区雨污水和废水经过治理后，成为全国化工治理唯一实现全面达标直排的区域。

继续深化水污染防治工程。一是关停竹埠港污染企业，走宽绿色之路。竹埠港片区 28 家化工企业已经全面关停，该地区每年减少排放废水约 264 万吨、二氧化硫约 6000 吨、工业废渣约 3 万吨，保障了当地和湘江中下游地区居民饮用水安全。二是严格落实中央环保督察交办三水厂一级饮用水源地保护任务。在水资源保护区全面确界立碑，一、二级饮用水源保护区均设立了标志牌及宣传牌。同时，管理好各类排污口，杜绝各种漂浮物污染物入湘江。三是积极开展湘江流域专项执法综合整治行动。每月定期对饮用水源地网箱养殖、钓鱼、水上餐饮、游泳等违法行为开展巡查执法，严厉打击部分违法排放水污染物的企业及个人作坊。近两年来，共立案处罚 6 起，共处罚 111487 元，公安行政拘留 3 起。下达《责令停止水事违法通知书》4 份，《责令改正违法行为通知书》4 份，共取缔违法采砂地摊子 3 处。

加强湘江保护，以河长制为总揽。加强湘江及其支流的河道管理，严格采砂管理；沿湘江两岸建设污水截流管，建立城市污水集中收集和处理系统；以水资源保护目标促进产业的全面转型和升级。保障饮水安全。加大城区饮用水源地安全保障力度，合理布局取水口，严格入河排污口管理，在城市饮用水源各级保护区内禁止布设排污口；建立农村饮用水集中供水模式，构建农村饮水安全网络，全面实施城乡统筹供水一体化，全面解决农村饮水不安全问题。

协同开展土壤污染防治工作。一是根据全国土壤污染状况详查工作的安排和农用地土壤污染状况详查点位核实工作的有关要求，于 2017 年 7 月对行政区域内土壤污染重点行业企业及其空间位置、土壤污染问题突出

图 1 - 8　岳塘区竹埠港土壤重金属综合整治现场

资料来源：调研组拍摄。

图 1 - 9　紧邻岳塘区竹埠港土壤重金属综合整治现场的湘江及跨江大桥

资料来源：调研组拍摄。

区域进行了逐一核实。在此基础上，补充划定了农用地土壤污染状况详查单元，对农用地详查点位进行了核实、调整与补充。二是进一步加强全区危险废物（含医疗废物）管理。由区环保局管理股牵头，开展危险废物规范化管理工作，共对辖区内 32 家危险废物产生单位进行了专项检查，并在 2017 年上半年对企业进行危险废物规范化管理培训 2 次。下一步将对企业的危险废物规范化管理进行检查，确保企业的规范化管理符合国家标准要求。

（四）加大环境监管督察力度，严打违法行为

监管全覆盖、严厉打击环境违法行为。2017年年初，制订了《2017年全区环境双随机监管执法检查工作计划》，对环保部门依法审批的具有排污行为的企业和单位依法开展常规监管执法检查。截至2017年10月，排查中发现存在污染隐患的企业21家、违反环境法律法规规定在夜间进行施工的建筑工地13家。其中，环境违法企业被立案处罚的21家，移送公安行政拘留2起，行政处罚金额高达230万余元。同时，建立污染隐患台账、监管执法台账、历史遗留台账、监测台账、信访台账，并整理成册。

中央环保督察信访交办处置全市领先。2017年5月，中央第六环境督察组交办岳塘区信访交办40件，区环保局充分发挥牵头统筹协调作用，主动担当，以"快速分解、处置到位、百姓满意"为标准，组织开展了餐饮油烟、汽修行业喷漆、建筑施工噪声、道路扬尘等联合整治行动。中央信访交办任务全部办结。针对汽修行业喷漆投诉，区环保局联合区执法、经信、工商等单位开展联合执法，在督察期间整顿了34家汽修行业，下达了相关执法文书65份，整治效果良好，得到了湘潭市的认可。自2017年以来，区环保局通过来信、来访、来电、网络投诉、上级交办等渠道共接到信访案件742起，其中12369电话投诉举报314起，湘潭市环保局、市长热线、网格化交办件共428起，已处理完毕739起，处理率99.59%，人民群众满意度96%以上；742件信访案件中上级督办案件7起，其中中央环保督察交办件5起，处理率100%，回复率100%。

（五）严格环境准入和环评审批

严格环评预审及审批。截至2017年10月，岳塘区"三同时"建设项目预审及审批单位数共计29家，项目总投资1232838.6万元，环保投资52042.14万元，其中编制环境影响报告表的项目18个，出具（预）审批意见的项目11个。严格审查排污许可证发放。对申请单位填报的材料进行严把审批关。截至2017年10月共发放排污许可证10家，并对所有发放的排污许可证拍照存档，以便今后检查核对。

（六）加大财政支持强化生态环境保护治理

区财政累计投入2亿余元，积极响应湘江流域重金属污染治理工作，

在全省率先实现污染企业整体关停，为全省乃至全国重金属污染治理提供了可复制、可推广的经验，得到了中央、省、市各级领导的充分肯定和社会的广泛赞誉。充分发挥涉农资金和项目的整合力，提高涉农资金使用效益，探索将荷塘现代农业示范园建设成为以资源节约、生产绿色、产品高值、产业高效、环境友好的农业示范区。

（七）加大环境宣传力度

2017年"六五"世界环境日为宣教工作的重点。区环保局制定了《"六五"世界环境日宣传活动工作方案》《岳塘区环保局关于做好"六五"世界环境日宣传工作的通知》，邀请区人大城环工委、政协民主监督小组参与活动并进行监督。活动围绕"绿水青山就是金山银山"主题，发放了《中华人民共和国环境保护法宣传手册》《绿水青山就是金山银山——生态强省在行动》等环境保护宣传资料4000余份。同时，积极宣传绿色护考行动，开展高考控噪夜间巡防工作，严格执行20：00—6：00禁止各种形式的夜间施工的规定，第一时间处理相关投诉，确保营造良好的考试氛围。创新宣教方式。维护完善区环保局对外互联网网页，开通区环保局微信公众号，并实时更新，及时推送相关环境保护内容，宣传效果良好。

（八）建设美丽乡村

岳塘区每年都突出建设1—2个示范村和2—3个环境整治村，全区先后有3个村成功创建了省级美丽乡村示范村，2017年全区又重点打造一个美丽乡村示范片和2个美丽乡村示范村，并申报1个省级美丽乡村示范村。预计投入资金9000万元，其中财政投入奖补资金6000万元，引导社会资本和村民投入3000万元，开展了"三化一拆"（居民美化、环境净化、道路亮化、拆除违章建筑）行动，打造产业发展、绿色生态、宜居宜游的美丽乡村。

第三节　岳塘区共享发展存在的问题与对策建议

一　岳塘区共享发展面临的问题与挑战

（一）经济共享面临的挑战

1. 共享理念有待提高，共享发展机制有待完善

岳塘区经济共享发展取得的成效与政府主导的经济共享发展意识密不

可分，但通过调研发现岳塘区的经济共享发展理念和意识仍然有待提高。例如，岳塘区农民的小农意识依然存在，土地使用权流转机制还不完善，不能适应产业化经营的需要；在周边园区发展和经济产业布局方面受到规划用地、政策等各种限制，导致发展后劲不足；经济共享、利益共享、产业集聚等方面的具体实施方案尚未制订，相关机制体制没有成型，重复建设、各自为政的恶性竞争局面依然严重。

2. 基础设施建设有短板，共享发展投入有待增强

岳塘区道路绿化、美化、农村生态环境保护等基础设施建设还需加强，清洁工程和新能源工程需加快发展，以水利建设为重点的农村基础设施还需突出加强。岳塘区大力发展以现代物流业为重点的生产性服务业，就需要努力打造"布局集中、功能完善、服务完善、产业集聚"的现代物流体系。同时，银行、保险、证券和租赁等现代金融业有待进一步加快发展，股份制银行、保险公司、证券公司在岳塘区分支机构较少，新兴农村金融机构培育力度有待加大，多元化、多功能的金融组织体系有待进一步建立。

3. 产业结构不够合理，工业集聚程度有待提高

文化产业占比提升困难，岳塘文化产业起步较晚基础薄弱，文化产业规模偏小、缺乏龙头带动和品牌创新，使得文化产业增加值仍显不足。2016 年文化产业占比为 4.6%，实现程度为 56.9%，离 8% 的全面建成小康社会指标值还有很大的差距。此外，高新技术增加值占 GDP 比重不升反降，2016 年高新技术产业增加值占比为 35.9%，较上年下降 3.4 个百分点。2016 年岳塘区园区规模工业增加值占规模工业增加值的比重为 80.9%，实现程度为 89.9%，提升园区规模工业增加值的难度较大，需要调整园区规划，进一步加速工业集聚程度。

（二）社会发展共享面临的问题

1. 社会保障体制有待完善

中国城乡的二元户籍制度及其相配套的一系列相关政策的实施，使得城乡之间的差别越来越明显，城乡发展不平衡问题加剧。二元体制使得城乡之间在经济发展水平、基础设施建设、居民收入水平、社会保障和医疗服务等方面都有非常大的差距。在这种二元体制基础之上建立的二元基本公共服务制度，把城市和乡村划分得更加明显，城乡之间基本公共服务不

均等加剧，如基本公共服务供给的种类、数量与质量等方面。这就带来了社会发展共享实施上的体制障碍。

2. 提高供给能力，满足群众对社保、医疗日益增大的需求

当前各地的社保支付能力、养老保险基金可持续发展压力都较大。一方面，随着企业退休职工人数增长、养老待遇水平提高等多重因素影响，职工养老保险基金支付压力较大。另一方面，城镇职工医保、城乡居民医保存在着基金收不抵支矛盾，住院率居高不下，医疗消费水平持续增长，参保对象医疗需求日益扩大，对医保基金"以收定支、收支平衡"的总额控制管理模式带来严峻挑战。

3. 区级财力有限，难以有效实施社会发展共享

中国在基本公共服务供给方面事权和责任划分不清，地方政府过多负担基本公共服务，加重了地方政府负担，政府财权事权不平衡，加剧了基本公共服务供给的不均等。同时政府各级部门在基本公共服务供给的权利与责任划分上不清楚，不同部门出现交叉，职责界定模糊不清且分工不规范，致使基本公共服务无法形成有效的问责机制，这严重阻碍了中国基本公共服务共享的实施。同时，由于基层政府财力相对薄弱，使得基层政府负担沉重，造成了基本公共服务供给无论是在质量上还是数量上都大幅度下降，不能有效实施社会发展共享，需要加大财政投入和完善各项制度措施。

（三）岳塘区文化教育共享发展面临的挑战

1. 文化共享发展仍然面临经费和人才保障问题

岳塘区推动文化共享发展面临的挑战主要有两个方面：第一，经费保障问题。送戏送书送电影送展览下乡进社区、文化信息资源共享工程等一系列文化共享措施，虽然得到了政府的资金支持，但随着文化共享的深入，还需要加大经费的保障力度。第二，人才保障问题。区、街道、社区、行政村都建设了文化服务站，但文化共享专职人员的数量不能满足快速发展的人民文化需求，随着文化信息的迅速发展，需要加大文化共享专业人员的培训力度。

2. 教育共享发展面临优质资源不足、师资短缺以及体制僵化问题

第一，优质教育资源依然不足。岳塘区四个教育集团的建设已经取得初步成效，红旗、和平、一完小三个校区在进入集团化办学后，学校内部管理、教研水平和办学质量有了明显提高，得到了社会的认可。但目前三

个校区的招生已经超过自身负荷,已经难以满足就学需求。

第二,师资严重短缺。随着集团化办学成效的显现,集团内生源不断增加,师资短缺现象愈发严重,教师任务不断加重,在加强教师交流、强化跨校指导等方面存在较大的困难。如火炬教育集团本部临聘教师超过40人,本身已难以为继,更无法派出更多教师交流到红旗校区。

第三,教师人事管理体制僵化。分校区教师年龄结构偏大情况比较严重,不少学校多年没有新进教师,老教师上进心不足、恋旧情绪浓,加上僵化的人事管理模式,每一个教师都是核编核岗到校,所以在一定程度上加大了教师交流的难度。

(四)湘潭市岳塘区生态环境共享发展中存在的问题与对策

1. 水污染严重,水质缺乏保障

湘江水环境呈现出典型的重工业污染特征,没有实质性好转。生活污染、农业面源污染呈加剧态势,沿岸城市的饮用水源地受到威胁。城市开发建设不注重水体保护利用。水价总体水平偏低,特别是农业生产灌溉用水还是零价制,无法将"节约用水"落实到农村农业。由于水资源费和污水处理费标准偏低,治理和改造难度很大。城市防洪标准偏低且差异较大,城市内涝严重,湘江岸线利用无序,河道非法乱采滥挖现象依然存在。水利建设规划标准和改造投资规模低,地方水利建设的积极性不高,资金匮乏,短视现象比较严重。

2. 项目建设进度慢

精美湘潭建设、品质岳塘建设、拆墙透露裸露黄土治理、历史遗留问题处置、湘江防洪景观工程、黑臭水体整治等多项重要工作存在责任大、任务重、时间紧、人员少、经费不足的状况,在客观上一定程度影响工作效果。精美湘潭、品质岳塘建设项目数量多,项目建设进度慢,除三化两拆两改、社区公园建设、百亩湖周边建筑立面整治等项目之外,其余都未达到预期效果。

3. 环境治理代价大

岳塘区为长株潭环境治理和湘江流域治理投入过大,融资较多,没有得到生态补偿和相应的经济补偿,负担很重。关停退出搬迁了一大批企业,各项经济指标考核与目标差距日益拉大,并留下了大量的矛盾和问题。在周边园区发展和经济产业布局方面受到规划用地、政策等各种限制，基础设施建设方面还存在许多短板，发展不平衡且后劲不足。

二　进一步推进岳塘区共享发展的政策建议

（一）推进经济共享的政策建议

1. 加强共享宣传力度，提升共享发展理念和意识

针对共享发展理念和意识等领域存在的问题，充分利用党校干部培训渠道，对全县各级领导干部、各行政村支部书记和村委会主任，强化开展共享发展知识培训；充分利用县电视台、政府信息网、微信新媒体和标语、广告牌等，加强对共享发展理念的宣传，使全县各级干部和广大群众真正意识到共享发展的必要性及紧迫性。通过新闻宣传和教育培训，提升各级领导干部对经济共享发展理念的认识，把共享作为发展的出发点和落脚点，指明发展价值取向，把握科学发展规律，顺应时代发展潮流，以推进扶贫脱贫、缩小收入差距为抓手，以推进区域、城乡基本公共服务均等化为保障，以推进共同富裕为目标，稳步落实共享理念。

2. 加快基础设施建设，突出重点项目建设

贯彻中央城市工作会议精神，把握好城市共享发展规律，形成城乡建设工作格局，着力抓好精美湘潭、品质岳塘建设。一是加快城市道路建设。进一步加快湘江防洪景观工程、千里湘江第一湾、杨梅洲大桥、X157、芙蓉大道复线、G320绕城线以及长沙株洲九华昭山城际间、园区间快速通道等项目建设，拉通长株潭区域性主干道路。二是突出岳塘经开区基础设施建设。进一步完善团竹路、赤金路、佳木路、沃土路、芙蓉大道复线等路网体系。推进荷塘客运枢纽站、国际会展中心、中路公路港物流分拨中心、地下综合管廊建设等市政设施项目建设。三是抓住"城市双修"试点城市机遇，加快推进老旧小区、背街小巷提质改造和棚户区、城中村、危旧房改造等民生项目建设，加强市政基础设施维护，完善好城市基础框架。四是加强公共服务配套建设。着力引进教育、卫生等优质公共服务资源入住，提升园区产业承载能力，加快产城融合发展步伐。新建一批学校、医院、幼儿园等公共服务配套项目，纵深推进文化建设，加快推进全市公共文化服务体系示范区创建，从而更好落实共享理念。

3. 加快产业转型升级，提升发展质量

做实产业支撑是做好经济工作的关键。一方面，岳塘区结合本地产业

优势，应抓好四个产业，转型发展机电建材业、提质发展商贸物流业、大力发展观光旅游业。加大培育"四上"文化企业力度，加大培育"四上"文化企业力度，积极为东坪古镇、盘龙小镇等项目做好服务对接等工作。扩大文化消费，增加文化消费总量，提高文化消费水平，是文化产业发展的内生动力。另一方面，岳塘区应注重提升园区承载能力。抓好六纵六横路网项目建设，抓紧荷塘 220 千伏变电站搬迁重建，完善园区配套，为项目的落地、企业的进驻和运营提供必需的条件，提升园区发展效益和活力，努力提高园区规模工业占比。

（二）推进文化教育共享发展的政策建议

1. 落实各项措施，强化公共文化多元保障

一是加大财政投入力度。充分发挥政府公共财政的主导作用，不断加大区政府和各街道（乡）对基层文化建设的投入，建立总量充足、结构合理的公共文化经费投入机制，近 3 年文化投入不低于同级财政支出的增长幅度，人均文化事业费（按常住人口计算）不低于全市五区平均水平。各街道（乡、镇）每年预算安排公共文化服务体系建设专项经费不低于人均 10 元，文化活动经费不低于人均 5 元。探索建立公共文化多元化投入机制，鼓励社会力量对文化馆（站）、公共图书馆、乡、街综合文化站、村（社区）文化活动室进行捐赠和投入，拓宽经费来源渠道，建立社会文化活动投入长效机制。二是建立绩效考评制度。成立岳塘区创建现代公共文化服务体系示范区工作领导小组，印发《岳塘区创建湖南省现代公共文化服务体系示范区实施方案》，与各街道（乡、镇）签订目标责任书，评选"创建工作先进街道（乡、镇）、村（社区）"，采取"以奖代投"的激励机制，鼓励争先创优，促进岳塘区公共文化服务体系建设。

2. 加强公共文化机构队伍建设，提供公共文化服务人才保障

全面提升文化专业工作人员的素质和服务技能。实行文化辅导员和文化志愿者进社区包片辅导制度，依托乡镇综合文化站开办农民艺术培训学校，两年内培训业余文艺骨干、文化活动积极分子、文化信息资源共享工程管理员和村（社区）文化管理员等 200 名。组建文化志愿者队伍，招募文化志愿者 1000 名以上，不断壮大基层文化队伍。同时，大力引导和培育发展文化产业经营、文化活动策划、文化创意设计咨询人才队伍。

3. 加快学校建设步伐

集团化办学在一定程度上是优质资源的均衡,在学位供给上是挖掘潜力。随着城市的发展和扩张、二胎的放开等因素,教育资源的需求是刚性增长,所以中心城区学位不足、大班额现象依然比较严重。建议一是加快滴水湖学校建设步伐,确保 2018 年秋季顺利开学,有效减轻火炬教育集团两个校区的入学压力。二是抓紧和平中心完小搬迁重建。和平中心完小拆迁在即,目前学校已有学生 489 名,钢三教育集团本部已严重超员。出于安全和便民需要,学校搬迁重建工作要抓紧进行,最好是先建后拆,至少要保证 2019 年秋季新学校能够正常开学。三是启动火炬教育集团红旗校区的第二期改扩工程,拆除原有教学楼,新建综合楼,增加学位 270个。四是启动湘机小学教育集团一完小校区改扩工程,拆除现有平房,新建教学楼,增加学位 270 个。

4. 加大教师招聘力度

加快教师重新核编步伐,按照岳塘教育当前规模和实际情况,配齐配足教师,保障正常教育教学需要。并建议形成"三年一核、每年微调"的长效机制,确保能根据城区学校按生师比、农村学校按班师比配备教师。对编制一时无法解决的,可以按同级同类教职工待遇标准实行政府购买服务的方式来解决缺少岗位教师的问题。

5. 改革教师管理体制

按照湖南省人民政府湘政发〔2015〕45 号文件《湖南省教育综合改革方案 (2015—2020 年)》的要求,强力推动区域内义务教育教师的统筹管理,推进"县管校聘"改革,打破教师交流轮岗的管理体制障碍。建议区委、区政府落实改革精神,明确教师"县管校聘"管理模式,编委按标准,将总编制数核到区教育局,由教育局根据学校需要来调配教师,保证师资合理配置和正常教学秩序,有力支持集团化办学。

(三) 推进生态共享发展的政策建议

1. 扎实做好水、大气、土壤污染防治和环保基础工作

依法依规做好污染源普查等环境管理、行政许可、排污权交易、现场监察、排污收费、污染管理、危废管理等基础工作。做好水、大气、土壤污染防治工作。深入推进水污染治理,以贯彻落实《水十条》为主线,推进饮用水源地规范化建设。全力推进湘江沿线流域综合整治,全面做好

辖区内渠道截污、污水分流、河渠道清淤等工作，杜绝污染水源不经处理直接排入湘江，不断改善水源水质，还民绿水青山。持续推进大气污染治理，重点查处工业污染源超标排放、秸秆焚烧、油烟污染等大气污染违法行为，大力削减污染大气的排放，降低空气污染程度，努力控制和减少秋冬季空气重污染天气的发生，从整体上改善全区环境空气质量，着力保障人民群众身体健康和环境安全。

2. 严控环评审批和源头污染

严格环评审批，在项目引进中严把环评审批关，把总量控制和环境风险防范作为新、改、扩建项目环评审批的前置条件，严禁"两高"项目建设，从源头控制污染物排放新增量。落实规划环评，开展岳塘经开区和长株潭绿心规划环评执行情况自查自纠。推进项目清理整改，对未完成整改任务的企业要加大查处力度，必须在限期内完成。

3. 以全国污染物普查为契机，加强污染物减排与监管

根据第二次全国污染物普查工作要求，2018 年污染物普查工作将全面铺开。目前岳塘区污染普查的各项筹备工作正在稳步推进，岳塘区环保局作为牵头部门要加强与各相关部门的沟通协作，确保岳塘区污染物普查工作顺利完成。通过污染物普查工作，有效摸清岳塘区环境污染底数，掌握基础环境数据，提高环境管理水平，为下一阶段污染物减排及今后环境监管工作打下良好基础。

4. 加快推进农村生态文明建设与共享发展

继续实施农村环境综合整治，切实加强农村环境综合治理与长效管理。积极争取国、省治理资金，发挥好国、省资金的引导作用。建立健全"村为主体、户为基础"的常态保洁机制，加快推广垃圾分类处理模式，推进农村生活垃圾无害化处理体系建设，加强对农村饮用水源地环境监管，推行生活污水集中处理，实施禽畜养殖污染治理，严防退养后复养现象发生，加强环评把关和环境执法力度，防治工业污染向农村转移，全面改善农村自然环境和人居环境。

加强盘龙示范园、盘龙小镇建设，完善旅游功能，通过平等自愿有偿方式，通过开展美丽乡村建设，集中、高标准建设农居点，将农民集体土地集约化经营，让农民与盘龙共享生态休闲产业发展成果，建设生态宜居小镇，实现生态环境改善、农民收入增加、龙头企业壮大的目标。

5. 加快各类生态环保项目工程进度

2017 年中央环保督察期间，省长交办竹埠港重金属污染治理以及湘潭市岳塘区河东第二污水处理厂配套污水主干管项目尚未完成。下一阶段，区环保局要做好竹埠港风险防控方案采购主体，为竹埠港新区建设发展奠定坚实基础；同时，加大督察力度，督促湘潭发展投协调各方关系，加快易家坪片区土壤修复治理项目以及河东第二污水处理厂配套污水主干管项目工程建设。

加快建设百亩湖公园、宝塔公园、灵港公园、竹埠港遗址公园、云盘公园、爱劳渠、湘江防洪景观工程等绿色生态项目建设。加快落实"生态修复"工程具体项目，抓好生态综合治理，不断改善城市生态环境，完善城市治理体系。

6. 加强竹埠港等工业区的建设和环保监管

一是在规划用地、基础设施、园区布局等方面加快出台配套的政策措施，补齐建设短板，提升发展后劲，促进平衡发展。二是继续推进竹埠港地区化工企业环境监管工作，安排专人驻守竹埠港地区，定期、不定时对竹埠港化工区已关停企业和综合排污口进行环保、安全、维稳等方面巡查；加强拆除、建设过程中环境安全监管。确保危险废物和危险渗液100% 的安全处理。三是切实做好环境问题自查自纠工作，严格环境监管，按照上级各项业务要求，加大对涉危企业监管力度，全面落实涉危企业监管无盲区。以贯彻新环保法的契机重拳打击环境违法行为，严惩污染环境犯罪，做到全年查处的环境违法行为立案率达到100% 。与此同时，加强环保、公安的执法联动，维护树立环境法律的威信和震慑环境违法行为。

7. 提升环境监管和环境风险防范能力

在已实现电子公章、办公系统、信访交办等移动执法系统相关功能的基础上，实现移动执法系统的全区覆盖，完善"一企一档"管理，加快基础数据互联互通，全面提高移动执法在日常执法工作中使用效率；分期分步解决环境监察、信息、宣教等能力建设。加强环境风险隐患排查。继续整治环境安全隐患，加强对重点行业、重点企业、敏感区域、重点流域的监管，特别是威胁饮用水源地安全、易引发重大环境问题的重污染行业和企业的环境风险隐患排查，严防突发环境事件的发生。坚持勤查重罚，及时查处环境违法行为。

8. 进一步压实党政责任，提高全社会环保意识

要加强对各相关职能部门的督察指导，按职责要求落实"党政同责""一岗双责"。同时，完善对街道环境保护工作网格化监管，加大环保宣传力度，加强环保隐患排查处理工作，街道、村、社区设立环保义务监督员要主动发挥作用，建立有奖举报制度，提高人民群众参与环保工作的热情。提高环保工作的认识，树立人人懂环保、人人讲环保的意识。

第 二 章

省直管县共享发展——慈利县调研

第一节　慈利县概况

一　区位地理

慈利县，隶属于湖南省张家界市，地处湖南省西北部，张家界市东部，武陵山脉东部边缘，澧水中游。慈利县东北与石门县毗连，东南与桃源县接壤，西北与桑植县相邻，西南与永定区连接，是一个"七山半水分半田，一分道路和庄园"的山区县。慈利县作为张家界国家旅游综合改革试验区的桥头堡和武陵山经济协作区的前沿阵地，地处东经110°27′至111°20′，北纬29°04′至29°41′。慈利县境东西最大距离72.2公里，南北最大距离69公里，总面积3492平方公里，占湖南省总面积的1.7%，其中山地面积340万亩，耕地面积65.37万亩，总人口71万人。现辖25个乡镇（包括7个土家族乡），427个行政村（居委会），以土家族为主的16个少数民族占总人口的64%。2015年，慈利县被确定为湖南省首批"省直管县经济体制改革试点县"；9月，慈利县成为湖南国土资源省直管县经济体制改革试点县（市）。

慈利县地处澧水中游，属湘西山区向滨湖平原过渡地带，地势自西北向东南倾斜，武陵山余脉在境内分为3支东西走向的山脉，澧、溇两水纵贯全境，蜿蜒于县西北部和中部。北支的高架界，海拔1409.8米，为县境最高峰。中支的宝峰山、马儿岭，南支的剪刀寺等海拔均在1000米以上。澧水自西南向东北流贯县境，沿岸有河谷平原，最低处苗市镇界溪河边海拔75米，山河相间，构成三山两谷。慈利县境内岩性组成主要是碳酸盐岩类，占总面积的54%；地势西北高、东南低，地貌类型多样，以山地、山原为主，占总面积的64%。

慈利县自古素有"银澧金慈"之称，系"湘西门户""张家界东大门"，其区位优势明显，交通便捷。境内交通网络体系健全，拥有航空、铁路、高速公路、水运在内的立体交通网络，焦柳铁路、常张高速、G241、G353两条国道和S243、S311、S248等7条省道纵贯县境，距张家界荷花机场和常德桃花源机场80公里，分别距岳阳城陵矶港口、常德盐官铁水联运港口250公里、40公里。已经开工建设的安慈高速和即将开工建设的宜张高速将与常张高速在县城汇集，正在建设的黔张常快速铁路途经该县三个乡镇，慈利正成为区域交通枢纽的节点，可承接长株潭综合改革试验区、洞庭湖经济圈、武汉经济圈的辐射。

二 资源禀赋

慈利县资源物产丰富、禀赋独特。慈利县享有"中国温泉之乡""大理石之乡""杜仲之乡""湖南省旅游强县""中国最美休闲旅游度假名县"等美誉。

农业方面，慈利县盛产稻谷、玉米、烤烟、黄花、柑橘、油菜等农经作物。早在20世纪70年代，慈利县创立了"两季三熟"旱土多熟制；杂交水稻的推广在全国居于先行之列，杂交水稻种子"三系四圃配套提纯复壮法"的研究，获得国家科技奖。跨入21世纪后，慈利县的农业突出实施旅游带动战略，大力调整种植业结构，重点发展优势农产品，积极推进农业产业化。目前，慈利县已建成优质粮油、优质水果、优质茶叶、黄姜、烤烟、芝麻、高淀粉红薯、杂交稻制种、无公害蔬菜九大农产品生产基地，并成为湖南省"双低"油菜、优质柑橘、优质茶叶、优质烤烟、无公害蔬菜和杂交稻制种生产基地及湖南省生态农业建设示范县，其中杂交稻制种已通过全国首批质量认证。此外，慈利县成功地选育出两系超级杂交稻新组合——"培两优慈四"，并获得袁隆平农业科技进步奖。慈利县还是全省生猪调出大县、烤烟生产重点县、茶叶种植基地县、湖南省补硒工程先进县、湖南省"1223"富硒工程实施先进县，拥有全国特色富硒农产品称号的"康添牌"富硒大米、江垭银鱼、洞溪"七姊妹"辣椒、"秋收"野生葛、"云雾王"茶叶等一批知名品牌。

县内自然物种丰富，森林覆盖率达66.53%，林木总蓄积量达722.8

万立方米，属中亚热带森林系统核心区和长江流域水源涵养区。有娃娃鱼、黄骨鱼等野生动物 472 种；有银杏、珙桐等珍贵树木 427 种；有杜仲、黄柏、黄姜、金银花、鱼腥草等野生药材 1000 多种，蕴藏量达 30 多万吨，是全省百万亩中药材种植基地县。

慈利县水利资源充沛、矿产资源丰富。境内有溇水、澧水两大干流，有流域面积 5 平方千米以上的溪河 96 条，年均降水量 50 亿立方米，水能理论蕴藏量 68.8 万千瓦，有城关、江垭、长潭河、茶林河等水电站 54 处，装机 55.6 万千瓦。慈利全县矿产分为 7 类 45 种，已开采的有 15 种，以碳酸钙、页岩气、煤、镍、钼、铜、赤铁矿等为主。

慈利县旅游资源独特，有张家界大峡谷、禾田居山谷、五雷山、江垭温泉、万福温泉、朝阳地缝、四十八寨、南山桃源等张家界东线精品旅游景区景点，已拥有 AAAA 景区 4 个。依托丰富的旅游资源，慈利县积极发展旅游产业，配合县内经济转型升级，旅游产业近年来已经逐渐发展成为慈利县的支柱性产业。

三　人文历史

慈利县历史源远流长、人文荟萃。考古发现，旧石器时代这里就有人类居住，春秋末周敬王十五年（前 504 年）楚平王之孙白胜在此地筑白宫城。距今 2521 年，秦始皇二十六年（前 221 年）设慈姑县，为慈利设县之始，至今已达 2238 年。隋开皇十八年（598 年），取"土俗淳慈，得物产利"意而改称慈利县，慈利县名一直沿用至今。新中国成立后慈利属常德专区，1988 年划归大庸（今张家界）。慈利自古以来重视教化，民风淳朴，书院文化、红色文化璀璨夺目，渔浦书院、官桥书院等保存完好。慈利人才辈出，历史名人有唐朝诗人李宣远，北宋吏部尚书莫俦，元朝翰林张兑，明朝工部尚书周叙、监元宰相杜世寿、贵州总兵李师靖、永州总兵安长太、贵州按察使王正雅，民国辛亥革命功臣唐牺支、福建都督孙道仁、中国近代百名民族英雄之一孙开华、"南北大侠"杜心五、两弹元勋陈能宽、经济学家卓炯、驻港部队司令员谭本宏等，都是慈利人民的杰出代表。

慈利县是一个多民族县。自古以来就有汉族、土家族、白族、回族、苗族等 17 个民族在这里繁衍生息。慈利又是革命老根据地之一，大革命时期，贺龙、萧克、袁任远等老一辈革命家曾在这里开辟红色根据地，有5000多人参加红军，1400多人为革命捐躯。

四 经济发展

自2014年以来，慈利县经济社会呈现蓄势突破，转型发展的良好态势。三年多来，始终紧抓发展第一要务，专注定力推动经济持续健康发展，主要经济指标稳健有力。地区生产总值从2014年的113.76亿元增长至2016年的167.08亿元，年均增长9.3%，高于全省平均增速；人均地区生产总值从2014年的22549元增至2016年的27301元；财政收入呈现出稳步增长的态势，2014—2016年共完成一般公共预算收入38.34亿元，年均增长10.25%。自2014年以来，全县累计完成固定资产投资217.44亿元，年均增长17.78%；城乡居民人均可支配收入分别从17379元、7091元增长到20222元、8730元。三次产业比从2014年的16.7：34.9：48.4，逐步调整为2017年上半年的12：26.8：61.2，结构不断优化。自2017年以来，深入推进五县战略、脱贫攻坚、项目建设、深化改革和社会稳定五项重点工作。2017年1—9月，全县共实现一般公共预算收入9.08亿元、地方财政收入5.63亿元，同比增长40.41%、27.18%。

五 经济共享发展现状

经过多年发展，慈利县经济共享发展的措施取得了明显效果，主要体现在以下几个方面。

（一）产业布局更加合理，经济实力得到增强

加快当地经济增长是共享经济发展的重要内容，而根据当地资源禀赋和经济基础，建立合理的产业结构，是推动经济快速增长的有效举措。

推进旅游旺县，全域旅游增色提质。突出张家界大峡谷国际旅游经济区龙头地位，建成张家界大峡谷、江垭温泉、万福温泉、龙王洞4个4A级景区景点，建设打造张家界大峡谷玻璃桥、禾田居度假酒店、路上汽车酒店等一系列成熟旅游品牌，张家界冰雪世界、张家界万豪国际养生中心等一批重点旅游项目加速推进。张家界大峡谷跻身全市第三大景区，四十八寨、禾田居山谷、红岩岭等15条户外精品旅游线路持续升温。2016年全县旅游接待人次和旅游总收入达到567.34万人次、30.81亿元，比

2014 年增长 87.2% 和 70.1%。2016 年 1—9 月，全县旅游接待人次和旅游总收入分别达 642.48 万人次、31.6 亿元，同比分别增长 54.04%、54.2%，增幅均位居全市第一。

推进农业稳县。着力推进农业供给侧结构性改革，加快"科技农业、生态农业、品牌农业"发展，推动农业产业化进程。三年来全县发展商品蔬菜基地 7.81 万亩，年产值 7.5 亿元；养殖大鲵 20 万尾。全县农业企业达 276 家，农村合作经济组织发展到 317 家，成功认证 3 个省著名商标、1 个省名牌产品和 14 个绿色食品，"康添"富硒红米荣获"中国名优硒产品"称号，洞溪"七姊妹"辣椒获得国家地理标志产品称号。

推进工业强县，工业结构转型提效。加大工业集中区基础设施建设力度，深入推进供给侧结构性改革。县工业集中区进驻企业达 64 家，其中规模工业企业 32 家、高新技术企业 9 家、产值过亿企业 5 家，工业总产值达 27.73 亿元。2016 年上半年实现规模工业增加值 8.69 亿元，同比增长 6%。

（二）城镇化大力推进，基础设施建设加快进行

和发达地区相比，本地在城镇化和基础设施建设等方面较为落后，严重影响了经济发展速度和人民群众生活水平。因此作为分享经济发展的一个重要方面，慈利县着力加快城乡统筹，推进城镇化，以提高乡村经济发展与生活水平，促进协调发展。

围绕"金慈银澧、山水洲城、生态宜居"目标，大力实施塑城计划。慈利四中、职教中心、澧阳大道等相继投入使用，白云、双安滨河风貌带全线贯通，城市综合承载能力显著提升，空间布局更加优化。

逐步完善水、电、路等基础设施。东洋渡大桥、岩泊渡大桥、永安大桥等一批重点交通基础设施相继投入使用，零龙、杨通、清江、赵家垭等公路正抓紧建设，全县公路总里程达 3690 公里，实现 100% 的乡镇和建制村通水泥路。建设完成城市防洪工程城南保护圈、4 条中小河流重点河段治理和 5192 处小农水工程，解决 26.67 万农村人口安全饮水问题，改造 348 个村的农村电网。

稳步推进小城镇、新农村和美丽宜居乡村的建设。本县城镇化率已达 46%，全县森林覆盖率提高到 66.53%。成功创建国家、省市美丽宜居乡村、生态村 221 个。

（三）扶贫攻坚成效显著

脱贫攻坚是当前最大的政治任务和第一民生工程。慈利县计划通过科学谋划扶贫方式和扶贫工作机制，强化社会合力，激发广大群众参与发展的积极性和创造性，逐步缩小与发达地区的发展差距。目前，慈利县已有148个驻村帮扶工作组和万名干部开展驻村结对帮扶，大力实施产业扶贫、旅游扶贫和金融扶贫，尤其是该县的旅游精准扶贫四种模式得到省委高度重视，2016年被评为全省旅游扶贫示范县。力争到2020年，全县实现全面进入小康社会的宏伟目标。

六　社会共享发展现状

党的十八届五中全会，习近平总书记提出"创新、协调、绿色、开放、共享"五大发展理念，共享理念是五大发展理念的着眼点和归宿，也是中国经济社会发展的出发点和落脚点。

自2014年以来，慈利县立足县情实际，积极贯彻落实共享发展理念，将保障和改善民生作为最大目标，以提升基本公共卫生服务水平为抓手，以扩大社会保障覆盖范围为主线，以实现就业创业新跨越为突破，切实推动城乡医疗卫生资源一体化，夯实推进城乡社保体系一体化，扎实推进城乡就业创业服务一体化，全力推动实现城乡公共资源合理配置和基本公共服务均等化，不断增强人民群众"获得感"。

（一）公共医疗卫生惠及面不断提升

2016年，在全国卫生与健康大会上，习近平总书记提出"没有全民健康，就没有全面小康"的重要论断。医疗卫生服务直接关系人民身体健康，医疗资源共享体现出健康公平的理念，给每个人提供机会均等的基本医疗保健服务，是国家应尽的责任和义务。2013年，全国医改工作电视电话会议上，李克强总理强调"把基本医疗卫生制度作为公共产品向全民提供"这一核心理念，只有全面推动城乡基本公共服务均等化，提供安全有效方便价廉的公共卫生和基本医疗服务，才能真正解决好基层群众看病难、看病贵问题，才能真正让"全民健康"落到实处。

根据国外学者John Akin对中国医疗卫生的相关数据进行分析，发现中国农村医疗卫生服务已经发生很大改观，在医疗服务的可及性方面，乡镇诊所可以有效缩短医疗服务与居民间的距离，但部分贫困地区的医疗卫生服务仍然处于低水平[①]。

慈利县作为国家级贫困县，高度重视公共医疗卫生服务工作，竭力改善贫困乡村医疗条件，不断推动医疗卫生工作重心下移、医疗卫生资源下沉，花大力气提升基层医疗机构服务水平，基本满足了人民群众的医疗需求。三年来，慈利县深化医疗卫生体制改革，发挥政府资源的最大效用，让公共医疗卫生惠及全县人民。

城乡医疗资源配置更加均衡。慈利县目前拥有卫生机构464个，其中医院13家、妇幼保健院1家，乡镇卫生院32家，诊所、医务室73家，村卫生室375个，实现每个乡镇都有卫生院，88%的行政村都有卫生室；医药卫生计生体制改革更加深入，县级公立医院网上采购药品比例达100%，药品实行零差率销售，全县二级以下公立医疗机构参保率达到100%，新农合参合率稳定在95%以上。

基层医疗卫生服务向健康管理转型，通过引导签约居民自觉遵守"基层首诊、分级诊疗"，已组建家庭医生签约团队155个，全县重点人群246010人，建档立卡贫困人口86836人，已签约137766人，签约率超过半数。

县域医疗服务共同体建设起步。2017年11月慈利县人民医院、江垭镇中心卫生院医疗联合体成功签约，成为张家界市第一家县域医疗服务共同体，推动县乡村医疗服务一体化进程。

优质医疗资源真正下沉基层。2017年，慈利县多方筹备资金，为6个乡镇中心卫生院配备DR、彩超、全自动生化分析仪"大三件"医疗设备，增强基层医疗机构硬件基层设施水平，显著提高乡镇卫生院提升医疗服务能力。

健康扶贫政策精准落地。2017年1—9月享受"阳光医疗"保障工程政策的低保困难群众有204人次，补偿额149.68万元，有效遏制了因病致贫、因病返贫现象。

（二）社会保障覆盖范围不断扩大

改革开放近40年来，中国经济快速发展，国家综合实力大幅度提升，

---

① John S Akin, William H Dow, Peter Mhealth care in China, 1989 - 1997, *HealthLance and Chung-Ping A Loh, Changes in access to Policy and Planning*, 2005, （20）.

公共财富量迅速增加，人民群众拥有了共享社会财富的条件。党的十八大以来，党中央通过不断制定科学的政策和分配制度，让大众特别是低收入阶层更享有公共财富。其中，社会保障制度是现代国家最重要的社会经济制度之一，承担着保障和改善民生重要责任。

社会保障是关乎基本民生福祉和国家长治久安的重大制度安排，也是公众关注度最高、反映最敏感、聚焦最持久的重要民生领域，社会保障也是经济社会共享发展的基本途径与制度保证[①]。2014 年以来，慈利县将保障和改善民生工作放在最为重要位置，不断加强以社会保险为重点的社会保障体系建设，社会保险覆盖范围不断扩大：

各项社会保险扩面提质，全民参保登记试点得到有效实施，社会保险参保人数大幅增长，基金征收也逐年上升；企业养老保险、机关事业养老保险、失业保险征缴、城镇职工医疗保险、工伤保险征、生育保险征缴等各项社会保险均完成市目标任务，各项社会保险待遇均按时按规定支付。

社保制度建设成效显著，机关事业单位养老保险制度改革工作顺利推进，全县机关事业单位共 11000 人参加养老保险，破除了养老保险制度的"双轨制"；园区企业养老保险费率过渡试点稳步推进，网上办理退休审批工作进展顺利，2012 年在全市率先出台被征地农民社会保障制度；完成新农合和城镇居民整合工作，实现城乡居民医疗保险制度的统一。

社保待遇连续提高，退休人员养老金经过 12 连调，慈利县企业退休人员人均月养老金标准从 2005 年的 520 元增加到 2016 年的 2057 元，受益人数有 10529 人；同时，全面实施城乡居民大病医疗保险制度。

社会保险经办管理服务水平提高，改进基金征缴方式，开辟多种缴费渠道，实现缴费方式由乡村协办员上门收缴向参保人自主到金融网点缴费的根本转变；积极推广应用保障卡，社会保障卡应用范围得到拓展，2016 年在全县机关企事业单位干部职工中发放保障卡 22619 张。

（三）就业创业工作不断跨越

就业是民生之本，创业是就业之源。党中央、国务院高度重视就业工作，把促进就业作为最大民生，把就业比较充分作为全面建成小康社会的重要目标，党的十八届五中全会将就业创业作为共享发展的重要内容。

---

① 郑功成：《对共享发展的三个基本认识》，《群言》2016 年第 8 期。

创业活动是世界各国经济持续发展的根基，也是促进充分就业最积极、最有效的方式之一。创新和创业精神则是经济发展的灵魂与经济活力的源泉①。近年来，慈利县统筹城乡就业创业工作，不断创新工作方法，努力扩大就业，营造创业氛围，就业创业工作不断跨越。

充分就业目标优先落实，2016 年全县就业资金总投入额 9954 万元，城镇登记失业率控制在 4% 以内，实现城镇就业新增人数 3004 人，农村劳动力转移就业 5200 人，均完成市目标任务的 100%。

就业援助力度增强，把离城镇就业困难人员、被征地农民等作为就业重点，积极开发公益性岗位，全县开发的公益性岗位稳定在 600 人左右，实现 650 名困难对象再就业，完成市目标任务的 100%。

创新创业工作成效显著，2017 年慈利县入选第二批返乡创业国家级试点，慈利共 2015 年获得 7 个湖南省创新创业带动就业示范典型荣誉；加强后期跟踪服务指导，新增创业主体 1501 个，带动就业 2605 人，完成目标任务的 100%。

就业培训社会效果明显，充分发挥县就业培训训练中心的培训主体作用，围绕家庭服务业开展家政服务、月嫂、厨师等社会需求量较大的职业；为返乡农民工、城镇失业人员和新成长劳动力提供免费技能培训，有力地提高了他们的就业竞争力。

就业平台作用发挥良好，通过定期招聘与专场招聘相结合、园区招聘与下乡镇招聘相结合，2016 年先后举办春风行动、江垭专场、蓝思科技、工业园等专场招聘会等 18 场次，提供空岗信息 9500 个，求职登记人数 3500 人次，达成意向性协议人 1250 人，全县人力资源市场服务平台作用得到充分发挥。

七　文化共享发展现状

2017 年，中办和国办联合印发《国家"十三五"时期文化发展改革规划纲要》，指出要加快现代公共文化服务体系建设，推动基层公共文化设施资源共建共享以及推动老少边贫地区公共文化跨越发展。近年来慈利

---

① Lundstrom Stevenson. Summary of on the Road to Entrepreneurship Policy. *Swedish Foundation for Small Business Research Sweden*：*2001 – 2003*.

县文化事业发展良好，先后荣获"省全民健身活动先进单位"、全国"群众体育先进县"等称号。截至 2016 年年底，全县拥有广播电台 1 座，电视发射台和转播台 1 座，公共图书馆 1 座，藏书量达 13 万册，博物馆 1 个，文化馆 1 个，艺术表演团体 8 个，全县广播、电视人口覆盖率分别为 93% 和 99%，有线电视用户 6.5 万户。

八　教育共享发展现状

慈利县高度重视教育事业发展，近年来慈利县教育事业成绩斐然，教学质量稳中有升，教育发展类别更加健全，呈现学前教育、义务教育、高中教育、职业教育、特殊教育协调发展的良好局面，慈利县教育工作先后荣获全省"教育先进县"、"两基"工作先进县、全省"推进义务教育均衡发展先进县"、"学前三年教育先进县"、"两基"迎国检工作先进单位等 20 多项荣誉。截至 2016 年年底，全县拥有普通高中 4 所，初级中学 20 所，九年一贯制学校 14 所，普通小学 37 所，村小及教学点 200 个，幼儿园 73 所；拥有小学专任教师 1438 人，初中专任教师 1720 人，普高专任教师 643 人。

九　生态环境共享发展现状

慈利县隶属于湖南省张家界市，地处湖南省西北部，张家界市东部，武陵山脉东部边缘，澧水中游，是风景名胜张家界的重要一翼。2012 年，慈利县被纳入武陵山片区区域发展与扶贫攻坚示范范围，2013 年纳入武陵山片区国家生态文明先行示范区建设范围，2014 年纳入主体功能区建设试点示范范围，2015 年纳入省直管县体制改革试点范围。

过去 5 年，慈利县享受武陵山片区扶贫开发、生态文明示范建设多重利好，生态文明共享发展取得了诸多成效。2016 年，慈利县全县地表水质达标率 100%。慈利县积极实施绿化提升工程，城镇建成区绿化面积 1195.7 公顷，绿化覆盖率 30.5%。全县森林覆盖率达 66.53%，森林资源蓄积量达 722.82 万立方米，完成营造林面积 15.74 万亩，其中人工造林 3.04 万亩、低产林改造 1.8 万亩、封山育林 5 万亩、中幼林抚育 6 万亩。城镇污水处理率 74.4%，农村生活污水处理率 60%，农村垃圾集中处理率 88.8%。

第二节 慈利县共享发展的举措

一 经济共享发展举措

（一）促进经济增长，缩小与发达地区发展差距

加快当地经济增长是经济共享发展的重要内容，而根据当地资源禀赋和经济基础，以服务业特别是旅游业为主导，提升工业竞争力，发展现代农业，是推动经济快速增长的有效举措。慈利县紧紧围绕建设现代产业体系的目标定位，依托武陵源丰富旅游资源，坚持以发展全域旅游业为核心，以特色农产品加工、生物医药、新材料、清洁能源、轻工、现代物流业为重点，努力成为张家界市产业发展主基地。

1. 突出发展全域旅游业

为扎实推进旅游业发展，慈利县启动了"1656"行动计划，即"以把张家界建设成为国内外知名的旅游胜地为目标，实施旅游城镇建设、旅游景区建设、旅游设施建设、旅游管理服务、旅游融合发展、文明城市创建六大提质升级行动，通过5年的努力使全市旅游总收入达到500亿元，采取思想保障、组织保障、规划保障、投入保障、人才保障、环境保障六大战略保障措施"，全力创建全国全域旅游示范县。同时，慈利县计划构建"以张家界大峡谷国际旅游经济区为龙头，突出县城的中心地位，把县城建设成为全域旅游核心服务区，建设溇江旅游经济走廊和澧水旅游经济走廊，以及五雷山—四十八寨宗教文化旅游板块、朝阳地缝—赵家垭—美丽南山乡村户外旅游板块、百岛龙潭亲水休闲旅游板块、三合茶文化体验旅游板块"的"一个中心一龙头两走廊四板块"全域旅游发展新格局，力争使得东线旅游稳步成长为张家界市以武陵源为核心，东线、西线、南线"三星拱月"旅游格局中最耀眼的一星。慈利县发展全域旅游的具体措施如下。

利用自身位于张家界门户的地理位置优势，坚持特色发展，整合全县旅游资源，建设以县城—五雷山风景区—赵家垭水库—朝阳地缝—九渡仙楼—大峡谷—江垭温泉等景区为核心的旅游大回路，形成"主线突出、亮点鲜明、特色明显"的旅游业发展总体格局，打造"中国原生态养生休闲旅游之都"。加强旅游资源的整体深度开发，加快建设大峡谷国际旅

游经济区、澧水半岛国际旅游度假区和张家界水世界旅游经济聚集区。发展以大峡谷、朝阳地缝为代表的观光旅游，以九渡仙楼、禾田居、赵家垭水库等为代表的休闲旅游，以江垭温泉为代表的养生旅游，以五雷山、四十八寨为代表的宗教文化旅游，以九溪卫古城、千年古镇溪口、渔浦书院为代表的民族民俗旅游，以阳和、甘堰、南山坪等为代表的户外旅游。鼓励发展自驾游、骑行游、背包游等新兴旅游形式。

加快旅游产品开发。大力开发服装、鞋帽、饰品、玩具等旅游商品。通过构建集群生产平台、多业态销售平台、专业性物流平台和展示中心平台，重点扶持有潜力的旅游商品生产企业，鼓励通过联合、兼并、收购等整合成大型集团。充分挖掘民族文化，整理开发有价值的民间工艺、民间小吃、民间绝活，加大特色旅游商品研究开发力度积极开发民族工艺品，重点开发具有地方特色并易于推广的旅游品牌产品，比如蜡染、扎染、杜仲木雕刻、文化雕塑、土家服饰、特色食品和各种手工艺品，充分彰显文化特色。发展特色餐饮，围绕"绿色""生态"主题，推出湘菜、土家特色菜肴，形成"田园风味、健康美食"的餐饮风格。加快发展演艺产品，侧重于少数民族文化产品，尤其是展示土家族民俗风情，提倡游客亲身参与，结合湖南影视文化产业建设，兴建湖南传媒外景基地。

强化旅游服务品牌建设。加强旅游行业管理，提升行业管理服务水平，在全行业倡导诚信经营。加大对宾馆酒店服务人员、导游人员的业务和技能培训，规范服务行为，为游客提供优质服务。强化旅游安全保障工作，加大巡查、督办力度，避免旅游安全事故发生，维护市场繁荣稳定。充分发挥旅游协会和互联网作用，加强旅游企业之间的信息沟通，促进行业自律，增强行业凝聚力。

经过几年的努力，慈利县已经突出张家界大峡谷国际旅游经济区龙头地位，建成张家界大峡谷、江垭温泉、万福温泉、龙王洞4个4A级景区景点，建设打造张家界大峡谷玻璃桥、禾田居度假酒店、路上汽车酒店等一系列成熟旅游品牌，张家界冰雪世界、张家界万豪国际养生中心等一批重点旅游项目加速推进。张家界大峡谷跻身全市第三大景区，四十八寨、禾田居山谷、红岩岭等15条户外精品旅游线路持续升温。

2016年全县旅游接待人次和旅游总收入达到567.34万人次、30.81亿元，比2014年增长87.2%和70.1%。2017年1—9月，全县旅游接待人次和旅游总收入分别达 642.48 万人次、31.6 亿元，同比分别增长 54.04%、54.2%，增幅均位居全市第一。

2. 加快发展五大工业集群

紧紧依靠科技进步和信息化建设，重点发展特色农产品加工产业集群、生物医药产业集群、新材料产业集群、清洁能源产业集群和轻工产业集群，争取在智能化生产、生态化建设、集群化发展、集聚化布局等关键领域取得重大突破，推动慈利县工业多点支撑，转型发展。

特色农产品加工产业集群。充分发挥慈利生态及"富硒"资源优势，打造生态健康的农产品加工产业，积极开发特色生态食品，形成规模化生态产业集群。大力提高产品精深加工水平，延伸产业链条，打造一批具备开发能力、品种多元化、加工技术精细化的龙头企业。建立食品质量安全体系，严格按照绿色产品的标准体系、质量监督检测体系、质量认证体系，加快研发真正无公害、无污染、质量稳定、营养结构更加合理的绿色产品。加快推行良好生产操作规范（GMP）、危害分析与关键控制点管理体系认证（HACCP 认证）和 ISO9000 族系质量管理与控制体系认证，建立有效的质量可追溯制度。

生物医药产业集群。围绕杜仲系列产品进行综合开发，加大科研投入，充分开发杜仲叶、杜仲花粉、杜仲蜜的保健养生功能，推动杜仲酒、杜仲药品、杜仲系列食品、杜仲饲料等产品的规模生产，打造加工能力突出、产品研发能力优秀的杜仲加工产业基地。积极发展林药植物提取产业，开展大宗地道及稀缺药材良种繁育及产业示范化示范项目，打造涵盖药用植物种植、医药中间体、医药研发、成药生产的产业链，形成技术齐全、资源集中、特色明显的生物医药产业集群。实施龙头企业带动计划，鼓励现有企业与外来资本、技术结合、与国际大型制药集团合作，做大做强，同时培育一批科技含量高、发展势头迅猛的中小生物医药企业。

新材料产业集群。依托慈利丰富的矿产资源，积极发展碳酸钙产业，加快打造华中碳酸钙产业基地，积极开发碳酸钙系列多元产品，重点发展纳米级超细轻质碳酸钙、碳酸钙合成材料、食品药用碳酸钙等新型品种。积极发展石英石、大理石及相关新材料产业，积极发展高纯度硅粉、电子级硅微粉、多晶硅和单晶硅等系列石英砂产品，发展绿色环保的大理石瓷砖、高档建筑瓷砖、人造大理石瓷砖等大理石产品，促进慈利石英石和大理石精加工产品的系列化、专业化、市场化、国际化。加快生产企业技术改造，积极引进全封闭、无尘生产技术和装备，推广应用节水节能环保处理装备，推动生产过程的清洁化和低碳化。

清洁能源产业集群。加快推动页岩气的开发利用技术，加大页岩气资源勘测范围与力度，推进页岩气产品的成熟市场化，促进产业的发展壮大。实施青年电站、岩泊渡电站等一批水电项目，大力加强招商引资力度，切实改善经济发展环境。规范发展小水电，充分利用水能资源，服务地方经济发展，注重区域滚动发展，以数量换取规模效应。

轻工产业集群。充分发挥慈利传统工业基础和比较优势，积极推进水晶饰品、林木加工及家具制造、服装制鞋等重点轻工产业发展。大力承接沿海产业转移，发展劳动密集型产业。加强关联企业间的配套协作，不断提高生产水平和产业集中度，形成规模集聚效应。大力支持企业加快技术进步，推动产品结构由传统产品向"高、精、特、新"转变，强化质量管理和品牌运作，推动相关产业形成规模和品牌，增加产品附件值，实现产业升级。

目前，慈利县工业集中区已进驻企业达64家，其中规模工业企业32家、高新技术企业9家、产值过亿企业5家，工业总产值达27.73亿元。2016年上半年实现规模工业增加值8.69亿元，同比增长6%。

3. 大力发展现代服务业

围绕产业迫切需要，依靠市场机制和创新驱动，实现金融、物流、信息服务业与农业、工业等在更高水平上有机融合，推动经济提质增效升级，提高服务水平，使生活性、生产性服务业协同并进，为经济社会持续健康发展打造新引擎。

大力发展物流商贸。突出发展面向区域外市场的高端健康农产品物流，积极推进农产品交易、批发市场和乡镇农贸市场建设，建设张家界农产品综合批发交易中心、慈利县蔬菜产地批发市场、张家界市畜禽交易市场等专业市场。完善农产品物流配送体系，建设慈利国际商贸物流城、粮食物流园、张家界特色农产品储运基地（阳和）、慈利县蔬菜产地冷冻配送中心等专业化农产品物流园区或加工配送中心。积极开展多种形式的"农超对接"，加快建设二九一步步高商业广场，加大特色农产品营销力度。大力扶持各类专业合作社、行业协会、流通企业、农村流通大户和农民经纪人发展，推进农业市场体系的完善。

大力发展县域金融。增强对中小企业的金融渗透和支持能力。建立权责对称的商业银行管理体制及经营机制。创新适应县域经济融资要求的贷款方式。完善适应县域经济特点的信贷营销和管理机制。大力改善金融生态环境，形成支持县域经济社会发展的金融支持合力和完善的县域金融服务网络，加快建设澧水金融商务中心。以区域经济特色为依托，与时俱进，开发适合当地的金融产品和服务方式，增强金融创新能力，丰富金融产品和服务方式，满足社会公众日益增长的金融需求。

提升发展信息服务。构建便捷信息服务，逐步建设信息慈利，大力推进慈利县多媒体智能化公用信息平台建设。从全面推进电子政务和商务平台建设着手，积极稳妥地推进企业信息化、旅游信息化、社会公共服务信息化，不断延伸经济社会各领域的信息服务水平。逐步建设农村互联网工程。积极发展电子商贸，将慈利县全面推向市场，开拓产业发展多渠道。尽快促使慈利电子商贸发展与发达市县地区同步，有效带动慈利经济的提升与发展。

4. 巩固发展现代农业

巩固和提升农业的基础地位，大力发展专业合作组织，打造农业物联网，加快推进生态农业生产基地建设，形成以特色经济作物种植和大鲵养殖为主体，以"富硒"健康为特色，以设施生产为手段，经营规模适度、市场竞争力强、生态环境可持续的生态农业产业体系，打造"生态特色型农业生产大县"。

稳定粮食产能。进一步加强高标准农田建设，以高产、生态、优质、高效、规模化为目标，保障粮食稳定、安全增产。继续完善土地承包流转经营，提高集约化生产水平。继续大力推广秸秆快速粉碎还田腐熟技术、绿肥翻压还田技术和增势有机肥技术，有效提高耕地质量与利用率。积极推广优良品种。

发展生态养殖。坚持标准化、规模化、绿色生态的发展战略，以"绿色、高产、优质"为发展理念，以生猪养殖示范小区、优质鸡种繁养及生态种养产业化开发中心、湘西黄牛和黑山羊分割肉生产基地为主体，着力打造生猪、牛、羊、家禽、水产、特色养殖等畜牧水产养殖供应基地。加强大鲵养殖基地建设，建设大鲵深加工基地，充分开发大鲵及副产品的商业价值，打造大鲵特种养殖及深加工立体产业集群。

发展特色种植。按照"规模化、标准化、生态健康"的发展要求，充分形成杜仲、厚朴、黄柏、红豆杉、玉竹、黄精、百合、重楼、白芨、菊花等经济作物集约化规范化种植产业，以杜仲生态工业园为核心，建立杜仲、厚朴、黄柏等传统药材的种养加工基地，大力推进中药材产业，挖掘民族中医药文化遗产。

发展林下产业：发挥慈利丰富的林业资源，积极发展立体型的林下产业。推动林下种植双孢菇、鸡腿菇、平菇、香菇等食用菌，放养或圈养肉鸡、柴鸡、肉鸭等，种植较为耐荫的白芍、金银花等。积极引进和培育龙头企业，大力推广"龙头企业＋专业合作组织＋基地＋农户"运作模式，因地制宜发展品牌产品，加大产品营销和品牌宣传力度，形成一批各具特色的林下经济示范基地。推广先进实用技术和发展模式，辐射带动广大农民积极发展林下经济。

加快发展设施农业。加快建设智能灌溉系统、信息监测系统，加大传感器、控制器、电脑、手机等智能终端在富硒药材瓜果蔬菜等经济作物种植中的应用，实时自动监测土壤温湿度，光照情况，根据检测指标自动进行浇水、施肥等工作，发布基地和商品交易信息。加强瓜果蔬菜等日光温室、连栋大棚和防虫网等新型高效设施建设，确保蔬菜等富硒经济作物质量。建立基地自动灌溉喷洒系统和信息监测、收集和处理系统。大力实施标准化资源改造工程，加快推广优良品种和新技术，推广良种壮苗规模快繁，建立丰产栽培示范基地，普及测土配方施肥、地表覆盖、作物配置等生态环保型技术，实现良种良法相配套。

近三年来，慈利县已经发展商品蔬菜基地 7.81 万亩，年产值 7.5 亿元，发展大鲵 20 万尾。全县农业企业达 276 家，农村合作经济组织发展到 317 家，成功认证 3 个省著名商标、1 个省名牌产品和 14 个绿色食品，富硒产业争得了省重点县牌子，"康添"富硒红米荣获"中国名优硒产品"称号，洞溪"七姊妹"辣椒获得国家地理标志产品称号。

5. 提升产业发展能力

加快推进自主创新，大力支持企业进行创新研发，培育企业自主创新能力，特别是加强产业核心技术的开发研究，完善产学研相结合的协同创新体系，围绕打造产业核心竞争力，开发一批关键性的核心生产技术。积极发展关联创新,构建从设计、研发到生产、检测一体的全产业链,围绕产业链谋划创新链,强化数字化、网络化、智能化技术研发和应用示范。全面引进推广先进设计技术与设计工具软件,提高创新设计能力,加快高新技术的转化应用。建立县内科技成果信息共享平台,完善科技成果协同转化推进机制,加快优化人才引进及培养环境,推进科技创新成果产业化。

加快承接产业转移。以湖南省飞地经济示范园区为平台,推进慈利县工业集中区基础设施及服务平台建设项目,依托现有产业基础和转型升级方向,大力发展产业链招商,积极实施"亲情"招商和"乡情"招商,加快承接东部地区尤其是长江经济带相关产业转移。积极引导转移产业向慈利工业集中区聚集,着力推进大企业、大项目向园区集聚发展,加大产业整合力度,提升园区产业发展水平,强化园区基础设施和配套设施建设,加快完善教育、医疗配套设施,提高园区承载能力,打造全县工业发展的核心区和产业升级的带动区。

(二)统筹城乡发展,完善基础设施体系

与发达地区相比,慈利县在城镇化和基础设施建设等方面较为落后,严重影响了经济发展速度和人民群众生活水平。因此,作为共享经济发展的一个重要方面,当地需要加快城乡统筹,推进城镇化,以提高乡村经济发展与生活水平,促进协调发展。慈利县重点实施"快速发展"型配置模式,按照"充实完善老城区,改造居住环境,提高居住质量"的原则,尤其加强城乡基础设施建设,抓好市政设施的配套和管理,满足居民日常生产、生活需要。

1. 统筹城乡公共服务设施建设

大力推进零阳镇、江垭镇、阳和乡等重点城镇的公共服务设施和交通基础设施建,加快海绵城市建设,构建区域公共服务设施核心节点。东洋渡大桥、岩泊渡大桥、永安大桥等一批重点交通基础设施相继投入使用,零龙、杨通、清江、赵家垭等公路正抓紧建设,全县公路总里程达3690公里,实现100%的乡镇和建制村通水泥路。重点在零阳镇兴建农副产品和农资、农机、种子等交易区、信息区、仓储区、物流区、办公配套服务区、生活配套服务区等,建设张家界市农副产品综合交易大市场;在零阳、江垭、溪口、阳和、通津铺、岩泊渡、龙潭河、高峰新建蔬菜产地批发市场及冷冻配送中心。加快推进城镇基础设施扩容提质工程,实施县城新区开发、老城区提质升级和小城镇建设等重大项目，完善垃圾处理、污水处理设施。重点在江垭片区建设生活垃圾焚烧处理场，在全县31个乡镇建设垃圾集中收集站、5个节点乡镇建设垃圾转运站，日收运规模300吨/天。在阳和、溪口、三官寺、江垭等乡镇建设2个二级污水处理厂，2个三级污水处理场，其他乡镇规划建设人工湿地、氧化塘，生活污水处理系统。在江垭、阳和、三官寺、溪口等乡镇实施水、电、路、气、房和环境项目。分别在零阳镇、通津铺镇、宜冲桥乡等乡镇实施110千伏农电网改造项目，在龙潭河镇、苗市镇、溪口镇等7个乡镇实施35千伏农电网改造项目，在慈利县各乡镇实施10千伏和低压农电网改造项目，已改造348个村的农村电网。

2. 加强能源、水利等基础设施建设

加快全县能源结构调整，优先发展天然气，规划建设沿苗市镇—零阳镇—岩泊渡—宜冲桥—阳和—许家坊天然气输配系统，沿张家界大峡谷开发区周边的江垭镇、阳和乡铺设乡镇天然气管道。在阳和乡新建11万千伏变电站。加强新能源开发，积极发展风电、生物质能等项目，重点在江垭、三官寺乡、高峰乡分别建设10万千瓦的江垭风电场、华泰寺风电场；在工业集中区建设装机2×1.2万MW的生物质基地；加快农村电网改造，抓紧解决未改造地区电网改造、提质扩容已改造地区电网。全面推进水利基础设施建设和改造，提质改造城镇、农村供水设施，重点实施农村饮水安全工程、小型农田水利工程，建设完成5192处小农水工程，解决26.67万农村人口安全饮水问题；新建宜冲桥水库枢纽工程和慈利县城市防洪工程，分别在赵家垭、三眼洞、庄塔水库、皮家垭水库、渠溶水库至金坪、龙潭河、高桥、高峰新建供水工程。加强水环境安全监测，建立水资源和水土保持监测系统，在重点水域实施水源地保护整治工程、农田高效节水灌溉工程、澧水河慈利县城区段生态修复工程和水功能区水质监测项目。在岩泊渡、峪塔等9个片区续建配套与节水改造中型灌区和张家界灌区（慈利片区）；改扩建渠溶水库、新建三眼洞、澜潭溪、打卦溪、岩门、石马水库；加强小型农田水利建设，实施山丘区"五小水利"工程，提高抗旱防灾能力。

3. 创新多渠道、政企结合的融资模式

创新融资模式，提高国家或地方政府部门与其他企业或其他投资者合资建设市政公用事业项目的积极性，加大城镇市政基础设施建设的投入。争取城镇水网、路网、电网和垃圾处理、污水处理设施建设项目及资金，扩大慈利县金融机构的放贷权限和额度，采用灵活可用的投融资方式如PPP模式，推进新型城镇化建设。采取多方筹资方法，积极引进外资，鼓励民间投资，形成多元化的资金筹措机制。

4. 提高市政基础设施管理水平

建立和完善公平竞争、规范有序的市场体系。加强公用企业、市政设计、施工、维修养护等企业资质的管理，合理调整和确定公用事业的产品基准价，实现公用事业福利服务型向经营服务型转变。加强市政基础设施建设部门之间的沟通与协调，统筹县域市政基础设施规划，完善县域内城市道路系统、城市排水系统、供气供热系统、城市公交系统、照明系统、公共休闲健身系统等与人民生产、生活相关的服务性设施建设，不断提高服务水平和能力。

（三）推进扶贫攻坚

瞄准全县134个重点贫困村、24274户建档立卡贫困户和86892名贫困人口，慈利县深入贯彻习近平总书记扶贫开发战略思想，坚持精准识贫、精准扶贫、精准脱贫，坚持扶贫开发和经济社会发展相互促进，坚持精准帮扶和集中连片特困地区开发紧密结合，坚持扶贫开发和生态保护并重，坚持扶贫开发和社会保障有效衔接。加快实施贫困地区基础设施建设、基本产业发展、基本公共服务、基本生活保障、基层组织建设的"五基工程"行动计划，保障贫困人口学习教育、基本医疗、住房安居的"阳光三保障"扶贫工程，以及脱贫攻坚"旅游扶贫"行动计划。力争到2020年将贫困发生率控制在4%以下。

1. 改善生产生活条件

改造提质贫困地区通村公路，加快贫困地区通组公路建设，实施扶贫村村道建设工程，"十三五"期间实施村组道路硬化1000公里。实施"五小水利"工程，扶持修建一批小型农田水利设施，实施扶贫村人畜饮水工程，"十三五"期间解决人畜饮水2万人。加快变电站和输电线路改造，全面解决行政村用电问题，实现户户通电。

2. 强化推进产业扶贫和旅游扶贫

按照"宜养则养，宜种则种"的原则，开展股份合作、集体经营、企业带动、联户经营、委托管理、承包租赁等形式多样的产业扶贫。实施扶贫村农业产业发展项目，"十三五"期间发展茶叶、药材、干水果等产业 10 万亩；实施扶贫村养殖业发展项目，"十三五"期间发展鸡、鸭、羊等养殖产业 5 万只，强化项目进村到户机制建设。推进乡村旅游扶贫，在常张高速公路阳和、岩泊渡互通附近和龙阳公路沿线及县城周边地区规划建设一批集生态环保、旅游观光、休闲度假为一体的"农家乐"等现代乡村旅游产品。

3. 推进精准扶贫和动态帮扶

加快贫困对象识别登记工作，摸清贫困基数和当地贫困农户基本情况，建立信息档案，开展建档立卡、登记造册、信息录入；实行信息化分类管理，按照"四个一批"的要求，针对不同帮扶对象实施生产就业、移民搬迁、低保兜底、医疗救助的分类指导，通过"一进二访"，逐村逐户落实帮扶措施，精准安排资金和项目；实施动态监测和动态退出政策，全面实行贫困农户有退有进动态管理。

4. 开展移民扶贫搬迁

整合易地扶贫搬迁与生态移民搬迁、以工代赈易地搬迁、国土地质灾害搬迁等项目资源，在自然条件恶劣、地质灾害频发、重要工程建设需移民的地区稳步推进整体搬迁移民，解决好搬迁群众的基本生产条件和生活设施，开展后续的职业技能和技术培训工作。

二 社会共享发展举措

(一) 深化医疗卫生体制改革，推动城乡医疗卫生资源一体化

城乡医疗卫生资源一体化是中国医疗改革的发展趋势。对于慈利这样的"七山半水分半田，一分道路和庄园"的山区县，64% 人口为少数民族的多民族县，医疗资源下沉普及的重要性不言而喻。慈利县在城乡基本医疗资源配置均等化、统筹城乡医疗卫生资源实现一体化、推动优质医疗资源共享和下沉基层方面取得了良好成绩。总结其做法和实践如下。

一是完善城乡一体化基本医疗保险制度，健全城乡居民基本医疗保险体系。慈利县以实现人人享有基本医疗保障为目标，各项医疗保险制度不断健全，取得明显成效；基本建立以城镇职工、城镇居民、新型农村合作医疗保险为主体，以大病医疗救助为补充的多层次医疗保险体系，基本实

现了城乡医保制度的一体化建设，为2017年推进城乡居民基本医疗保险制度整合创造了有利条件。

二是提升农村基层医疗卫生服务能力，完善基层医疗卫生服务体系。基层医疗卫生机构承担着为广大城乡居民提供基本医疗服务和基本公共卫生服务的基本职能，慈利县积极强化县域医疗资源的配置和使用效率，提升农村基层医疗卫生服务能力，有效提高县乡两级医疗技术水平和服务能力，主要从医院资源、医疗人员、医疗器械三方面完善慈利基层医疗服务体系：制订了《慈利县家庭医生签约服务工作实施方案》，全面推开家庭医生签约服务；出台《慈利县县域医共体建设实施方案（试行）》，启动县域医共体建设；为全县乡镇中心卫生院配备DR、彩超、全自动生化分析仪"大三件"医疗设备，增强基层医疗机构服务能力。

三是扎实推进健康扶贫工作，全力打好扶贫开发攻坚战。慈利县积极探索，大胆创新，因地制宜创新健康扶贫形式，积极落实"三个一批"行动计划，先后出台《慈利县"阳光医疗"保障工程实施方案》《慈利县农村贫困住院患者县域内先诊疗后付费工作实施方案》和《慈利县健康扶贫工程"三个一批"行动计划实施方案》，充分发挥城乡居民基本医疗保险、大病保险、医疗救助等医疗保障和救助政策合力，有效解决因病致贫、因病返贫问题，有力促进健康扶贫政策精准落地。

（二）加快社会保障制度建设，推进城乡社保体系一体化

从城乡分割走向城乡一体化是中国社会保障制度变革取向。近年来，慈利县不断加大适合保障投入力度，从坚持就业优先到加强社会保障，从促进教育公平到健全基本医疗卫生制度、改善民生福祉，不断织密织牢社保"安全网"。

一是完善城乡居民社会养老保险制度，推进养老保险资源共享。按照人人参与、人人尽力、人人享有的要求，坚持守住底线、突出重点、完善制度、引导预期，注重机会公平，保障基本民生；整合城乡居民基本养老保险，实现城乡居民在基本养老保险制度上的平等、管理资源上的共享；积极引导和鼓励城乡居民选择更高档次缴费、长期持续缴费为抓手，稳步推进民生服务工作，在不断争取财政资金的同时，积极落实各项惠民政策，逐步扩大养老保险覆盖率、提高了养老保障水平，让全县广大居民共享改革发展的成果。

二是全面实施城乡居民大病保险制度，提高城乡居民大病保障水平。整合城乡居民基本医疗保险制度，实现城乡居民在基本医疗保险制度上的平等、管理资源上的共享；加强城乡居民医保政策和经办管理，鼓励商业保险机构参与医保经办，健全医疗保险稳定可持续筹资和报销比例调整机制；落实《湖南省人民政府办公厅关于印发〈湖南省城乡居民大病保险实施方案〉的通知》精神，全面实施城乡居民大病保险制度，有效缓解"因病致贫、因病返贫"问题。

三是发展多层次的社会保障，提高城乡低保保障水平。建立兼顾各类人员的社会保障待遇确定机制和正常调整机制，以扶老、助残、救助、济困为重点，进一步拓展社会福利保障范围，推动社会福利由补缺型向适度普惠型转变；大力发展慈善事业，更好地保障低收入者和特殊困难人员的基本生活，健全农村留守儿童、妇女、老人、残疾人和特困群体关爱服务体系；统筹完善全市救助体系，确保困难群众基本生活，鼓励发展补充医疗保险和商业健康保险，大力发展职业年金、企业年金、商业养老保险。

（三）推动公共就业服务体系建设，促进城乡就业创业服务一体化

促进就业创业是坚持人民共享发展的基本表现，也是共享发展的重点任务之一。慈利县地处风景秀丽的张家界东大门，全县总人口 71 万人，共有城乡劳动力 45 万人，其中农村富余劳动力 18 万人，是张家界市的农业大县、人口大县，劳动力数量多，就业岗位少，就业结构性矛盾明显。慈利县通过推动公共就业服务体系建设，促进城乡就业创业服务一体化。

一是深化就业创业领域改革，完善促进就业创业体制机制。通过政策落实、资金补贴、创业孵化园区建设、创业技能培训和基层服务平台建设等措施，深入推进"四送"活动，着力打造"三大"服务品牌，构建了以"六补两贷一扶持"为核心的较为完整的就业政策体系，进一步健全了政府促进、部门联动、全社会共同参与的就业创业体制机制，为促进更高质量就业奠定体制基础。

二是强化基层公共就业服务平台建设，着力构建覆盖城乡的公共就业创业服务体系。充分发挥县人力资源市场服务平台、县工业集中区、县众创空间三大平台作用，着力强化岗位征集、信息发布、需求对接、就业指导四大公共服务功能，实行面对面服务和跟踪服务，通过不同职业培训计划的实施，引导和鼓励更多的返乡农民工参加技能培训，切实加大对基层

公共就业服务平台的资金投入，稳步推进基层公共就业服务平台建设。

三是加强公共就业和人才服务的信息化水平，实现就业信息动态管理监测。推进人力资源信息采集工作常态化，各乡镇人力资源信息要动态更新，筹集专项工作经费，用于信息采集工作的督查考核；筛选 2 个乡镇、3—5 个用人单位，建立健全就业失业监测预警机制，设立就业失业监测点。

三　文化共享发展举措

为实现文化惠民、文化乐民、文化育民、文化富民目标，努力建设文化强县，慈利县在文化共享发展方面主要采取了如下举措。

（一）充分发挥政府主导服务作用

慈利县委县政府高度重视文化建设工作，积极构建"覆盖城乡、结构合理、功能健全、实用高效"的公共文化服务体系。一是加强顶层设计。农村文化建设事关社会主义文化建设全局，加强农村公共文化服务体系建设，有助于丰富农民群众的精神文化生活，有利于保障农民群众的基本文化权益，让农民共享文化改革发展成果[1]。2015 年，慈利县出台了《慈利县农村文化建设专项补助资金整合使用实施办法》，每年安排专项资金 200 万元，对村级综合文化服务中心建设予以奖励补贴，并按照每年20% 的幅度递增。二是搭平台促发展。县政府搭建平台谋划产业发展，比如为加快全县茶叶产业更快更好发展，2014 年慈利县以"充分挖掘慈利自然生态优势，强力推进茶叶产业跨越式发展"为主题，举办了首届茶叶产业发展论坛。三是加快简政放权。为了扫清文化产业发展障碍支持文化产业发展，慈利县工商局开辟文化企业绿色通道，专人服务，为文化企业顺利转企改制当好参谋。2012 年 5 月慈利县瑞凝演艺传播有限公司成为推行文化体制改革以来第一家由事业单位走向转企改制的单位[2]。四是加快文化传播。2017 年 4 月，慈利县向 635 个农家书屋配送 405 种、800余册图书。县文化馆、图书馆、博物馆和各乡镇文化站全面落实免费开放，文化传播覆盖率达 95% 以上。

---

① 张帆：《加强农村公共文化服务体系建设》，《中国社会科学报》2017 年 6 月 14 日。

② 李蛟：《慈利大力扶持文化产业发展》，《中国工商报》2012 年 5 月 10 日。

（二）加强公共文化服务设施建设

近年来，慈利县以开展省级现代公共文化服务体系示范区创建工作为契机，多举措大力加强公共文化服务设施建设，为文化共享发展创建载体。一是集中力量办大事。坚持把村级综合文化服务中心建设纳入县委县政府重要议事日程和全面深化改革的重点项目，统筹整合2000万元的资金和项目，高规格、高水准推进示范点建设，大力推进公共文化服务体系建设，投入3.5亿元建设包含博物馆、美术馆、非遗馆等项目的县级文化艺术中心，投入1.5亿元建设县级全民健身中心，投入1亿元建设乡镇文体活动中心。二是多方搭台唱新戏。整合社会资源，充分利用基层党组织活动场所、综合设施、闲置校舍进行村级综合文化服务中心集成建设。引导企业承担社会责任，2015年来，撬动社会资本500多万元投入村级综合文化服务中心建设①。三是以县文化馆、图书馆等县级公共文化场所和乡镇文化站、农家书屋、（村）社区文化小广场为依托，健全县、乡、村三级文化设施，把更多的文化资源投向基层，把更多的文化服务延伸到基层，不断提高公共文化阵地的服务水平。目前，慈利县公共文化服务设施建设成效明显，每千人占有公共文化服务设施面积达到全省平均水平，广播电视和农家书屋实现行政村全覆盖。

（三）广泛开展各类文化惠民活动

近年来，慈利县以文化惠民工程为抓手，扎实抓好基层公共文化服务体系建设。慈利县乡两级政府每年投入200万元以上致力于"一乡一品""一县多品"特色主题文化活动，形成了溇江民俗文化节、"板板龙灯"节、岩泊渡龙舟节、南山坪桃花节和五雷山庙会五大民间特色文艺活动，这些文化活动把村民们从牌桌上"拉"了下来，引导他们开展有益身心的文体活动，树立了良好的村风、民风，更给了农村文化活动更宽广的舞台。开展"送文化进景区"、送戏下乡演出60余场，送电影下乡7644场次，还选派19名专业文艺工作者到乡镇开展文化援建，促进了农村文化活动的开展。从2010年起，慈利县每年都举办慈利县春节联欢晚会，组织开展"欢乐潇湘 幸福慈利"全县文艺汇演，开展"欢乐乡村 同心同行"送戏下乡等各类艺术团体全年表演383场次，观众2.1万人次。群

---

① 邱初开：《修文化之魅 铸幸福之城》，《湖南日报》2016年11月26日。

图 2 - 1 慈利县零阳镇金花村文体小广场建设新貌

资料来源:调研组拍摄。

众文化活动丰富多彩,公共文化场馆免费开放,文化惠民持续推进,"农家书香溢满乡村"等一系列品牌效益大、参与面广、服务品质优的文化惠民活动,让广大人民群众真正感受到了文化惠民工程的成果①。

(四)通过文化扶贫实现文化共享

慈利县坚持将脱贫攻坚作为乡村文化建设的动力和机遇,以脱贫攻坚推动乡村文化基础设施建设、内生动力建设和"富脑工程"建设。一是高起点强化硬件。将村级文化服务中心硬件建设"七个一"纳入脱贫攻坚一盘棋统筹、一张图建设、一把尺验收。2015 年,全县文化民生项目建设比重达 45% 以上,向贫困村投入 712 万元,建设高标准文体活动广场 72 个。零阳镇金花村在村级集体经济和脱贫攻坚双引擎驱动下,投入 400 万元建设的"美丽金花"文化家园成为全县村级综合文化服务中心"高大上"的典范和标杆。二是大格局激发动力。在脱贫攻坚中立足"跳出文化建文化,依靠文化谋发展"的思路,鼓励乡村挖掘文化底蕴,拓展文化产品,让文化软实力变成农民口袋里的硬货币。零溪镇百寿村深挖

① 黎小湘:《慈利县:文化惠民工程真惠民》,《张家界日报》2016 年 2 月 2 日。

"寿"字诀,开展农耕文化体验、富硒稻田认筹等活动,村民人均增收1000元以上。三是全方位倡导新风。围绕村级综合文化服务中心建设,积极开展"农民大讲堂""道德讲堂"活动,广泛宣讲扶贫开发惠民政策,大力加强社会主义核心价值观、优秀传统文化和脱贫致富先进典型宣传,全面清除"等靠要"落后思想,引导贫困户奋发向上向善,带动贫困群众"精神脱贫"。

(五) 发展文化旅游实现共享发展

近年来,慈利县充分发挥地处张家界东大门、毗邻武陵源核心景区、自然资源禀赋独特的优势,将乡村文化建设与旅游发展深度融合,不断加大招商引资、项目建设力度,大力发展文化旅游业,文化旅游产业已成为全县经济的重要支撑。目前,总投资超过 5 亿元的涵盖美丽南山、红岩岭户外欢乐园的澧水走廊大型户外运动基地已完成规划设计和评审;飞拉达、营地、步道等项目已开工建设;大峡谷极限运动基地、江垭官桥孝廉文化村文旅项目等一批大型文化旅游项目已经签约[①]。农村文化活动不仅让"黄花溪""南山桃源""红岩岭"等一系列户外旅游经典线路走到了人们面前,带动了当地农家休闲游的开展,促进了当地农副产品的销售,还有力地促进了乡村旅游和相关产业发展,如农家乐餐饮,种植业、养殖业的发展。特别是特色养殖,像竹鼠、豪猪养殖规模扩大,还有土蜜蜂养殖也发展很快。据统计,各类乡村文化活动的观众及游客达 12 万余人次,为老百姓创收 660 余万元,如今,慈利县零溪镇百寿村的西瓜、富硒香米,南山坪桃花村的桃子、稻香鱼,溪口坪坦村的金秋梨、腊肉等等已经形成了特有的农业品牌,深受消费者的欢迎,往往刚上市就被抢购一空,实现了社会效益和经济效益双赢[②]。

四 教育共享发展举措

近年来慈利县坚持以教育强县建设为主题,以均衡发展为主线,以提高教育教学质量为核心,不断改善教育民生、促进教育公平,努力推进全

---

① 宋世秀等:《慈利县:文化软实力筑牢发展"硬支撑"》,《张家界日报》2017 年 8 月 9 日。

② 黎小湘:《慈利:文化"小杠杆"撬动农村"大民生"》,《张家界日报》2016 年 10 月 24 日。

县教育内涵发展，主要举措如下。

（一）加大教育经费投入力度

当前，经费投入失衡是城乡教育资源配置不平衡主要表现之一。城乡教育资源配置不平衡，严重影响着城乡共享发展的顺利实现，严重制约着义务教育的均衡发展[①]。"再穷不能穷教育，再苦不能苦孩子，再亏不能亏教师"，近年来慈利县坚持教育适度超前发展观念，加大教育投入力度，财政全额负担教师工资待遇和农村基础教育人才津贴，大手笔打造"教育强县"。教育经费投入呈现逐年增长趋势，2013 年为 53699 万元，2014 年为 55892 万元，2015 年为 61158 万元，2016 年为 75971 万元，教育经费投入占全县地方财政预算支出的比重平均约为 18%。为缩小城乡教育发展差距，慈利县通过撤、并、建等方法，建成了 12 所寄宿制学校，实施了一鸣中学和城东中学的顺利合并，完成了县城区域 9 年义务制教育与普通高中的完美对接，彻底改变了困扰城区多年的"择校""大班额"现象。近年来，慈利县先后投入近 7000 万元成功实施了慈利一中的新建搬迁，投入 6000 万元建设新金慈实验小学，投资 3000 万元建成了现代化的大型室内多功能场馆——慈利一中体艺馆。

图 2-2　慈利县金慈实验小学新貌

资料来源：调研组拍摄。

---

① 柏龙彪：《共享发展理念下的农村基础教育资源优化配置策略研究》，《农村经济》2017 年第 2 期。

（二）通过教育扶贫实现共享

大力实施"阳光助学"保障工程，积极推动教育资源向贫困乡村、贫困人口倾斜，对符合条件的小学至高中阶段贫困家庭子女9515人全部给予补助，发放扶贫助学补助金952万元。大力推进"雨露计划"，帮助贫困学生182人。输送190名建档立卡贫困人口参加创业致富带头人培训。在学生资助方面，2017年春，全县共资助各级各类学校贫困学生80282人次（其中建档立卡9169人），发放资金2532.1375万元。在薄弱学校建设方面，目前累计投入资金19017万元，校舍建设开工面积89726平方米。此外，为改善教师工作生活条件，积极进行教师周转房和公租房建设，两个项目新建教师住房825套、面积39600平方米，改善825名农村学校教师的住房条件，共投资5800万元。

（三）加强教师城乡双向交流

乡村教育基础薄弱，生源和师资流失严重，成为制约教育发展的瓶颈。为加强乡村教师队伍建设，缩小城乡师资水平差距，慈利县通过加强教师城乡双向交流的方式促进城乡教育均衡发展。近5年，慈利县主要通过选拔考试的方式从乡村教师中选拔优秀教师进城，且对进城教师的数量和质量进行严格控制，5年来共有151名教师考入城区学校。同时，共有587名各类人员新进教师安排进入各乡镇学校。其中2017年，通过进城选拔考试共有48名教师考入城区学校。同时，共有171名新进教师安排进入乡镇学校，其中新招聘教师83名、新招录特岗教师41名、县外调入教师7名、三支一扶教师2名、毕业免费师范生38名。11名城区学校教师到乡镇学校支教。

（四）加强农村远程教育建设

近年来，慈利县把推动远程教育功能建设作为一项系统工程来抓，积极探索"让干部经常受教育、使农民长期得实惠"长效机制，着力在"管好用活"上下功夫，充分发挥站点优势，为农民搭起致富平台。在创新站点建设运用上，该县着眼于发挥远程教育的富民功能，按照"远程教育＋协会＋基地＋支部"方式，在县内各大远教中心站点以3公里为半径，聘任辖区内大学生村官与联点驻村干部为远教"信息辅导员"，手把手教农民学网络、用网络，让群众掌握远教技能，了解市场动态，做好新兴产业市场对接，全面建设"产业型"远教站点，形成"站点建在产业链上，党员聚在产业链上，农民富在产业链上"的远教新格局。远程教育成为当地增加农民收入的"点金石"，推进农村产业快速发展的"生力军"。目前，该县 31 个乡镇的 681 个村已全部建起了远程教育站点，20 多万农民从中直接受益①。

五　生态环境共享发展举措

（一）生态文明建设顶层设计

慈利县在"十三五"规划纲要中对自身设立的战略定位主要有四点：全国生态文明试点示范创新区、湖南省全域旅游发展引领区、武陵山片区县域经济先导区和张家界产业发展副中心。从慈利县的战略定位可以看出，生态文明建设是慈利县"十三五"规划的"重头戏"。慈利县政府把生态文明建设纳入本县经济和社会事业发展规划，先后出台《关于加强生态文明建设的决定》《慈利县创建生态文明示范县工作方案》《慈利县人民政府领导班子成员环境保护"一岗双责"制度》等文件，将生态文明建设融入全县经济、政治、社会建设各个方面，为生态文明建设建立了行动指南。

（二）生态文明建设具体实践

1. 积极推进营林绿化建设

"十二五"期间，慈利县先后实施了中德财政合作造林项目、长防林工程、造林补贴项目、森林抚育项目、巩固退耕还林成果后续产业建设项目、岩溶地区石漠化综合治理项目、油茶产业建设示范项目、新一轮退耕还林工程等林业重点工程项目，完成营造林面积 58.5 万亩，森林覆盖率达到 65%。慈利县在"十三五"规划中设立的目标是到 2020 年森林覆盖率稳定在 66.53% 以上，林地保有量稳定在 370 万亩以上。

从 2015 年开始，慈利县大力推进造林绿化建设，具体措施包括实施营造林工程，推动"创森"建设（城区绿化、荒山绿化、通道绿化、水岸绿化、生态修复、镇村绿化六大创森工程），实施生态公益林补偿，开展义务植树，推动林业科学研究等，三年来取得了良好的成效。2015 年森林覆盖率已经完成"十三五"规划中的目标，2020 年之前将着力保持稳定。

---

① 丁奎等：《慈利县 20 万农民受益远程教育》，《张家界日报》2012 年 2 月 10 日。

2. 严抓污染治理

慈利县对生态环境保护和污染治理高度重视，出台"硬环保"措施。制定出台《慈利县人民政府领导班子成员环境保护"一岗双责"制度》，落实领导干部任期内生态文明建设责任制和生态环境损害责任追究制。推进排污权有偿使用和交易、环境保护河长制、生态保护红线划定、执法联动机制、PPP模式以及第三方运维管理等较先进的治理模式，在大气污染、水污染、土壤污染、重金属污染的治理等方面取得了诸多成效，并且努力打造长效治理模式。

具体来看，在大气污染治理方面，以控车、降尘、控煤、治企、增绿为主要措施，加大大气污染防治力度，推进机关事业单位、宾馆、酒店、餐饮企业等行业的燃煤锅炉取缔和油烟净化设施安装。水污染防治方面，致力于对水源的保护和饮用水的安全保障，开展县城集中式饮用水水源环境状况评估，严格控制水源地保护区内各种开发建设活动。由县治砂办牵头，组织县水利、畜牧、公安等部门对溇水、澧水河流域河道采砂、拦网养鱼和黄石水库退网上岸等问题进行专项整治，先后对多家公司的河道采砂行为实施关停，从2017年开始，全县范围内的河流停止采砂。与此同时建设了县新城区污水管网、污水处理厂等配套设施，开展废物、废水治理专项整治行动。土壤污染防治方面，对全县土壤工业污染源、农业污染源及生活污染源分布情况进行定期调查，并对潜在污染地块的污染情况进行排查。投资500万元大力实施大浒矿区重金属污染治理，提高矿区的生态环境。

此外，慈利县也积极开展农村环境的综合整治，着重解决乡镇垃圾治理问题，目前慈利县已经有7个乡镇设立了环卫所，配备了环卫基础设施，推动乡镇垃圾治理规范化、常态化、长效化，就农村建房、农村集镇环境、旅游干线环境整治分别制订了专项整治三年行动计划。

3. 推动传统产业转型

"十三五"以来，慈利县积极推动工业结构的转型提效，摆脱对传统矿山企业的财政依赖，过去三年以"壮士断腕"的决心关闭取缔了70多家矿山企业，其中也包括国有煤矿。在工业发展方面，目前基本形成了水电能源、矿产建材、轻工制造、农产品加工四大支柱产业，农产品加工业占的份额逐渐增多，从发展模式上提出了以旅游带动工业强县的计划，对原有的水电能源和矿产建材产业加强环保监督力度，与此同时积极引进高新技术企业，推动传统产业的转型升级，在工业发展中兼顾经济效益和社会效益。

4. 发展新兴产业

过去三年慈利县提出"旅游+"新兴产业发展模式，大力推动旅游业的发展，借助互联网平台推广本县旅游品牌，实现了生态效益和经济效益的双丰收，可以说是本次调研中我们在慈利看到的最大亮点。慈利县以张家界大峡谷景区为龙头，大力发展乡村旅游、休闲度假、户外探险等多种旅游业态，迈入全域旅游新阶段。推进张家界大峡谷玻璃桥、万豪国际养生中心、张家界冰雪世界、张家界水世界、九渡仙岛等一批重点旅游项目。慈利县的禾田居酒店荣获中国最佳生态度假酒店"金枕头"奖，张家界大峡谷旅游经济区成功创建为"省级服务业示范聚集区"和"中国民族文化旅游示范培育基地"。目前慈利县创建省级旅游名村6个、三星级以上乡村旅游点9家。

（三）慈利县生态共享发展成效

1. 改善生态环境，共享绿水青山

得益于一系列营林绿化和环保整治项目的落实，慈利县的生态环境得到进一步改善，2017年1—8月，慈利全县地表水水质保持Ⅱ类标准，优良率达100%，大气质量优良率达92.2%以上，优良天数224天。在全国雾霾肆虐的大背景下，慈利县的生态环境优势充分体现。

2. 优化城乡环境，共享文明成果

城乡建设是生态成果共享最直接的方式，是慈利县生态文明建设的重要内容。城市建设方面，慈利县开展了治噪、治尘、控违拆违等专项行动，并推进环卫市场化运作，城乡保洁常态化。2017年慈利县城的生活污水集中处理率和生活垃圾无害化处理率分别达87%、100%。乡村建设方面，慈利县积极解决农村的交通、用水、用电和网络连接等问题，改造农村公路、修缮危桥、增加农村公路防护设施，为农村居民出行提供更便捷的方式；过去三年新建集中饮水工程3处，解决了1.02万人的安全饮水问题；农田水利设施日趋完善；升级高压电线路、改造农村电网、新建4G基站；缩小基础设施方面的城乡差距，推动共享发展。此外，慈利县积极开展美丽乡村建设，基于江垭、零溪、三官寺、龙潭河等小城镇独特的自然风光，进一步推动特色小镇的生态文明建设。

3. 旅游业蓬勃发展，共享生态效益

慈利县坚持文化旅游融合发展，全力推进全域旅游，开发红岩岭、黄花溪、四十八寨等 15 条户外精品旅游线路，建成张家界大峡谷玻璃桥、江垭温泉、万福温泉 4A 级景区和五雷山、一线天等精品景区，建成大水泉、龙峰山庄等生态农庄 10 个，创建省级旅游名村 6 个，134 个村列入全国乡村旅游扶贫重点村。2016 年慈利县全年共接待国内外游客 567.34 万人次，增长 39.0%；实现旅游总收入 30.81 亿元，增长 26.9%；完成旅游投资 8.1 亿元，旅游市场承载能力逐步增强，旅游接待能力和水平明显提高，极大地带动了当地居民的就业和收入的提高。

第三节 共享发展存在的问题与相应对策

一 经济方面共享发展存在的问题与相应对策

（一）经济基础仍然落后，产业竞争力有待加强

经过多年发展，慈利县经济水平得到很大提升，但仍存在一些问题。旅游产业带动作用有待提升。经济结构仍需进一步优化，主导产业经济规模偏小、产业链延伸不足。

为了破解以上问题，慈利县需要依靠资源禀赋优势，加快经济发展。张家界独特的自然资源为当地发展旅游业提供了良好的基础。因此应该加大对旅游业的支持力度，一方面借鉴发达地区发展旅游产业的经验，引导当地旅游业的快速、健康发展；另一方面需要加快对旅游资源的开发力度，对当地有前景的投资项目给予政策上和资金上的支持，同时将外部资金和优秀项目吸引进来。武陵山区独特的自然环境也是当地发展特色农业的优势所在，因此应当推进农业产业化、品牌化经营，提高农业附加值，增加农民收入。

（二）基础设施建设落后，发展要素瓶颈亟待突破

限于经济条件、地理位置等原因，慈利县发展遇到要素瓶颈。城乡基础设施建设滞后，重大项目储备不足，财政收支矛盾突出，招商引资的体制机制障碍有待破除，工程技术、医疗、教育等人才引进规模不能满足需求。

对于这一问题，首先慈利县需要转变政府职能，营造良好的生产经营

环境。提高政府工作效能，推进商事制度和行政审批制度改革，增强当地对于外部资金的吸引力。增加引进人才力度，加大工程技术、医疗、教育等人才的引进规模。

其次，建议国家及湖南省加大对武陵山片区重点贫困县的支持力度。由于经济基础较差，武陵山片区重点贫困县大多基础设施较差，发展资金不足，因此加快这些地方发展速度需要湖南省和国家给予适当扶持。一是加大基础设施建设支持力度。统筹区域交通、水利、电力、通信等基础设施建设，加快构建功能配套、安全高效、适度超前的基础设施体系，为片区夯实发展基础；二是加大民生投入和民生项目支持力度。加大资金投入，特别加大对慈利等贫困县的民生投入，提高财政扶贫资金占比，优先安排民生项目，加快解决民生欠账，切实做到保基本、兜底线、促公平、可持续。

（三）农村脱贫压力仍然较大，脱贫攻坚政策需改进和完善

虽然近年来脱贫工作成效显著，但是慈利县城乡区域平衡发展任务依然艰巨，农村贫困人口脱贫压力较大。

除了要求基层扶贫干部继续执行好国家政策、有效开展工作外，为了提高扶贫工作有效性，建议国家和湖南省改进和完善现行的脱贫攻坚政策。一是实现政策稳定，保持正常实施的连续性。重大的扶贫措施需要事先进行科学和详尽论证，一旦实施便尽量减少调整甚至废除。否则频繁"翻烧饼"式的政策调整会减弱政府公信力和基层工作热情，浪费扶贫资源，降低扶贫效益和效率。二是突出精准，落实扶贫的精确识别。湖南省现有的政策以收入情况作为贫困对象的认定标准，不利于激发贫困人口脱贫的内在动力。建议扶贫工作对象更多聚焦在因弱智、伤残、大病及自然灾害致贫的四类贫困户上，对其采取充分的财政兜底政策。对思想方面造成贫困的农户应该积极开导，宣传勤劳致富，助其思想脱贫。对有着强烈致富愿望的家庭，则应采取金融、产业等帮扶政策，助其发展致富。

二　社会方面共享发展存在的问题与相应对策

（一）慈利县社会共享发展中存在的问题

1. 农村地区基础设施建设滞后

农村基础设施建设滞后是当前慈利县推动社会发展成果共享面临的最

大障碍。慈利被称为"七山半水分半田",县内山区面积占地较大,加上投融资渠道狭窄,造成当地交通、医疗、电力等基础设施建设难度较大、成本较高,导致乡村道路建设质量较差、医疗设备欠缺且落后、电力设备老化等一系列问题,基础设施建设的滞后直接影响社会基本服务均等化的推进,使农村居民的生活条件难以得到有效改善和提升,也在一定程度上延长了慈利全面脱贫的时间。

2. 城乡基本公共服务供给不均衡

城乡基本公共服务供给不均衡是慈利县共享社会发展成果存在问题的突出反映。进入 20 世纪以来,中国在公共服务供给方面推行轻农村、重城市的二元化供给体制,城乡二元结构的社会体制也逐渐使国家在财政支出方面,尽可能地向城市倾斜,大力发展城市基本公共服务,促进城市经济建设,使公共服务的效益不能完全覆盖城市和农村,导致大部分农村地区资金严重短缺的农民并不能切实享受到社会基本公共服务,这种现象在慈利城乡公共服务供给体系也非常明显。虽然近年来慈利农村的公共服务有很大的提升,但是农村地区在医疗保障、基础教育等基础性服务方面,要远低于城市水平。

3. 就业培训实效有限

就业培训实效有限是制约慈利共享社会发展成果的重要因素。在慈利城镇化进程中,转移进城的农民以"40、50"人员居多。这部分劳动力通常文化水平较低,多以农业为生,就业方向以体力劳动为主,就业渠道较为狭窄,如城市环卫、园林护理等,因此需要对转移进城的劳动力进行就业培训。当前,政府提供的公共就业服务形式主要是组织一些短期菜单式培训,通过设定培训专业、培训目标和培训内容,在人员达到一定规模时进行培训,引导培训的思维和方式较为僵化,培训的针对性和灵活性较弱,因而目前的就业培训实际效果非常有限。

(二)对策建议

1. 扩大基本公共服务的有效供给

一是慈利应继续加大对偏远山区基本公共服务的财政支持力度,着实提高发展落后地区的基础设施水平。二是加大基本公共服务供给方式创新力度,在坚持市场在资源配置中起决定性作用和公益事业发展由政府主导的原则下,探索基本公共服务多样化供给形式,提高基本公共服务效率和质量。三是提高基本公共服务内容丰富度，在各领域的内容项目数量上保证只增不减，并结合不同地区的不同发展阶段所面临的不同需求，适当增加一些针对性项目。四是完善基本公共服务管理机制，积极稳妥推进社会管理体制改革，理顺社会管理关系，明确基本公共服务职责，逐步破解社会管理"错位""缺位""越位"等深层体制障碍，建立健全县基本公共服务均等化协调机制，不断缩小城乡间基本公共服务差距，逐步实现城乡基本公共服务支出水平的均衡。

2. 统筹资源形成发展合力

一是加大整合力度，避免重复出现和基本公共服务功能类似的项目工程，在相互协调中确定合理明确的项目计划。二是在资金统筹方面，必须实现扶贫资金、基本公共服务投入资金以及各支农资金的优势互补，财政专项资金和地方配套资金要立足于解决农村和农民生产生活中最紧迫的实际问题和需求。三是在基本公共服务的供给过程中，尽可能地向贫困农村地区倾斜，立足于解决地区产业发展和基础教育培训等建设，最终实现资金的互补和优势整合，形成推动扶贫工作完成的社会合力。四是健全资源整合机制，统筹整合各类要素。扶贫攻坚涉及方方面面，必须充分发挥政策、项目、资金等各方面的聚合效应。整合政策措施，打好财政、税收、土地等政策组合拳，集中各行业各系统的力量围绕扶贫开发事业共同发力；整合智力资源，选拔一批专业技术人员鼓励创业发展，加大乡土人才培育，鼓励外出优秀人才回乡创业，最大限度释放人才"红利"。

3. 强化技能培训质量

一是通过培训逐步转变进城农民和失业人员的思想观念，提升主动就业意识和就业能力，从而使转移农民更好地融入现代化生活。二是改进教育理念，优化培训教育手段。提升培训质量和实效，形成培训教育合力，形成融理论教育、实践解析、成果转化于一体的符合现代化要求的人才培养教育基地，探索出一种管理规范、服务优良、培训就业率高的培训就业模式。三是创新培训方式。技能人才创业就业培训基地主要以短期培训和实训为主，主要采取短期授课与实际操作相结合的方式。四是鼓励有条件的行业、企业依托企业工程技术人员、高技能人才和生产设备设施，设立职业技能培训学校，或为职业院校、培训机构提供规范的职业技能实训基地。

三　公共文化服务方面共享发展存在的问题与相应对策

近年来，慈利县通过充分发挥政府主导服务作用、加强公共文化服务设施建设、广泛开展各类文化惠民活动、实施文化扶贫、发展文化旅游等多举措促进文化共享，文化共享发展取得了不少实际成效，但仍然存在政府主导服务作用发挥不到位、公共文化服务设施不完善、公共文化服务队伍不健全等问题，亟待采取措施进一步促进文化共享发展，让全县人民共享文化发展的成果。

（一）进一步发挥政府主导服务作用

制定和实施公共文化服务政策及发展规划以促使农民群众公平、均等地享有文化成果是政府的重要职责。首先，政府应建立农村公共文化服务相应的政策支持体系，制定支持促进农村公共文化服务有效供给的相关政策，推动公共文化服务供给机制的创新。其次，深化文化体制改革，逐步形成经营性文化服务的供给由市场调节，公益性文化服务的供给由政府主导、社会各界平等参与的文化运行新机制。最后，转变政府职能，维护文化市场秩序。全面推进政事分开、政企分开、管办分开，切实承担起为社会提供公共文化产品与服务的职能。

（二）进一步完善公共文化服务设施

加大文化体育设施的投入力度，以每 10 万人建设一个文化公园为目标，开展城市文化公园、街道社区休闲广场建设。对乡镇综合文化站逐步实施改造和重建，建设农村综合文化室，到 2020 年实现 50% 的行政村拥有 200 平方米以上村综合文化室。加大无线数字电视覆盖力度，完善街道社区和农村应急广播系统，全面完成地面无线数字电视提质改造工程。以县全民健身中心为基础建设群众性体育场馆，重点推进"一场两馆"及配套体育设施工程、琵琶体育健身公园、烈士公园、防洪沿江风景带等工程建设，到 2020 年实现每个乡镇都设有体育健身辅导站。

（三）不断加强公共文化服务队伍建设

目前，慈利县已经建成基层文艺辅导基地 15 个，组建社区文艺团队 5 支，文艺队、健身队 190 多支，发展民间自娱自乐班子 30 个。全县 25 个乡镇综合文化站现有职工 62 人，业务人员比例不断提高，已成立慈利县文化志愿服务分队，慈利县委党校干部文化志愿者达 300 多人，并为全县所有乡镇配备了文化援建人员 26 名。近三年来，全县共举办文化骨干培训班 45 期，培训 9000 多人次[①]。为了进一步强化文化发展的人才保障，应发挥农村党员的中流砥柱作用，不断加强基层文化队伍建设，创新人才机制，着力培养一批具有现代意识、创新意识的公共文化管理者和基层文化人才队伍。强化对文化站工作人员、社会体育指导员的专业培训，提高业务工作水平。

四　教育方面共享发展存在的问题与相应对策

近年来慈利县通过加大教育经费投入力度、实施教育扶贫、加强教师城乡双向交流、加强农村远程教育建设等多举措促进教育共享发展，全县呈现学前教育、义务教育、高中教育、职业教育、特殊教育协调发展的良好局面，教育公平问题不断改善，但城乡教育差距较大、师资队伍建设不足等问题仍然制约着慈利县的教育共享发展，亟待采取有效措施使全县人民共享教育发展成果。

（一）促进城乡教育均衡发展

优化公办、民办结合的幼儿园办园体系，大力促进农村学前教育基础设施建设，重点加快农村幼儿园建设，完善农村学前教育网络。巩固提高基础教育水平，有步骤地推进中小学标准化、规范化建设，加大城乡薄弱学校改造力度，支持行政村办好小学和必要的教学点、乡镇办好初中，规范各类学校办学行为。

（二）完善终身教育体系

健全以政府为主的教育多元投入机制，吸纳社会资金，研究落实普高、职业、特殊教育生均经费基本标准。探索建立政府主导、市场调节的职教发展机制，实现职教资源、专业设置、培训管理的全县统筹，开展多种形式的职业培训，推动农村劳动力向二、三产业转移。支持企事业单位为从业人员接受继续教育提供便利，加强现代远程教育终端建设。

（三）强化师资队伍建设

实施教师队伍整体素质提升计划，构建现代教师培训体系，建设教育技术培训室。切实改善农村学校教师的工作和生活条件，实施边远艰苦地

---

① 杨婷：《慈利：崛起的文化强县》，《张家界日报》2017 年 10 月 17 日。

区农村学校教师周转宿舍建设。

五 生态环境方面共享发展存在的问题与相应对策

（一）面临的问题和主要挑战

1. 生态保护的理念和意识不到位

政府层面和公众层面的生态保护理念和意识有待进一步提升。一方面，少数干部存在重经济建设、轻环境保护的思想，对经济发展的工作做得多些，对环境保护工作的积极性、主动性和坚定性不够，环保法律法规宣传的效果不够理想。在政府管理方面，一些部门和单位认为环境保护工作只是环保局的工作，对环境保护工作的全域性、全员性、全行业性认识不够深刻，对履行环境保护"一岗双责"不够积极，甚至存在推诿现象，全县联防联控联动抓环保工作的大工作格局还未真正全面形成。另外，广大群众同破坏环境行为做斗争的氛围还没有建立起来，"主人翁"意识不强，生态保护"责任共享"还没有形成。

2. 重点行业污染治理任务依然艰巨

慈利县目前面临的环境污染治理任务依然非常艰巨。大气污染防治方面，由于扬尘管控不到位、油烟净化不彻底、小散乱企业不依法等多方面因素，导致今年多数月份慈利县空气质量在全省排名靠后。水污染防治方面，饮用水源保护区执法有待进一步加强；畜禽养殖水污染整治力度不够；工业园污染处理厂建设进展缓慢，污水管网建设进度缓慢；土壤污染防治方面，三合镇砷污染区土壤修复任务繁重，资金缺口较大；煤矿、铁矿等历史遗留问题亟待解决，治理任务艰巨。

3. 保护和发展的矛盾有待化解

由于历史原因，慈利县传统矿业开发不规范、不科学，生态保护措施和环境污染治理设施缺位，很多水、电、路等基础设施建设工程动工后，开山取石、渣土堆积不断增多，水土保护措施未及时跟进，造成水土流失严重。中央环保督察期间，慈利县关停了一部分环保问题企业，遗留的问题很多，如河道采砂的经济赔偿、畜禽养殖污染、建设项目的砂、石、砖等建材市场供应问题，牵涉民生和社会稳定，急需加以研究和解决。目前，部分企业受产业政策、总体规划、土地手续、入园规定等限制，大多手续无法完善。

4. 环境执法有待加强

中央环保督察期间，慈利县各级各部门对辖区和责任范围内的环保问题，坚持边督边改，处理和办结了一批突出环保问题。但从办理的情况来看，还普遍存在办结的时效性不强、质量不高、效果不好等问题，有的责任部门甚至相互推诿，致使部分环保问题至今未能办结，群众反响较大。这一方面是执法不严的问题，一些部门对环保问题企业和破坏环境行为的执法力度需要加强，坚决遏制企业超标排放和污染环境的问题。另一方面也体现了执法力度和执法人员配备不足的问题，调研中我们发现慈利县环境监察人员少，工作量大，工作压力重，执法装备、业务能力不够。

（二）加强生态共享发展的政策建议

1. 加强生态文明建设的"主人翁"意识

从政府层面到公众层面都需要进一步加强生态文明经商的"主人翁"意识。对于慈利县政府来说，在推动生态文明建设的工作中，环保部门既要积极履职、大力治理，又要有疏有堵，勇于承担责任。对公众来说，需要积极培育生态文化、生态道德，使生态文明成为社会主流价值观，引导全社会树立生态文明意识。加强生态文明建设的宣传工作，例如通过世界地球日、世界环境日、全国节能宣传周等主题活动来进行宣传，提高公众节约意识、环保意识、生态意识，形成人人、事事、时时崇尚生态文明的社会氛围。

2. 加强信息公开及政务公开

慈利县需要进一步动员人民群众参与生态文明建设和环境保护，一方面需要大力加强政务中心环保窗口建设，推进环保信息公开和政务公开，及时发布本县环保工作动态以及公开环保项目审批程序，让人民群众了解政府的环保工作和关心的环保项目。另一方面，需要建立政府和群众的沟通平台，例如通过环保热线、网站和移动应用，鼓励群众对身边的环境违法问题进行监督和举报，并及时处理和反馈群众反映的问题。此外还可以利用互联网平台加大生态环保宣传力度，对积极参与的群众给予奖励和嘉奖，充分调动人民群众参与生态文明建设的积极性，提高全民生态文明意识。

3. 加强环保专业队伍建设

目前慈利县存在缺乏专业的环保人才，环保队伍监管能力与新形势下环保任务不相匹配，环境监测设备、环保执法设备等硬件严重不足等问题，难以适应新形势下环保工作要求。对此，应当加强省内省外的专业学习和人员交流，聘请专业人员对本县环保人员进行培训，加强环保专业队伍建设。

第三章

生态屏障地区的共享发展——祁阳县调研

第一节　祁阳县概况

一　区位地理

祁阳县是湖南省永州市辖县之一，位于湖南省西南部，"湖广熟，天下足"鱼米之乡的腹地，湘江中上游，永州市东北部。西接永州市零陵区和冷水滩区，东抵常宁市，南临新田县、宁远县、双牌县和桂阳县，北连祁东县。东西横跨 64.5 公里，南北纵长 90.5 公里，全县总面积 2538 平方公里，有国家森林公园 1 个、省级自然保护区 1 个，现辖 22 镇，人口 108 万。

祁阳区位优越、交通便捷。祁阳南临两广，北倚内陆，历来是湘南重镇。2013 年湘桂高铁开通，跨入"高铁时代"，融入长株潭高铁一个半小时经济圈、珠三角高铁 3 小时经济圈；2014 年祁冷一级公路建成通车，融入永州中心城区半小时生活圈；湘江终年通航，可直抵长沙、武汉、上海；县城距永州机场仅 30 公里，大进大出、快进快出的立体交通网络在祁阳基本形成。

祁阳地形以山地、岗地、丘陵为主，地势南北高、中部低；南隅阳明山脉层峦叠嶂，北边四明山、祁山山脉起伏连绵。从气候看，祁阳县属亚热带季风湿润气候，四季分明，无霜期长，为 293 天，光热充足、雨量丰沛，境内水系发达，水利方便，是重要的产粮基地，典型的鱼米之乡。

二　资源禀赋

矿产资源丰富。祁阳县现已探明的矿藏有煤、石灰石、铁、锰、锑、锌等 20 多种，享有"有色金属之乡"的美称，其中烟煤储量 1 亿吨。

森林资源丰富。祁阳是全国油茶之乡、国家油茶产业发展示范基地和国家级林业科技示范县，也是中央财政森林抚育补贴、造林直补和生态公益林补偿试点县，湖南省重点林区县。林地面积 153.8 万亩，森林覆盖率 46.63%，其中用材林 6.4 万公顷，林木蓄积量达 300 万立方米；油茶林 40 万亩；柑橘等水果林 28 万亩。

水资源丰富，祁阳县水系均属湘江及其支流，境内流程 100.8 公里，流域面积为 23238.5 平方公里，水资源总量 250 亿立方米，水能蕴藏量 32 万千瓦。湘江从县境中心穿过，建有配套齐全的四大灌区渠系工程，旱涝保收面积达 90% 以上。全县建有大小电站 85 处，总装机容量 6 万千瓦，年发电量 1.6 亿千瓦时，建成了国家、地方电网相联的发供电体系。

旅游文化资源丰富。境内文化古迹众多，由浯溪碑林、文昌宝塔、潇湘楼、甘泉寺、大江自然风光、狂狮河漂流、陶铸故居、龙溪李家大院等构成核心风景名胜区。浯溪碑林风景名胜区是国家 AAAA 级旅游景区，浯溪碑林风景名胜区（浯溪摩崖石刻）为全国重点文物保护单位、省级风景名胜区、省级爱国主义教育基地、湖南省十大文化遗产、百姓喜爱的"湖南百景"、湖南新"潇湘八景"，现存有唐代以来摩崖石刻 505 块，楷、行、草、篆诸体皆备，是全国罕见的露天碑林。其中由元结撰文，颜真卿大字正书的《大唐中兴颂》，自古以来称其三奇：文奇、字奇、石奇，世称"摩崖三绝"，扬名天下。

三　人文历史

祁阳历史悠久，人杰地灵，文化底蕴深厚。祁阳因地处祁山之南而得名，因浯溪而闻名。早在几万年前母系氏族公社时期，境内就有人类活动。商周时期，祁阳已进入奴隶制社会。春秋战国时，祁阳为楚之南疆。三国东吴设置祁阳县，至今已有 1700 多年历史。隋改零陵县为永州，而祁阳并入零陵，不为县。唐李靖抚慰岭南，立祁阳为县，隶永州，历宋元明清皆因之。

祁阳是舜文化、楚文化、湖湘文化的要地，浯溪文化的发祥地。发源于祁阳的祁剧至今已有 500 多年历史，与极具方言特色的祁阳小调同被列入国家非物质文化遗产保护名录。全县境内文化古迹众多，拥有浯溪碑林、文昌宝塔、潇湘楼、甘泉寺、大江自然风光、金洞漂流、祁剧、祁阳小调、挂榜山小鲵、陶铸故里等多张国家级历史文化名片。

祁阳自古名人辈出。三国蜀相蒋琬、明吏部尚书陈荐、清军机大臣陈大受、抗法名将欧阳利见、党和国家的卓越领导人陶铸等一大批杰出人物诞生在这块热土上。

四　经济社会发展状况①

近年来，县委、县政府强化"大县要有大气魄""大县要有大作为"的意识，始终把"永州率先、全省领先、全国争先"作为各项工作的基本取向，团结带领全县人民砥砺奋进，勇争一流，祁阳经济社会发展取得长足进步。先后获得全国科技进步先进县、全国人口和计划生育优质服务先进单位、国家智慧城市试点县、国家新型城镇化综合试点县、全国电子商务进农村综合示范县、全国绿化模范县、全国农村职业教育和成人教育示范县等荣誉称号。

祁阳县经济快速增长，综合经济实力大幅提升。2011—2016 年，祁阳县 GDP 从 158.76 亿元增长到 263.59 亿元，年均增长 10.36%，见图 3－1；人均 GDP 从 18597 元提高到 29998 元，实际年均增长 7.59%；财政收入从 8.16 亿元增加到 15.1 亿元，年均增长 20.77%。

经济发展中服务业占据主导地位。2011—2016 年，祁阳县三次产业结构由 2011 年的 21.84:38.79:39.37 调整到 18.51:35.86:45.63，第一产业和第二产业的比重持续下降，第三产业的比重持续上升，祁阳的经济发展以服务业为主（见图 3－2）。2016 年，第一、二、三次产业对经济增长的贡献率分别为 2.58%、24.44% 和 72.98%，其中工业对经济增长的贡献率为 20.36%。全年实现全部工业产值 299.35 亿元，工业增加值 78.13 亿元，分别增长 5.3% 和 7.7%。其中规模工业完成产值 198.96 亿元、增加值 49.61 亿元，分别增长 7.6% 和 8.4%。2016 年祁阳经济开发区完成工业总产值 217 亿元，增长 11.3%；规模工业总产值 188.34 亿元，增长 9.6%；实现税收 4.2 亿元，增长 28.5%。

固定资产投资增长迅速。2011—2016 年，全县固定资产投资从

① 本部分所有数据来自 2011—2016 年祁阳县国民经济和社会发展统计公报。

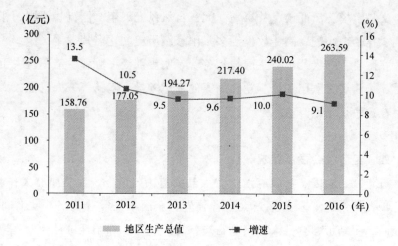

图 3 - 1 2011—2016 年祁阳地区生产总值及其增长速度

资料来源：2011—2016 年祁阳国民经济与社会统计公报。

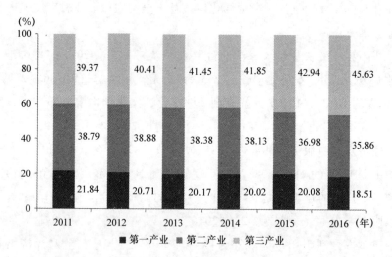

图 3 - 2 2011—2016 年祁阳三次产业结构比柱状图

资料来源：2011—2016 年祁阳国民经济与社会统计公报。

106.95 亿元提高到 299.43 亿元，年均实际增长 26.03%。2011 年三次产业投资分别是 6.02 亿、57.38 亿和 33.23 亿元；2016 年三次产业投资分别是 16.53 亿、127.87 亿和 156.88 亿元。工业技改投入从 45.63 亿元提高到 82.64 亿元，年均增长 10.41%。

贸易迅速发展。2011—2016 年，全社会消费品零售总额从 33.28 亿元增加到 73.09 亿元，年均实际增长 13.8%；进出口总额从 6800 万美元增加到 23751 万美元，名义年均增长 23.18%；其中，进口总额从 650 万美元增加到 2799 万美元，名义年均增长 27.55%；出口总额从 6150 万美元增加到 20952 万美元，名义年均增长 22.67%。

高新技术产品产值增长迅速，申请专利呈增长态势。2011—2016 年，高新技术产品产值从 22.29 亿元增加到 101.12 亿元，年均名义增长 28.66%。2011 年共申请专利 191 件，授权专利 144 件；2016 年共申请专利 296 件，授权专利 143 件。

居民收入有所提高。2011—2016 年，全县农民人均纯收入从 7454 元提高到 11784 元，年均实际增长 12.29%；城镇居民人均可支配收入从 17334 元提高到 26143 元，年均实际增长 10.55%。

基础设施有所改善，公路通车里程有所增加。2011 年全县公路线路年末里程 3296 公里，其中高速公路 41 公里。2015 年全县公路线路年末里程 3630.1 公里。

2016 年年底全县金融机构存款余额 322.37 亿元，比年初增加 66.02 亿元。其中：住户存款 245.03 亿元，比年初增加 27.03 亿元；非金融企业存款 45.46 亿元，比年初增加 29.81 亿元。金融机构各项贷款余额 117.92 亿元，比年初增加 24.65 亿元。其中住户贷款余额为 70.19 亿元，比年初增加 7.51 亿元；非金融企业及机关团体贷款 47.72 亿元，比年初增加 17.14 亿元。

祁阳县工业经济初步形成了以轻纺制鞋、食品加工、电子信息、矿产品深加工、生物医药等七大产业为主的格局，共有规模工业企业 116 家。2017 年 1—9 月，祁阳实现规模工业总产值 164.7 亿元、增加值 47 亿元，同比分别增长 14.8%、7.4%；工业实缴税金 2.4 亿元。产值过 5 亿元企业达到 6 家，产值过亿元企业达到 59 家，税金过千万元企业达到 7 家。轻纺制鞋、电子信息、食品加工成为祁阳县三大主导产业。2017 年 1—9 月，该县轻纺制鞋实现产值 45 亿元，实缴税金 7133 万元，吸纳就业 1 万余人；电子信息实现产值 17.2 亿元，实缴税金 5100 万元；食品加工实现产值 41.7 亿元，实缴税金 1427 万元。

表 3 – 1   2016 年祁阳县基本情况

基本指标	数 量	基本指标	数 量
一、人口与自然资源		9. 进出口总额（万美元）	23751
1. 常住人口（万人）	87.75		
2. 耕地（千公顷）	46.33	三、社会	
3. 水资源总量（亿立方米）	250	1. 学龄儿童入学率（%）	100
4. 森林覆盖率（%）	60.8	2. 高中教育毛入学率（%）	83.05
二、经济		3. 大学毛入学率（%）	36.43
1. 地区生产总值（亿元）	263.59	4. 参加基本养老保险（万人）	57.33
2. 人均地区生产总值（元）	29998	5. 城镇居民人均可支配收入（元）	26143
3. 第一、二、三产业比重（%）	18.51:35.86:45.63	6. 农村居民人均纯收入（元）	11784
4. 地方一般预算收入（亿元）	15.1	7. 最低生活保障人数（人）	73570
5. 一般预算支出（亿元）	45.46	8. 城镇化率（%）	45.03
6. 固定资产投资（亿元）	299.43	9. 公路（公里）	3630
7. 社会消费品零售总额（亿元）	73.09	四、环境	
8. 高新技术产品产值（亿元）	101.12	1. 造林面积（公顷）	8533

资料来源：祁阳县统计局，2016 年祁阳县国民经济和社会发展统计公报。

第二节　祁阳县共享发展的举措与成效

一　经济共享的主要实践与成效

（一）经济共享的主要实践

1. 加大金融、财政支持，保障经济共享化发展

（1）推动金融环境建设，实现金融全面覆盖

积极加强金融知识宣传和设施建设。为解决贫困农户支付结算难题，

积极推动现代化的支付方式覆盖所有贫困村，个人网银、短信通、银行卡等得到广泛使用。2016 年以来，辖内金融机构不仅积极巩固助农取款服务乡村覆盖面，还鼓励探索利用移动支付、互联网支付等新兴电子支付方式开发贫困地区支付服务市场。仅 2016 年，已经为贫困地区布放 ATM 机、POS 机、电话支付终端设备 600 余台，建立金融扶贫服务站 112 家。贫困地区往往金融知识普及不高，中国人民银行祁阳支行组织辖内金融机构为加大金融知识宣传培训力度，深入开展"金融科技与安全""金融消费者权益日""金融知识普及月""金融惠民工程"等活动，2016 年 9 月，由中国人民银行祁阳支行组织农商银行在贫困村新塘角村开展"金融精准扶贫宣传推进月"活动，从而提高贫困地区金融消费者的金融素养和风险识别能力，维护金融消费者合法权益。

（2）完善金融服务体系，提升金融服务水平

积极完善农村金融扶贫服务体系。为贯彻落实《湖南省金融扶贫工作指导意见》文件精神，在县委、县政府的高度重视下，根据上级的要求，结合辖区实际情况，以县农行、县邮政储蓄银行、县农商行所辖农村金融网点为依托，推动农村金融扶贫服务体系建设。至 2016 年 9 月底，祁阳农商行、祁阳邮政银行、祁阳农业银行投入 160 万元（不包括后续运作费用），共设立 112 个站，完成度 100%，配备兼职人员 22 人。服务站有场地、有基本设施、有联络人员、有服务牌匾、有操作流程、有支付器具、有业务台账、有宣传资料，建站标准符合上级要求，较好地解决建档立卡贫困户小额信用贷款申请服务和基础金融服务不足等问题。

大力提升金融服务水平。坚持强化政府主导，继续大力推广"税易贷"、助保贷、油茶贷、应收账款质押融资等业务，引导金融机构加大信贷投放；加强激励考核机制运用，鼓励金融机构创新金融支持方式，加大重点领域、中小微企业的信贷支持力度，助推全县经济社会加快发展。以支持实体经济为重点，努力扩大信贷投放。严格执行稳健中性的货币政策，继续坚持服务实体经济为先导，进一步做好政银企对接工作。在祁阳县第十四届银企合作洽谈会上，政府搭建平台，加强银企深入对接，解决企业贷款难问题。以项目融资、扩大小微企业和"三农"信贷投放为着力点，完善信贷投放考核机制，不断加大祁阳县信贷投放总量。祁阳县人民政府金融办还充分整合财政相关资金，逐步追加中小企业信用担保公司

的资本金,增强担保公司的担保实力。同时,中小企业担保公司在充分运用自有担保资金的基础上,积极与湖南省农业信用担保公司加强合作,在祁阳县设立办事处,不断提升担保实力和拓宽业务范围,积极为祁阳县中小微企业及"三农"领域提供担保贷款。

(3)持续优化财政支持,确保民生工程落实

祁阳县财政局牢固树立"心系群众,财政为民"的理念,在每年财政预算中,对各项民生资金足额列入财政预算,确保各项民生工程的落实。支持实现城镇居民社会养老保险、医疗保险全覆盖;加大农村危旧房改造、棚户区改造和公租房建设投入,着力解决城乡低收入家庭的住房困难;完善社会救助体系,切实关心、保障城镇失业人员、残疾人员、重点优抚对象和其他特殊困难群体的基本生活;完善社会养老服务体系,积极支持县福利中心、敬老院等社会福利设施建设。同时,统筹整合学校建设资金,落实资金支持县城、镇(办)学校建设,加快校舍改造步伐,改善农村办学条件。推进公立医院改革,突出医疗、医药、医保"三医"联动和体制机制创新,完善医改财政保障政策,强化政府办医责任,减轻群众看病负担;支持县妇幼保健院整体迁建,完善县、乡、村三级医疗服务网络。

2. 推进产业升级,打造产业发展新格局

(1)积极培植财源,提高产业提升的能力

立足现有的产业基础、资源特色,把主要精力放在扶持企业做优做强、提升产业层次上来,大力扶持打造产业聚集地。加大对工业园区基础设施建设和项目投资力度,每年都安排工业园建设资金,推进工业园区绿化、亮化和美化;完善基础设施建设,加快仓储、物流等配套设施建设,提高园区承载力。每年安排承接产业转移奖励资金,用于对企业发展的奖扶。完善金融机构新增贷款奖励办法,鼓励金融机构多向重点企业、重点行业放贷。完善纳税大户奖励办法,鼓励企业增产增效。

(2)推进产业融合,建设产业集聚新园区

祁阳县积极响应中央一号文件精神,先行先试,打造一二三产业"三产融合"先行区、农业文化旅游"三位一体"样板区。祁阳县从做大做强产业和产城融合的角度,努力把新区建设成设施先进、功能齐全、环境优美的工业新区和城市新区。新区规划面积为25平方公里,按照"布局合理、用地集约、产业集聚"的要求,将新区东面规划为产业园区,

西面为居住城区，中间为配套服务区。产业园区分为制鞋服装、机械电子、食品医药和新型材料 4 个工业区。为解决园区基础设施建设投入问题，该县成立了祁阳工业园区开发建设投资有限公司，建立了园区开发建设投融资长效机制，鼓励和吸引多种投资主体参与园区基础设施和配套设施建设。2014 年以来园区共投入建设资金 10 余亿元，完善了"一区三园"的水、电、路、通信及学校、医院、宾馆、酒店配套服务等基础设施，工业园区面积达 10 平方公里。同时，为了聚集人气，该县还着力建设中小企业孵化平台。在园区内规划用地 390 亩，吸纳社会资金 2 亿元，高标准建设中小企业创业园。县里出台了《祁阳县鼓励建设标准厂房优惠办法》，鼓励民间资本和县直单位参与标准厂房的建设、出租和出让。2016 年已建成标准厂房、职工宿舍、综合服务楼、食堂、公租房等 16 万平方米，其中标准厂房 7 万平方米，已全部租赁给转移企业。祁阳工业园区步入了新的发展阶段，形成了以新区为核心，黎家坪建材工业园、白水科技工业园为羽翼的大园区格局。产业集群效应日趋显现，电子信息、机械制造、轻纺制鞋、生物制药、新能源新材料已成为祁阳工业园区的五大支柱产业。

（3）重视招商引资，打造投资兴业新高地

为加快园区建设、承接沿海产业转移、打造投资新高地，先后出台了《关于加快承接产业转移大力推进新型工业化的实施意见》《祁阳工业园区入园项目管理办法》《关于进一步鼓励投资大办工业若干规定的通知》等红头文件。对入园项目特别是转移企业在用地、用水、用电、用工、社保、财税奖励和标准厂房建设等方面给予最大优惠和扶持。例如在投资强度上、在新投产项目上给予奖励。项目在建和投产后，县级行政性收费全免，事业性、服务性收费按下限标准 20% 收取等。

为方便项目落地，工业园区对投资项目有关手续实行代办制，对立项、审批、建设、投产、招工等实行全程跟踪服务。对重点项目实行一个项目、一名领导、一个协调服务小组"三个一"工作制。园区全面履行"门卫"和"保姆"职能，实行"封闭式"管理，未经园区管委会同意，任何单位和个人不得进入园区企业检查收费，为企业提供"零距离、零障碍、零缺陷"服务。针对企业招工用工难，出台了《关于鼓励引导农民工到县内规模企业就业的实施意见》，从健全劳务市场、加强职业培训、引导企业改善用工环境、设立奖励基金、实行目标考核等方面，加大企业用工服务力度。

3. 打赢扶贫脱贫攻坚战，实现城乡收入均等化

（1）提高政治站位，强化责任担当

祁阳县在全市率先出台了脱贫攻坚"1＋9"方案体系，建立了"八大扶贫分指挥部"，发挥职能部门优势，凝聚攻坚合力，全面建立"四位一体"驻村帮扶工作机制。建立了祁阳县脱贫攻坚智慧指挥系统，利用大数据云技术实现对脱贫攻坚的实时指挥调度。纵向坚持"县镇村"三级联动作战，横向坚持"县委统筹、部门协同"大兵团作战，为脱贫攻坚提供强有力的组织保障。实行扶贫攻坚责任清单制，全面落实行业部门、联村帮扶后盾单位、各镇（街道）的责任，并明确县级业务分管领导和联镇领导责任。认真贯彻《中共永州市委关于进一步严明脱贫攻坚工作纪律的通知》要求，严明工作作风，强化责任落实，组建4个联合督察组，分区负责对全县28个行业扶贫单位、161个联村帮扶单位、22个镇（街道）进行整改工作专项督察，推动工作落实。此外，强化督察调度。通过召开调度会、推进会以及领导现场督察、部门定期督察等方式，建立脱贫攻坚专项督察常态化机制。

（2）坚持问题导向，强化整改落实

按照湖南省委、永州市委"坚持问题导向，抓好精准整改"的要求，祁阳县重点围绕国务院巡查反馈的问题、开展排查整改。对标要求，在全县开展了一次全面细致的脱贫攻坚问题大排查，对排查出来的问题，制定问题清单，建立整改台账，明确任务书、时间表、责任人，挂图作战，销号管理，全力抓好整改落实。针对基层负担重的问题，在全县启动秋冬大会战，坚持精准扶贫、精准脱贫的基本方略，以问题为导向，对照贫困人口脱贫"一超过、两不愁、三保障"，贫困村脱贫出列"两个确保、两个完善"，切实做好"三率一度"，增强群众获得感。针对政策宣传不到位的问题，把加强宣传作为脱贫攻坚行动的重要抓手，不断创新宣传形式，丰富宣传内容，拓宽宣传阵地，为全县脱贫攻坚工作提供良好的舆论氛围和精神动力。编制印发了《祁阳县脱贫攻坚工作手册》6万册和《脱贫攻坚政策口袋书》8万册，充分利用各级领导、"第一书记"和包村干部进村入户，通过村民小组会、村民代表会、群众座谈会，重点向群众宣传

关于脱贫攻坚工作的决策部署和相关惠民政策、法律法规，确保实现全县22个镇（街道）560个行政村所有农户惠民政策宣传全覆盖，让群众不曲解政策，让干部执行政策不打折扣，营造知晓政策、人人参与脱贫攻坚的浓厚氛围。

（3）突出工作重点，提升扶贫实效

围绕增强贫困群众的获得感，突出重点工作推进，提振全县干部群众打好脱贫攻坚战役的信心。一是全力推进易地扶贫搬迁。搬迁后扶全面推进，因地制宜、因户施策组织搬迁安置户搞好产业开发、技术培训。通过创新"四跟四走"产业扶贫机制，培育龙头企业带动，政府主导引领，发挥能人牵引等方式，大力发展搬迁后扶产业，重点发展光伏发电、农村电子商务、水果、油茶、药材、芋头、生姜、养殖等产业，确保搬迁得出、稳得住、能脱贫致富。二是全力推进健康扶贫。着力解决群众因病致贫、因病返贫问题，开展贫困人口健康干预项目试点，加大贫困人口的健康教育和健康促进力度，着力提升贫困人群健康意识和健康素质，控制和降低发病率。落实贫困人口就医优惠政策，推进扶贫"特惠保"，财政承担90%的保费。贫困人口参加城乡居民医保实现全覆盖，实行贫困人口先诊疗后付费的结算机制，最大限度减轻贫困群众医药费用负担。三是全力推进教育扶贫。采取奖、贷、助、免、补等多种方式，积极构建从学前教育到高等教育建档立卡贫困户学生资助全覆盖的工作体系。借力县教育基金会、镇（街道）专项教育基金、昌世助学基金会、"狼行天下助学群""泛海助学"等社会公益组织，广泛动员社会力量参与捐资助学，选派城镇优秀教师到农村薄弱学校支教送教，有效提升贫困村所在地学校教师业务素质和教学能力。四是全力推进贫困村提升工程。围绕提升贫困村的产业发展、基础设施和公共服务设施建设水平，充分发挥行业部门职能优势，集中精力和资金打好歼灭战。

（二）经济共享的主要实践

1. 主导产业集群发展

轻纺制鞋、电子信息、食品加工作为祁阳县三大主导产业，不断发展壮大，已成为县域经济发展的重要支撑力量。三大主导产业在发展过程中呈现出产业集群化发展特点。凯盛鞋业先后带动诚信鞋业、协荣橡胶、华庆泡绵等一批配套企业落户祁阳经开区，形成了稳定的供应、生产、配套关系，打造了较为完整的制鞋产业链条。东骏纺织涤纶（雨伞）布市场占有率约占全球市场的 15%，公司计划新增投资 20 余亿元，到 2025 年打造成全亚洲乃至全球最大的涤纶（雨伞）布生产基地；科力尔电机罩极电机产量稳居全球前三；新金浩茶油产销多年稳居同行前茅，公司在原有茶油加工专利的基础上，研发了茶油加工产品和茶粕洗护用品，并开发出"丹爷食品"和"伊木之源"两个品牌，公司目前进入上市辅导期，预计 2020 年可实现中小板或创业板首发上市。

2. 特色产业新兴发展

祁阳县农村建设投资开发有限公司按照"布局科学、功能突出、优势明显、定位准确"的规划原则，结合美丽乡村建设和当地民俗，大手笔布局、高起点规划、高标准建设农建投特色产业园区，做到现代农业发展与科普示范、休闲观光、旅游服务共生共存，实现第一、二、三产业融合发展。以产业为依托，以市场为导向，全力打造"一村一品、一乡一业"的农村特色产业，大力扶持新建和改造各类特色产业基地。经过开展农田水利、高标准农田、土地整理等基础设施建设，按照"产业区域化、基地规模化、生产标准化、经营集约化、管理精细化"的要求，以龙头企业、农民专业合作社和种养大户为依托，以传统优势产业为主导，大力发展粮、油、果、蔬、茶、药材基地共 98 万亩，带动 0.93 万贫困人口实现了脱贫致富。2016 年 6 月，农建投特色产业园区内成功引进中化化肥广西分公司、群益种养专业合作社发展水肥一体化大棚有机蔬菜，天和盛业农业开发公司发展台湾红心火龙果，嘉隆种植专业合作社、新发利水果种植专业合作社发展有机葡萄和红心柚，泰禾农林开发公司发展珍贵花卉苗木，绿色园种养专业合作社发展优质稻，项目总投资达 7500 万元。

3. 扶贫脱贫成效显著

2014 年贫困人口脱贫 1.18 万人，2015 年贫困人口脱贫 1.25 万人，全县贫困人口从 2014 年建档立卡的 8.7 万人，下降到 6.22 万人，扶贫攻坚工作取得了显著成效，获得了省市肯定。目前该县扶贫开发已经从以解决温饱为主要任务的阶段转入巩固温饱成果、加快脱贫致富、改善生态环境、提高发展水平、缩小发展差距的新阶段。

解决了基础设施薄弱之短。祁阳县县委、县政府为破解贫困地区、贫困人口脱贫基础设施落后的瓶颈制约，围绕农田水利、农村公路、农网升级、安全饮水等基础设施建设，总计投入1.2亿元，共硬化村组公路200多公里、新修机耕路160余公里，渠道三面防渗120千米、整修骨干山塘500多口，解决饮水困难人口近2万人，增加有效灌溉农田面积1500亩。

解决了产业发展滞后之短。坚持把产业培育作为全县扶贫开发工作的重点，全力拓展贫困群众增收渠道。近年来，共落实特色种植面积1万余亩，精准帮扶1.2万余户贫困户发展小型养殖业，成立了养殖协会、蔬菜协会等农村专业合作经济组织16家，引导农户走"公司＋协会＋农户"的产业化发展道路，为贫困村培植了以水果、蔬菜、楠竹、油茶、优质稻、养殖业为主的一大批优势产业，促进了贫困村特色经济的发展。

解决了群众素质偏低之短。大力实施国家"雨露计划"，积极开展贫困群众农业实用技术培训，提升贫困农民的劳动技能和致富能力。2017年1—4月以来，在贫困乡村组织开展种植、养殖、特色产业等农业科技培训150余场次，培训农民近1万人次，对贫困户家庭子女实施扶贫助学1000余人，在贫困村发放各类科技资料2万份，切实提升了贫困群众自我发展能力。

二　探索社会共享发展的主要实践与成效

(一)　社会共享主要实践

1. 深化医疗卫生体制改革，推动城乡医疗卫生资源共享

深化医疗卫生体制改革、推动城乡医疗卫生资源共享是中国医疗改革的发展趋势，尤其是祁阳县作为湖南省少有的几个人口大县之一，推动医疗资源共享不仅能有效节约医疗资源，更是解决人民看病难、看病贵的重要途径。近年来，为推进祁阳县医疗资源共享，祁阳县政府和各医疗机构竭尽全力，具体做法如下。

(1)　推进分级诊疗，建设共享医疗联合体

一是注重制度设计，制定了分级诊疗双向转诊实施细则，优化转诊流程，确保医疗质量和医疗安全。二是加强基础建设。祁阳县累计筹集资金4.5亿元，启动实施了县人民医院新医疗综合大楼、县中医院新院二期工程建设、县妇幼保健院整体搬迁建设项目。三是组建医疗联合体。祁阳县人民医院分别于2015年、2017年，托管金洞管理区人民医院、羊角塘镇卫生院建立祁阳县人民医院金洞分院和祁阳县人民医院羊角塘分院；3个

县级医院还分别与 17 个乡镇卫生院和 3 个街道社区卫生服务中心签订了技术协作和对口支援协议，推动医疗资源共享。

（2）推行远程诊疗，建设共享检验检测平台

为提升乡镇卫生院诊断水平，祁阳县利用网络技术依托人民医院、中医医院建立 3 个远程诊断中心。① 以中医院为基础成立"全县医学影像远程诊断中心"，目前已与 10 个镇卫生院实现了互联互通，日阅片量 50 多张。统一了县级医院和乡镇卫生院医技诊断标准，提升了基层诊断水平。

（3）组建基本公共卫生服务团队，提升基层卫生服务能力

2017 年县疾控中心、妇幼保健院、中医院、综合执法局组建了公共卫生指导团队，镇组建了基本公共卫生服务团队，对基层公共卫生工作实施全面指导，推动了基本公共卫生服务均等化的逐步实现。

全力推进居民健康卡发放，建设共享大数据健康平台。目前，祁阳县居民健康卡发放工作，正处在前期准备阶段。从 2018 年起，将逐步为全县所有人口每人发放一张居民健康卡。通过居民健康卡可实现不同医疗机构之间的电子病历信息共享，查看个人电子病历、健康档案等。实现居民看病就医、经费结算、全程健康管理、健康扶贫"一卡通"。

2. 加快社会保障制度建设，推进城乡社保体系均衡发展

社会保障是政府的基本公共服务，关乎每个公民的切身利益，是全面建成小康社会的重要基础。改革开放多年来，尤其是进入 21 世纪之后，中国社会保障制度改革逐步深入，社会保障体系建立越发完善。但是城乡社会保障不均衡问题愈发突出。祁阳县加快推行"社区养老"模式，全面实施城乡居民大病保险制度，建立多层次、多维度社会保障制度体系，有效地推进城乡社保体系均衡发展。

（1）推行"社区养老"模式，解决留守老人养老问题

为全面贯彻党的十八届五中全会决定提出的"建设以居家为基础、社区为依托、机构为补充的多层次养老服务体系"的精神，祁阳县政府紧紧跟随党的脚步，大力推行社区养老工作实施，为留守老人提供基本生活保障。"社区养老"是以家庭养老为主，社区机构养老为辅，在为居家老人照料服务方面，又以上门服务为主，托老所服务为辅的整合社会各方

---

① 祁阳县心电远程诊断中心、祁阳县影像远程诊断中心以及临床病理诊断中心。

力量的养老模式。老人可以住在自己家里，在继续得到家人照顾的同时，由社区的有关服务机构和人士为老人提供上门服务或托老服务，老人可以自由选择服务模式。目前，全县共有农村敬老院 21 所，五保之家 136 个，城乡养老示范点 45 个，民办养老机构 6 个，日间照料中心 9 个，全县共有养老床位 6080 张，为解决留守老人养老问题提供了保障。

（2）全面实施城乡居民大病保险制度，提高城乡居民大病保障水平

祁阳县政府颁布《关于调整城镇居民大病保险有关政策的通知》，切实提高参保人员的待遇水平，减轻城镇居民参保大病患者的个人负担，遏制不合理费用发生，灵活制定了参保人员住院医疗费的报销比例和报销范围，合理制定了大病保险的补给限额，规范了城乡居民大病保险制度体系，提高了城乡居民大病保障水平。

表 3 - 2　　　　　　　　祁阳县城镇居民大病保险补贴标准

部分在 8000 元以上部分按以下标准进行大病补助		部分在 20000 元以上部分按以下标准进行大病补助	
医药费范围	补助比例	医药费范围	补助比例
8000 元以上至 30000 元	50%	—	—
30000 元以上至 50000 元	60%	20000 元以上至 50000 元	50%
50000 元以上至 80000 元	70%	50000 元以上至 80000 元	60%
80000 元以上	80%	80000 元以上	70%

（3）发展多层次的社会保障，提高城乡低保保障水平

建立并完善养老保险、医疗保险、失业保险等各项保险制度；加强完善全县社会福利体系，加强对农村留守儿童、老人、残疾人等弱势群体的福利待遇，为他们的基本生活提供保障；加强建立社会救助体系，加大农村五保供养力度，完善对弱势群体临时救助制度；优化社会安置服务质量，利用现代化信息技术，实现社会优抚资金精准发放。

3. 推动城乡公共基础设施建设，推进城乡一体化建设

推进城乡一体化建设一直是党中央国务院高度重视的发展战略。加快农村基础设施建设，提高农村公共服务水平，开展农村人居环境整治行动和美丽宜居乡村建设，是推进城乡一体化建设的主要途径。祁阳县政府为

加强城乡基础设施建设、提升农村建设水平、促进农村劳动力转移就业，推出了独具县域特色的建设项目，为实现城乡建设一体化注入青春活力。

（1）推出"10＋X"工程，完善城镇基建设施

祁阳县提出全面实施小城镇建设"10＋X"工程，完善城乡基础设施建设。从2017年起到2019年止，利用三年时间，每个乡镇（街道办）建设10个公共公用设施，即一条特色街、一个文化广场或游园、一所标准学校、一所标准医院、一所敬老院、一个标准综合车站、一座标准自来水厂、一个标准农贸市场、一个垂直式垃圾中转站、一个美丽乡村示范点；新建或完善镇区功能配套，即以交通、电力、通信、给水、排水、燃气、品质小区等"10＋X"工程建设为抓手，提升内涵品质，全面提高承载能力，全力推进小城镇建设。目前潘市、观音滩、三口塘、白水4个镇棚改特色街建设全面启动；黎家坪、潘市、羊角塘、白水、观音滩、八宝6个镇完成了小游园建设；观音滩、大忠桥等镇标准化敬老院建设推进较快，其中大忠桥镇金旗村敬老院已主体完工；10个镇建设垃圾中转站11个，3个办事处建设垃圾中转站6个；打造出八尺、竹山、九洲等美丽乡村示范村，新增4个美丽乡村。

（2）建设田园综合体，带动乡村基础社会建设

三家村田园综合体建立，极大推动三家村基础设施建设。三家村田园综合体顺应农业供给侧结构性改革主题、以构建美丽乡村为重要目标的生产生活生态"三生同步"示范区，示范区按照"一拆二改三种四整治"原则，拆除空心房1.8万平方米，安装污水一体化处理设备3套，新建房屋55栋，外墙装修1.2万平方米；修建院内环村道3.2公里，村道实现户户通；引进广州火田环保公司，建成生活污水一体化生物处理池3个，对180户农户的生活污水进行集中处理；建成生活垃圾收集点60处，配置垃圾桶200个，村容村貌发生了巨大改变，村民公共基础设施得到极大完善。

同时村内支柱产业德辉蔬菜产业园为农村劳动力就业提供保障。产业园采取"一地生四金"（土地流转发"租金"、务工赚"薪金"、股份合作分"股金"、种植得"现金"）模式，流转土地5100亩，发展露天蔬菜2250亩，设施蔬菜200亩，花卉苗木210亩，年产时令蔬菜400万公斤，产值3480万元，利润700万元，带动贫困户人均增收5000元，村集体经济收入达10万元。

表 3 - 3　　　　　"十二五"以来祁阳县颁布社会共享相关政策

基础设施	祁阳县农村公路养护管理暂行办法	祁政办发〔2012〕28 号
社会保障	祁阳县人民政府办公室关于提高城乡困难群众基本生活保障标准的通知	祁政办函〔2012〕36 号
就业创业	祁阳县人民政府关于印发《祁阳县被征地农民就业培训和社会保障试行办法》的通知	祁政发〔2012〕5 号
公共医疗	祁阳县人民政府办公室关于印发《祁阳县村卫生室基本药物制度实施方案（试行）》的通知	祁政办发〔2012〕3 号
住房保障	祁阳县人民政府办公室关于印发《祁阳县保障性住房分配和运营管理办法》的通知	祁政办发〔2015〕4 号
农业补贴	祁阳县人民政府办公室关于印发《祁阳县 2015 年农业"三项补贴"改革启动方案》的通知	湘政办发〔2015〕72 号
社会补贴	祁阳县人民政府关于全面建立困难残疾人生活补贴和重度残疾人护理补贴制度的实施意见	祁政发〔2016〕7 号
社会救助	祁阳县人民政府关于印发《祁阳县临时救助办法》的通知	祁政发〔2016〕15 号
	县人民政府办公室关于印发《祁阳县高中以上阶段（含高中）残疾学生和贫困残疾人家庭子女资助管理办法》的通知	祁政办发〔2016〕11 号
	祁阳县人民政府关于印发《祁阳县加强农村留守儿童关爱保护工作实施方案》的通知	祁政发〔2017〕10 号

资料来源：调研组整理。

（二）社会共享发展成效

1. 公共医疗卫生服务一体化进程加快

医疗作为民生的重心，不仅与人民的生活健康密切相关，也和社会和谐安定发展密不可分。2006 年，党的十六届六中全会提出"加强医疗卫生服务、提高人民健康水平"和"完善社会保障制度、保障群众基本生活"成为和谐社会建设的重要方面。2016 年国务院制定《"健康中国 2030"规划纲要》，着重强调要强化"覆盖全民的公共卫生服务"，推进健康中国建设，提高人民健康水平。

　　改革开放以来，中国农村医疗卫生服务事业确实取得了长足的进步。中国在工业化、城市化的过程中，对于如何解决占人口绝大多数的农民的医疗保障问题，做出了卓越成绩；通过建立多层次的医疗卫生服务体系，积极开展合作医疗，实现了中国基层卫生状况显著改善和居民期望寿命的显著增加。[①] 但是步入 21 世纪以来，随着经济发展不平衡问题的凸显，不同区域、省份的医疗服务水平差别显著；整体来说，医疗服务水平与经济发展水平密切相关，经济发展水平落后地区医疗服务水平较低。

　　祁阳县是全省 12 个百万人口大县之一，高度重视公共医疗卫生服务体系建立，竭力改善城乡医疗资源共享，通过推行远程诊疗，建设城乡共享检验检测平台，积极组建医疗联合体，推动城乡优质医疗资源共享，加大城乡医疗救助投入，基本满足了人民群众的医疗需求。近年来，祁阳县深化医疗卫生体制改革，发挥政府资源的最大效用，让公共医疗卫生惠及全县人民。

　　城乡医疗资源配置更加均衡，祁阳位于"湖广熟，天下足"鱼米之乡的腹地，湘江中上游，永州的北大门。下辖 20 个乡镇，3 个农林场所，955 个行政村（居委会），总人口 106 万人。目前全县有公立医疗机构 25 个（其中，县直医疗卫生机构 3 个，镇卫生院 19 个，社区卫生服务中心 3 个），民营医院 11 个，村卫生室 853 个，设置病床 3850 张。

　　推行远程诊疗，建设城乡共享检验检测平台。为提升乡镇卫生院诊断水平，利用网络技术依托人民医院、中医院建立 3 个远程诊断中心，即祁阳县心电远程诊断中心、祁阳县影像远程诊断中心以及临床病理诊断中心等。

　　组建医疗联合体，推动城乡优质医疗资源共享，近几年，祁阳县不断加大财政投入力度，完善基层医疗硬件配置。2015 年 12 月，祁阳县人民医院投入 300 万元托管金洞管理区人民医院，建立祁阳县人民医院金洞分院，人民医院派出技术力量团队，配置 CT、生化检测仪、血液透析机等医疗器械，使原金洞管理区人民医院的医疗能力有了质的提升，极大地方便了林区人民的看病就医。2017 年 2 月，祁阳县人民医院投入 400 万元依托羊角塘镇卫生院建立祁阳县人民医院羊角塘分院，羊角塘卫生院的资产、人员整合到县人民医院，人民医院对分院实行统一行政管理、统一人

　　① 世界银行：《中国：卫生模式转变中的长远问题与对策》，中国财政经济出版社 1994 年版。

员管理、统一绩效考核等，切实增加老百姓就医便利性，提高老百姓就医水平。6 月初，祁阳县妇幼保健院与白水镇中心卫生院组建妇产科联合科室正式运行，开通了南边镇高危孕产妇的绿色转诊通道。

加大城乡医疗救助投入，帮助解决城乡居民看病难问题，目前城乡医疗累计救助 59897 人次，发放救助资金 1805 万元，救助临时生活困难对象 1231 人次（不含镇办救助的人数），发放救助金 185 万元（不含下拨到镇办的救助资金 637 万元）。

落实居民健康体检，建设共享公共卫生档案。2017 年县疾控中心、妇幼保健院、中医院、综合执法局组建了公共卫生指导团队，镇组建了基本公共卫生服务团队，对基层公共卫生工作实施全面指导，推动了基本公共卫生服务均等化的逐步实现。

2. 社会保障覆盖范围不断扩大

社会保障是政府的基本公共服务，关乎每个公民的切身利益，是服务型政府的重要组成部分，是全面建成小康社会的重要基础。建立健全社会保障基本公共服务体系，是落实科学发展观、构建社会主义和谐社会的内在要求，是更好地保障和改善民生、扩大内需、促进增长的需要，也是促进城乡之间、区域之间协调发展的客观要求。[1] 党的十八大报告也将"基本公共服务均等化总体实现"和"社会保障全民覆盖"作为全面建成小康社会的重要内容。近年来，祁阳县政府不断扩大社会保障覆盖面、完善社会保障体系、提高社会保障水平，同时加大对弱势群体社会补贴、优化社会安置服务工作，为祁阳县人民生活提供安全的保护网，为经济均衡发展铺路筑桥，具体做法如下：

社会保障覆盖面扩大，基本养老服务补贴覆盖率继续保持 100%，城镇居民基本医疗保险参保人数、城镇职工基本医疗保险参保人数、城镇基本养老保险职工人数以及新型农村养老保险登记参保人数、参加工伤保险职工人数、参加生育保险职工人数、参加失业保险职工人数较去年都有所增加。城市低保月人均补助、城市低保月均保障标准、农村低保月人均补助、农村低保月均保障标准以及农村五保分散供养年人均补助、农村敬老院建设目标任务完成率 100%。

---

① 胡劲松：《社会保障基本公共服务均等化研究》，博士学位论文，华中师范大学，2015 年。

社保制度建设更加完善，推行城镇居民大病保险新政，切实提高参保人员的待遇水平；推行职工养老保险制度改革，实行职工退休费用社会统筹政策，推行养老金社会化发放进程；明确生育保险待遇标准，完善女职工生育补偿政策；完善失业保险和下岗职工基本生活保障制度，明确了失业保险金申领流程。

社会保障水平增高，农村特困人员年分散供养标准达到了3936元/人，集中供养标准达到了6552元/人。发放重度残疾人护理补贴对象32520人次、490万元；发放困难残疾生活补贴对象24314人次、368万元。

优化服务支持优抚安置工作，县政府通过完善优抚对象数据更新工作，指导长虹、茅竹、八宝、进宝塘、梅溪等6个镇办搞好"退役军人之家"示范点建设，保障社会优抚工作高水平、高质量完成。2017年1—4月优抚定期抚恤到位资金5844万元，为全县8574名优抚对象发放各类抚恤金3612万元。

加大投入弱势群体社会补贴，2017年1—4月以来共为742名孤儿发放生活费资金400万元。已完成31个村的农村留守儿童之家选址、规划工作，预计12月底可以完工。1—9月办理了老年优待证2753本，网上办证信息准确率100%，发放老年补贴人数8730人（其中符合条件的集中供养五保老人287人），共发放补贴资金146万元，高龄补贴180万元，确保了应补尽补、精准发放"两个100%"的落实。

3. 城乡一体化建设全面推进

基础设施作为城乡经济、社会文化和生态环境可持续发展的基础，是增加城乡居民收入、落实国家支持"三农"发展政策的重要保障，是促进城乡一体化发展的关键；罗斯托认为城乡基础设施建设状况与城乡一体化发展程度具有高度的关联性。[①]

党中央对推进建设城乡一体化建设高度重视，自2002年党的十六大提出实行统筹城乡发展的战略构想以来，中央又陆续出台了一系列政策推进城乡一体化。[②] 2016年中央一号文件强调"推动城乡协调发展，提高新

---

① 罗斯托：《经济成长阶段》，商务印书馆1962年版，第73—74页。
② 2005年中央一号文件：加强农村基础设施建设，改善农业发展环境。2008年中央一号文件：逐步提高农村基本公共服务水平。2008年党的十七届三中全会报告提出要建立促进城乡经济社会发展一体化制度。

农村建设水平"。近年来，祁阳县政府不断加强城乡基础设施建设，通过完善路网建设、市政公用基础设施、站场建设以及城乡住房工作建设，不断推进城乡一体化建设进程。

路网建设不断完善，目前祁阳大道完成路基土石方 15.2 万立方米，完成南段雨水管、污水管铺设 1796 米，高架桥全桥 24 个桥墩（台）建成 16 个；浯溪路道路提质改造、45 条背街小巷改造即将招投标。

市政公用设施建设不断完善，新埠头水厂已基本完成厂区建、构筑物主体工程及取水泵房深基坑的开挖；发展新用户 1238 户，改造水管 12700 余米，小区改造 27 个。完成投资约 5000 万元；浯溪处理厂扩建工程已经正常运行；黎家坪污水处理工程连通了主纳污管网，5 月初开始试运行；城乡环卫一体化 PPP 项目实施方案经政府常务会议通过，即将进入招标、竞争性磋商程序；燃气完成投资 2900 万元，建设街道中压市政主管网 8 公里，建设低压庭院管网 22 公里，完成经开区站房基础、罩棚立柱施工，设备已开始安装；新安装居民用户 5100 户，安装工商业用户 7 户，完成居民用户新通气 660 户，销售气量 37 万立方米。

站场建设目标基本实现，唐家岭汽车站完成了站房主体工程基础施工及验收、站房主体三层框架施工和屋顶钢构件预埋；车站后 2000 立方米的片石浆砌护坡等各项建设工作任务，基本实现了年初制定的建设目标任务，项目建设已累计完成投资 4850 万元；货运、公交车停车场规划选址在祁阳大道与盘龙路交叉口东北地块，已经完成工程预算、财政评审，正在组织招标。

城乡保障住房建设工作不断推进，2015 年祁阳县公租房建设任务 2685 套，超任务公租房 422 套，主体均已建成。2017 年 11 个棚改项目 2405 户（套）均已开工，开工率为 61.78%，11 月底 100% 开工。

三　探索文化教育共享的主要实践与做法

（一）组织和开展全县文体活动促公共文艺成果共享

按"政府买单，百姓看戏"的总体部署，举办了 2017 年春节文艺晚会、元宵音乐晚会、庆祝中国共产党建党 96 周年广场文艺晚会、"欢乐潇湘·祁阳幸福"大型群众汇演、湖南·祁阳"石"文化旅游节等大型文化活动，丰富群众文娱生活。积极开展"两馆一站"免费开放和农村电影放映服务，祁阳县陶铸图书馆开展"光荣与梦想"纪念建党96周年主题书籍捐赠活动；县文化馆为充分发挥公共文化服务功能，举办少儿美术、舞蹈、声乐、器乐等免费培训，原创广场舞教练员培训班等活动得到了人们的一致好评；县电影管理站实施"一村一月一场"（含金洞）农村电影放映工程，截至2017年10月25日，共完成农村电影放映10512场，观众人数达160万人次。积极组织开展"跑动祁阳"春季长跑赛、羽毛球赛、太极拳表演赛、端午龙舟赛、庆国庆篮球赛、自行车赛等群众体育健身活动。

（二）借用文化基础设施建设促文体资源共享

农村综合性文化中心的建设工作，随着全县农村综合服务平台建设同步推进。白水镇竹山、黎家坪镇江边湾村、文明浦镇新塘角村等示范村率先高标准建成并投用。与多家有意向企业洽谈和协商，引导社会资金进入文化基础设施建设，两中心建设纳入国家预算内投资项目笼子。计划打造陶铸广场露天舞台，打造社会主义核心价值主题公园。同时，以文化遗产保护和发展促文物资源共享，积极实施演艺惠民工程，排练了一批祁剧优秀传统剧目，为广大群众免费送戏下乡200场次，承办2017年市本级送祁剧下乡活动，深入市内各县区开展送戏下乡80余场次。加强祁剧人才培养更好地传承保护祁剧，打造祁剧精品，《斩三妖》《金锁奇缘》，折子戏《贵妃醉酒》《劈棺》《法场祭奠》《奈何桥》《昭君出塞》，戏歌《不忘初心往前行》等演出得到了文化部、文化厅和市县领导及广大观众的好评。

（三）严管文化市场共促文化环境共享

日常巡查更加高效。全年共开展日常巡查200余天，共出动执法人员800余人次，共检查文化市场经营单位350余家次。同时开展错时执法，采取"五＋二""白＋黑"等形式，加大巡查力度，确保了全县文化市场秩序规范。利用专项整治行动开展了"净网""清源""扫黄打非"和校园周边文化市场等行动。通过强有力的行动，确保了全县文化市场平安稳定。探索办案新途径，力求文化市场除在常规网吧案件外其他领域的办案有新突破，加大了办案力度，重点查处了新城名都国际影城漏报票房收入一案，严重处罚了违法经营行为，有力维护了影院正常播出秩序。与此同时，下发各类整改通知书，取缔关停非法出版物临时摊点，收缴非法出版物，通过有力的打击，震慑了文化市场违法违规行为。

（四）以政策引导促进教育共享发展

祁阳县密集出台了相关文件，如《关于加快普职高教育发展的若干意见》《乡村教师支持计划实施方案（2016—2020年）》《县直单位联系学校和镇街道履行教育职责考核办法》《祁阳县加强农村留守儿童关爱保护工作实施方案》《关于中小学教师奖励性绩效工资、班主任津贴和偏远农村学校特殊津贴发放实施办法》《祁阳县高中以上阶段（含高中）残疾学生和贫困残疾人家庭子女资助管理办法》《祁阳县第二期学前教育三年行动计划（2014—2016年)》等，给祁阳教育注入了新的动力，促进祁阳县教育共享发展。

专栏 3.1：祁阳县文化共享发展现状

祁阳县紧紧围绕永州市"文化强市"战略目标和祁阳县委"文教兴县"决策部署大力加强先进文化建设，按照"创特色、创优势、创品牌"的文化发展思路，使各项文体广电新闻出版事业得到长足发展。目前祁阳县有县级文化馆1个，公共图书馆1个，藏书173千册；剧场、影剧院1个；乡镇文化站25个。广播电视台1座，有线电视用户6.76万户。体育事业蓬勃发展，全县全年销售中国体育彩票1100万元，群众体育活动参与人数20万人，举办体育比赛活动60次。

（五）以优先投入促进教育共享发展水平快步提升

近三年，全县公共财政教育支出分别达6.83亿元、7.82亿元、9.18亿元，分别占公共财政预算支出的19.37%、19.59%、20.65%，教育发展的基础得以强力夯实。学前教育提档升级，义务教育更趋均衡，紧扣"硬件均衡、师资均衡、管理均衡"三大任务，着力缩小城乡和校际之间的条件差距，涌现了浯溪一中、浯溪二中、下马渡镇中学、椒山完小、白沙完小等一大批办学有品位、管理有创新、教学质量高的特色学校，全县小学、初中适龄儿童少年入学率达100%。出台《关于进一步鼓励和支持民间资本投资办学的实施意见》，在财政扶持、土地保障、师资扶持等方面出台多项优惠政策，推动特殊教育稳步发展。办好祁阳县特殊教育学校，惠及87名智障残疾儿童；扩大随班就读规模，提高随班就读质量，保障了残疾儿童少年平等接受教育的权利，全县"三残"适龄儿童入学率达98.1%。快速推进公办幼儿园。投入近3000万元，建设4所公办幼儿园。强力推动标准化学校，出台《关于2017—2019年中小学校标准化及学位建设的实施意见》，明确用3年时间，将全县中心小学以上学校（共65所）全部建成标准化学校。推进改造农村薄弱学校改造，"拆旧重建、优化补建、投资新建"三大经验在永州市合格学校建设现场会上被推广。推进普高项目建设，建设完成祁阳一中文化广场、学生食堂、道路"白改黑"、供电线路和旱厕改造，祁阳二中大礼堂维修加固、旱厕改造，祁阳四中女生宿舍改造等重点项目建设，普高学校基础设施得到有效改善。推进职教项目建设强力推进。大力实施职教三年攻坚计划，优质完成县职业中专美化绿化亮化工程、校园面积扩展、实训大楼、学生宿舍、校门改造等建设任务，职教基础能力建设跃上新的台阶。

图3-3　祁阳县黎家坪镇一中操场

资料来源：调研组拍摄。

（六）以加强教师队伍建设为教育共享发展提供人才保障

坚持把加强教师队伍建设作为最重要的基础工程来抓，通过招聘引进、特岗计划和定向培养计划等渠道，为各级各类学校补充新教师近750人，教师队伍结构明显优化。落实国培、省培及市县教师业务培训1.6万人次，充分发挥27个县级名师工作室辐射带动作用。推进定期轮岗交流、绩效管理考核等系列制度，推动教师在城乡之间、校际之间合理流动，两年来交流教师近600人次。教师的各项社会保障缴费、奖励性绩效工资、农村学校教师补贴、农村偏远小学骨干教师特别津贴及乡村教师支持计划激励机制等政策得到及时有效落实，建设教师公租房1869套，广大教师的工作和生活条件明显改善。认真落实《关于加快普职高教育发展的若干意见》，扩大高中阶段学校在选人用人、经费使用、教师选聘等方面的办学自主权，实现了以强带弱、共同提高。小学阶段的"雏鹰争章"活动初成品牌，得到团省委和省教育厅领导的充分肯定。进宝塘镇中心小学和民生小学被评为"省级少先队工作先进集体"。初中阶段的"团队创优"活动成效日益凸显，学生合作共赢的团队意识和协作精神不断强化、固化。

专栏3.2：祁阳县教育共享发展成效

实施"教育强县"战略，祁阳县教育事业呈现出持续健康快速发展的良好态势，教育优先战略得到全面落实、城乡办学条件有了显著改善、教育整体水平实现大幅提升、教育共建机制焕发强劲活力。

截至2016年年末祁阳县共有学校141所，其中，职中3所，318个班；初级中学36所，543个班；小学97所，1593个班；普通高中4所，208个班；特殊教育学校1所。全年全县中等职业教育学校共招生3036人，在校学生达到7246人；普通高中共招生5065人，在校学生达到14107人；初中共招生11093人，在校学生达到32269人。共有各类民办教育机构364所，其中幼儿园310所，普通小学6所，初级中学5所，高中1所，职业学校1所，其他民办教育培训机构41个。幼儿学前一年、三年毛入园率分别达99.8%和84.4%。县中心幼儿园被评为"市示范性幼儿园"。全县小学生升初中比率为100%，初中升高中比率为98.7%。高新技术产品生产企业15个，实现产值71.25亿元，同比增长15.6%。全年共申请专利188件，授权专利127件。

祁阳县抓好为民办实事，全力改善民生。先后获得"全国两基工作先进县""湖南省民办教育先进县""湖南省学校体育工作先进单位""湖南省教育考试工作先进单位""湖南省推进义务教育均衡发展工作先进县""湖南省建设教育强县先进集体""永州市两项督导评估考核优秀县"等荣誉。

四　探索生态环境共享的主要实践与成效

祁阳县自然资源丰富，土地肥沃，河流纵横，水源充实。2016年，祁阳县森林覆盖率60.8%，全县活立木蓄积634.53万立方米；全年完成造林面积8533公顷；自然保护区7个，其中省级的有1个，自然保护区面积17300公顷；用材林6.4万公顷，林木蓄积量达300万立方米，油茶林40万亩，柑橘等水果28万亩；水资源总量250亿立方米，水能蕴藏量32万千瓦。祁阳县拥有国家4A风景区——浯溪碑林和"亚洲第一漂"——金洞漂流等旅游资源。

祁阳县2016年环境污染治理投资总额为1591万元，工业二氧化硫排放量4375吨，工业废水排放量达标率88.4%，工业烟尘排放量达标率89.9%。初步核算，全县万元GDP能耗下降7.9%；全年单位规模工业增加值能耗下降1.36%；规模工业综合能源消费量37.99万吨标准煤，下降7.2%。

（一）生态环境共享的主要实践

1. 明确责任，建章立制

认真贯彻落实新《环境保护法》，先后印发《祁阳县环境保护责任规定（试行）》《祁阳县一般环境问题（事件）责任追究实施细则（试行）》两个文件，明确了环境保护工作责任和问责追责体系。为加强生态环境保护工作，推动责任体系的落实，于2015年6月成立了以县委书记任顾问、县长任主任的祁阳县生态环境保护委员会，印发了《祁阳县生态环境保护委员会工作制度》《祁阳县清理整顿建设项目环保审批工作方案》和《祁阳县加强环境监管执法工作实施意见》。建立了环境保护违法案件移送制度、环境保护违法行为联合查处制度和信息互通制度，环境保护工作协调机制基本建立。

2. 通过招商引资，积极推进转型发展

祁阳县引进安徽海螺集团投资16亿元，新建两条5000t/d新型干法水泥熟料生产线，促进祁阳县水泥产业升级。积极利用海螺水泥新型干法水泥窑，建成湖南省首个300t/d城市生活垃圾无害化处理系统，有效实现垃圾处理的"减量化、资源化、无害化"。引进华润燃气投资2.2亿元，建设城市管道燃气系统，有效减少空气污染。

3. 推进节能减排，淘汰落后产能

一是积极推进污染减排。党的十八大以来，祁阳县积极调整产业结构、淘汰落后产能、帮扶指导企业进行节能改造、加强污染治理，污染减排取得明显成效。二是加快淘汰落后产能。党的十八大以来，全县共85家资源消耗大、环境污染重的落后产能企业被关停到位。共淘汰铁合金行业落后产能 21.72 万吨，造纸行业落后产能 41.41 万吨，焦炭行业落后产能 18 万吨，玻璃行业落后产能 24 万吨。三是持续加大环保投入。环保能力建设取得新成效。2013—2016 年，祁阳县先后通过环境监测、环境监察和环境应急国家县级三级标准化建设达标验收。党的十八大以来，在湘江治理、饮用水源保护、城市污水处理、植树造林、城乡环境治理、生态环境测查、市容市貌、生态文明建设、城市雨污分流建设等方面投入财政资金 15.7 亿元，完成了一批污染治理项目，建成了一批环保基础设施。

4. 从源头上加强管控力度

一是加强建设项目管理。按照生态红线管理规定，严格执行差别化的区域开发和环境管理政策，做到凡不符合规划要求的项目一律不引进、不审批。二是加强饮用水源保护。按照《祁阳县城市供水事故应急预案》（祁政办发〔2014〕15 号）和《祁阳县乡镇集中式饮用水源保护区划分方案》（祁政办发〔2014〕72 号），开展饮用水源保护专项执法，有效保障饮水安全。三是加强湿地保护。制发了《祁阳县湿地保护小区建设实施方案》和《关于建立湘江干流中游湿地保护小区的通知》，建立了联席会议制度，全县湿地保护面积不断增加，达到 4278 公顷，占总湿地面积的 61%。

5. 严格环保执法与污染整治

一方面，坚持严格执法。近年来，祁阳县逐步建立了环保网格化管理机制。坚持每年开展环保专项行动，对全县污染源基本做到了应查尽查，并建立了"一企一册"和五本台账。另一方面，全面推进污染治理。先后印发了《祁阳县湘江污染防治第一个"三年行动计划"实施方案》《祁阳县湘江干流两岸养殖污染防治工作实施方案》《祁阳县畜禽养殖禁养区限养区适养区划分方案》《祁阳县水库污染治理实施方案》和《祁阳县落实〈大气污染防治行动计划〉实施方案》等一系列政策文件，推动污染治理项目全部按时完成，并通过上级检查验收。

6. 夯实共享发展基础，美化城区和乡村环境

祁阳县积极推进创建国家卫生县城、全国绿化模范县、重点生态功能

区和美丽乡村建设，获得全国绿化模范县和全省新农村建设先进县等荣誉。近几年来，完成了浯溪镇小江村、黎家坪镇十里坪农场周边五个村和茅竹镇大塘村的农村环境综合整治项目并通过验收。城区的龙山、望浯、椒山"三大"公园完成概念性规划，人民公园完成土方工程，正在进行挡土墙、游道施工和绿化植树；金盆西路、平安西路、长虹路、万寿路等道路完成绿化。县"四大家"办公大楼、浯溪大桥、滨江豪庭、浯溪御园、新城名都等建筑亮化和60余家县直单位亮化改造全面完成。推行扫、吸、冲、洗、保"五步"作业法，加强环卫保洁、路面净化，环境卫生大幅改善。拆墙建绿、小游园建设成效明显，23个县直拆除了单位围墙，建设开放式园林绿化；旧违拆除结合老旧小区改造新建小游园8个。结合拆墙建绿、小游园建设及广场提质改造，正在规划建设法治文化广场、法治公园和法治文化宣传一条街。

7. 着力解决饮用水供给与安全

祁阳县按照"城乡供水一体化、区域供水规模化、工程建管专业化"农村饮水安全巩固提升工作的总体思路，综合采取新建、改扩建、配套、联网升级等措施，通过以大并小、小小联合等方式，整体推进农村自来水工程建设，全面提高全县农村自来水普及率和水质达标率。优先实施贫困地区饮水安全巩固提升工程，优先解决贫困地区贫困人口的饮水问题，同时根据水源条件、人口分布，合理规划布局工程项目，按整村推进统筹解决好贫困村非贫困人口的饮水问题。

8. 发挥财政作用，提高生态优化能力

祁阳县通过加大投入、争取项目、以奖代补等措施，在推进发展生态化中谋求更大作为。加大对旅游产业发展规划的投入，发挥财政资金、财政政策的导向作用，吸引更多的民间资本参与建设旅游景点，全面提升旅游层次和环境品位。利用划分为国家重点生态功能区的契机，积极争取功能区转移支付补助。围绕浯溪湿地公园等建设项目，会同有关部门积极争取更多的项目补助资金。同时，积极争取退耕还林等政策性补助资金。通过积极争取生态项目资金，进一步加大生态建设力度。每年预算中安排生态保护专项资金，用于环境保护等方面的项目支出和以奖代补等开支。

（二）生态环境共享的主要实践

1. 节能减排取得明显成效

2016年，祁阳县规模工业增加值能耗降至0.78吨标准煤/万元，累计降低率达 71.1%。高污染、高能耗、高排放产业占规模工业总产值的比重从 50% 降至 9.1%。主要污染物排放量大幅减少，化学需氧量、氨氮、二氧化硫、铅分别比 2010 年削减 10.93%、10.93%、29.45%、51.37%。

2. 污染整治措施有力

全县完成湘江干流两岸 500 米内的生猪规模养殖场退出或搬迁任务 79 户，拆除栏舍面积 8.2 万平方米，打卡发放补偿资金 2457.19 万元；完成 3 座中型、29 座小一型和 35 座重点小二型水库的污染治理；投资 1.8 亿元实施城区道路提质改造，推进雨污分流，改善市容市貌。目前，已完成自来水、雨水、污水、燃气、弱电综合管沟等"五大管网"38.1 千米、人行道透水砖铺装 12.87 万平方米、机动车道"白改黑"14.3 万平方米；财政投入奖补资金 110 万元，对餐饮、厨房实行提质改造，改造小餐饮店 359 个。

3. 生态状况明显改善

创建省级生态镇 2 个，省级生态村 7 个；黎家坪、白水镇被列为全国小城镇建设重点镇，白水、观音滩镇小城镇"六个一"示范工程建设有序推进，九洲、八尺等 25 个小康示范村面貌改观，162 个省市美丽乡村建设示范村全面启动；全县新建垃圾中转站 3 个，垃圾焚烧炉 25 个，垃圾池 1321 个，可回收垃圾处理中心 1 个、可回收垃圾中转站 25 个、可回收垃圾收购点（站）540 个，添置垃圾清扫、收集、运输车辆 121 台，垃圾桶 9796 个，农村生活垃圾无害化处理率达到 63%，有害垃圾收集率达到 52.8%。全县市容市貌显著改观，生态状况显著改善。

4. 城乡供水一体化建设进入轨道

践行共享发展理念，按照"政府主导、市县为主、竞争立项、先建后补"建设原则，积极探索采用 PPP 模式，谋划包装了祁阳县城乡供水一体化项目，项目由新建大村甸水厂、七里桥水厂，观音滩水厂、茅竹镇水厂扩建，县城管网新建和改造以及建设智慧供水数据管理平台等组成，总投资 12.8 亿元，建成后可有效解决 32 万城乡人口的饮水不安全问题。项目一期工程大村甸水厂总设计日最大供水量 61000 立方米/天，总投资为 2.63 亿元。水厂建成后将彻底解决地处衡邵干旱走廊核心区域的大村甸、文明铺、黎家坪、长虹办、十里坪畜牧场 5 个镇办场约 17.14 万人和规划中的高铁新城 5 万人的饮水问题。县委、县政府对城乡供水一体化项目高度重视，审时度势决定采取 PPP 模式引进专业化的社会资本建设城乡供水一体化项目。

5. 发展农村沼气建设

党的十八大以来，祁阳县投入 680 余万元，建设农村沼气 1600 余户、总池容近 2 万立方米，每年无害化处理养殖及农业生产生活污水 30 万余吨，减少二氧化碳及二氧化硫排放 3000 余吨，为农户直接增加经济收入 300 余万元。目前，全县沼气保有量 1.1 万余户。

6. 田园综合体建设成效显著

祁阳县确立以建设三家村田园综合体为重点的深化农业供给侧结构性改革主题，按照打造生产生活生态"三生同步"示范区、一二三产业"三产融合"先行区、农业文化旅游"三位一体"样板区的目标，结合推进精准扶贫、现代农业、美丽乡村建设、退耕还林还湿、河长制等工作，加速打造田园综合体，取得显著成效。

专栏 3.3：三家村田园综合体建设

祁阳县 2017 年深入贯彻农业供给侧结构性改革精神，坚持党建引领，按照统一组织、统一规划、统一建设的原则，突出"现代农业 + 美丽乡村 + 产业扶贫 + 休闲旅游 + 退耕还湿 + 河长制"六位一体集聚发展，打造生产生活生态"三生同步"先行区、一二三产业"三产融合"示范区、农业文化旅游"三位一体"样板区，在湘江河畔的茅竹镇三家村建设"水岸田园、雅致新村，望得见山、看得见水、留得住乡愁"的田园综合体，取得显著成效。

（一）坚持规划引领

围绕现代农业、休闲旅游、田园社区三大板块定位园区，结合三家村自然资源禀赋和现有发展基础，规划建设形成"一带两心，三轴五区"的空间布局。打造"一带"，即在保护沿湘江生态资源的基础上，美化沿线环境，打造滨水景观的湘江风光带；建设"两心"，即按照田园综合体建设要求，配套建设居民服务中心和公共服务中心；发展"三轴"，即西面滴水至向家发展主轴、东面森林康养次轴和中部农家田园次轴；形成"五区"，即以蔬菜、优质稻、油茶产业为主的现代农业生产区，以主题餐厅、农家庄园为主的农家风情区，以湘江风景带、水上乐园为主的休闲旅游区，以退耕还林还湿为主的生态保护区，以民居、教育、会展、康养为主的田园社区。

图 3-4 祁阳县三家村湿地改造

图 3-5 祁阳县三家村田园综合体建设宣传栏

资料来源：调研组拍摄。

（二）坚持绿色发展

大力推进"一拆二改三种四整治"，建设天蓝、地绿、水净，宜居、宜业、宜游的美丽新农村。拆除空心房危房1.8万平方米，安全饮水全覆盖，改卫生厕所160座，建绿化带2.2公里，打造样板院落3个，建成生活垃圾收集点60处，配置垃圾桶200个，全村生活垃圾得以分类收集和集中处理。引进广州火田环保公司，建成生活污水处理系统4套，日处理量达60吨，实现了生活污水与灌溉用水的综合处理和循环利用。大力开展湘江河畔三家村段退耕还林还湿试点，全面贯彻河长制，落实河段河长责任，营建护岸林和防护林带5.7千米，完成退耕还林还湿14.4公顷，植树2.5万株。

（三）加强基础设施

按照"一拆二改三种四整治"，拆除空心房1.8万平方米，安装污水一体化处理设备3套，新建房屋55栋，外墙装修1.2万平方米；修建院内环村道3.2公里，村道实现户户通；新建成村级党建服务中心1个，兴建村级大舞台1个；高标准兴修草砂路8公里。

（四）民生事业改善

全面开展了三家村环境治理，引进广州火田环保公司，建成生活污水一体化生物处理池3个，对180户农户的生活污水进行集中处理；建成生活垃圾收集点60处，配置垃圾桶200个，全村生活垃圾得以分类收集、处理。开展了农业面源污染治理，德辉蔬菜产业园全部实行标准化生产，并示范带动周边农户。

（五）园区产业升级

村内支柱产业德辉蔬菜产业园全面升级，采取"一地生四金"模式，流转土地5100亩，发展露天蔬菜2250亩，带动贫困户人均增收5000元，村集体经济收入达10万元。实施湘江流域退耕还林还湿试点和"湘江百里画廊"建设，沿江营造绿化带2.2公里，护岸林3.2公里，防护林2.5公里，植树2.5万余株，完成退耕还林还湿500亩。

第三节　祁阳县共享发展存在的问题与相应对策

一　共享发展存在的问题

（一）经济共享方面存在的问题

1. 财政运行困难，资金整合难

清费减税因素影响，财政减收因素多。刚性支出压力大。特别是自

2014年10月以来，中央实行新的调资政策，每年人员经费迅速增长，上级"开口子"，下级"拿票子"，地方财力增长跟不上支出速度。中央明确重点支出与财政收支增幅或生产总值不再挂钩，但相关法律法规均未重新修订，造成财政支出结构固化，财政统筹调控能力受限。另外，国务院要求加大财政资金统筹整合力度，但实践中各部门在下达专项资金时实行"一资金一办法"，还有严格的检查考核，财政整合空间小、阻力大。

2. 融资难融资贵，扶贫难度大

从存量看，2016年9月末存贷比36.31%；从增量看，年内新增存贷比为31.77%，存贷比无论是存量还是增量，在全市县区排名均靠后，这主要是由于工农中建四大国有银行因为历史原因存贷比较低造成。贷款抵押物难以落实，融资难、融资贵问题依然突出。

3. 供需矛盾突出，民生短板多

全县还有未脱贫人口5.6万人，未出列村72个。县级财政、后盾单位、项目实施单位虽然加大了扶贫资金投入，但祁阳县扶贫任务重、扶贫对象多，许多贫困地区水、电、路、讯等基础设施还不完善，地方财政和群众自筹项目建设资金十分困难，仅靠有限的财政补助资金和群众投工投劳难以满足脱贫攻坚发展需要，扶贫项目资金缺口较大。地方政府特别是欠发达地区在民生基础领域欠账多，新《预算法》和国发〔2014〕43号文后，2017年财政部又相继出台了50号、62号、87号文件，对政府举债"开前门，堵后门，建围墙"，欠发达地区融资通道不畅，补齐民生短板资金缺口大。

（二）社会共享方面存在的问题

1. 社会保障体制有待完善，存在共享不充分的体制性障碍

受城乡二元结构分割的影响，城乡之间差距越来越大也造成了城乡基本公共服务不均等化，二元结构体制所形成的二元分割政策取向，使得在基本公共服务的供给在种类、数量与质量方面，在城乡之间都存在较大差距，城乡社会保障水平总体差距显著，社会保障体制还需不断完善。各险种统筹层次不一，如城镇企业职工养老保险、新型农村养老保险实行省级统筹；不同层级险种互济能力弱，社会保障整体水平较低。

2. 供给能力较弱，难以满足群众对社保、医疗不断增大的需求

养老保险基金可持续发展压力较大。首先，祁阳县企业养老保险在职

参保职工 2.5 万人，离退休人员 2.2 万人，加之企业退休人数增长、养老待遇水平提高等多重因素叠加影响，职工养老保险基金支付压力较大。其次，城镇职工医保、城乡居民医保存在着基金收不抵支矛盾，住院率居高不下，医疗消费水平持续增长，参保对象医疗需求日益扩大，对医保基金"以收定支、收支平衡"的总额控制管理模式带来严峻挑战。祁阳县三家公立医院实际床位数均超过编制床位数，县级公立医院作为群众就诊的主要场所，长期处于超负荷运转状态，不能满足群众日益增长的医疗保健需求。

3. 要素保障不力，阻碍各类共享项目建设进程

征地拆迁有阻力；安置土地性质调为集体土地后，群众抵触情绪强烈，导致有些基础设施建设项目难以启动。土地报批难度大；由于土地储备不足，有些项目尽管完成立项，建设资金已经到位，但因土地未落实而无法开工。控违拆违压力大；控违拆违进入"深水区""攻坚期"，拆违后的小区改造提质压力大、任务重。由于政策、财力等因素的原因影响了县级医院高端人才的引进，人才吸引力较弱，难以留住人才，导致高精人才资源稀缺，高精人才的缺乏导致了县级医院新项目的开展困难。

（三）文化教育共享方面存在的问题

1. 文化经费不足

首先，场馆管理维护经费较大。由于财力限制，对公共文化设施建设一次性投入后，后续投入有待进一步加强。祁阳县图书馆、祁阳县公共体育场、祁阳县体育馆建成后，要保持正常运转，还有较大的资金缺口。乡镇文化站建成后，由于后续资金不够，配套设施难以完善，设施利用率不高。农家书屋管理落后，由于缺乏后续经费投入，给书屋的开放利用带来困难。尤其是 2017 年"7·2"特大洪灾，祁阳县大部分农家书屋遭受洪水侵蚀，需要资金投入和恢复。其次，文体设施的布局不尽合理。就设施布局来看，祁阳县剧院、剧场和体育场馆主要分布在城市的东部老城区，西区缺乏剧场和文体活动场所，给群众看戏休闲和参加文化活动带来不便，需要资金支持完成区域内的场馆建设。

2. 文化人才短缺

专业人才培养乏力。文艺创作人才严重不足。非遗保护、文物管理等方面的专业人才更是青黄不接。乡镇文化服务中心人才逐年老化，不断减

少。农村文化活动开展难度较大。农村大多数年轻人外出打工，留守人员中老人和少年儿童居多，导致文化人才愈加缺乏，农村组织文化活动难以开展。

3. 教育资源不足

教育基础设施建设尚需继续推进，资源依然不足。教育基础设施建设已经取得初步成效，得到了社会的认可，但部分校区的招生已经超过自身负荷，已经难以满足就学需求。

4. 教育师资短缺

教育基础设施增加，学位增加成效显现，教师任务不断加重，师资短缺现象严重，在加强教师交流、强化跨校指导等方面存在比较大的困难。

（四）生态共享方面存在的问题

1. 生态环保协作机制不成熟

尽管环保督察工作不断深化和常态化，祁阳县成立了生态环保委员会，但从工作实际来看，还存在生态环保协作机制不成熟、效率低，生态环保占政府绩效考核的权重和比例不高等问题。

2. 相关项目工程进展缓慢

污水处理、新埠头水厂等项目进展缓慢，城区三大公园改造尚未启动。黎家坪污水处理厂、浯溪污水处理厂扩建工程均未进入商业运作，白竹污水处理厂合同签订后反反复复，工程进展缓慢。

3. 农村饮水安全发展不平衡

祁阳县农村饮水安全建设发展很不平衡，特别是贫困地区的饮水设施相对落后，这些地区的农村自来水普及率和集中供水率均低于全县平均水平5—10个百分点，亟须给予重点支持，加快实施农村饮水安全巩固提升工程。

4. 田园综合体建设遇到瓶颈

功能配套建设不完善。三家村田园综合体由于建设时间短，目前休闲旅游、餐饮娱乐、景观打造等方面有待快速推进。产业支撑力度不强劲。三家村田园综合体区域内，产业结构单一，产业结构多元化、经济效益最大化的良好局面尚未形成。建设机制体制不顺畅。田园综合体建设中计划修建的项目均涉及土地调规问题。资金投入渠道不宽广。由于未争取到支持田园综合体建设的项目资金，加之土地调规限制，招商引资没有新进展。

二 针对共享发展问题的相应对策

（一）经济共享相应对策

1. 完善转移支付政策，放权用活财政性资金

县级基本财力保障机制建立以来，极大缓解了县乡财政压力，但2014 年新的工资福利政策出台后，上级只管"开口子"，下级到处"求票子"，造成县乡财政每况愈下，潜在赤字增多。建议按照"谁决策谁买单"的原则，进一步加大转移支付力度，缓解县乡财政困难。同时，建议尽快修复与中央密集出台财政体制改革相关政策的配套政策，使得上级定目标，地方抓落实、出绩效。

2. 支持困难县区短板，增加欠发达地区投入

针对欠发达县域经济弱，财政收入低，经济发展资金短缺等问题，湖南省政府在实施公共财政向基础设施建设、资源环境、生态建设等领域投入，以及制订预算内资金年度投资计划时，加大对欠发达地区均衡性转移支付力度，并取消县级及集中连片特殊困难地区县级配套资金，以减轻县级政府财政负担，改善欠发达地区城乡居民生产生活条件，促进县域经济持续健康发展。同时，现行债务管理"一刀切"政策，实际是"扶富限弱"政策，限制了欠发达地区补齐民生短板。在分配地方政府债券资金时对欠发达地区应给予倾斜和重点照顾，实行差别化债务管理政策，让欠发达地区群众享受均等化公共服务。

3. 发展配套基础设施，夯实要素保障

全力破除各类障碍，为企业提供低成本、便利化、全要素服务，构造优良发展环境。一是努力破解用地制约瓶颈。坚持集约节约用地，加大对闲置土地的清理力度，做深做足土地内部挖潜文章，盘活存量土地，让有限的土地发挥最大的效益。二是继续完善惠工政策。努力为企业招工、稳工；加强企业急需人才培养引进，实行校企联合，多为企业输送技术型人才。三是构建长效服务机制。围绕全县工业企业服务年活动，开展精准帮扶行动，按照"一企一策"工作思路，坚持"一个企业一套班子"帮扶办法，强化"服务工业、服务企业"意识，实行"五个一"工作制度，实现对企业的全程优质服务。四是突出抓好政策争取。重点围绕轻纺制鞋、绿色食品加工、电子信息等产业发展、科技创新、智能制造等领域，全方位争取上级政策扶持，支持凯盛鞋业、东骏纺织、新金浩、科力尔等重点企业的技术改造、技术创新和品牌创建等。

4. 创新投融资管理机制，克服融资难题

针对融资难、融资贵等现实问题，除了利用好国家和湖南省相关政策，争取上级专项资金和转移支付资金支持外，建议祁阳县结合自身特点，进一步完善投融资管理，包括深化投融资改革，成立县统一的投融资平台。加强政策性担保体系建设，加大对县担保公司的投入，确保每年新增注资不少于3000万元，并由县财政设立融资担保风险补偿基金；探索非融资担保业务和非银行融资担保业务（"两非"业务），为中小企业提供配套的、全方位的融资服务。

5. 加强产业升级改造，促进融合发展

建议设立"智能制造"专项发展基金，在支持智能生产设备生产商的同时，对采用智能设备进行改造提升的传统产业给予资金支持，推动传统产业以绿色化、智能化、高端化为方向持续转型升级。同时，积极对接长沙雨花区机器人产业集聚区，以机器人产业为依托，辐射全省传统产业的转型升级。全力支持企业扩能提质，以东骏纺织产业园为依托，探索政企联合办园模式，围绕龙头企业，联手进行基础设施建设，吸引配套企业，打造特色化、个性化的园区。重点帮助东骏纺织解决项目报批、要素保障等问题，确保年内完成污水处理厂建设、400亩土地报批，10千伏线路连接到位，热电联产项目加快施工等。

（二）社会共享相应对策

1. 完善政府转移支付制度，提供社会发展共享实施的财政保障

基本公共服务大部分是由县乡一级的政府来提供的，但是中国的财力主要是集中在了中央和上级政府，因此，为了有效实施公共服务共享，需要完善财政转移支付制度，加大力度保障基层财政的政策运行，加大财政转移支付的力度，促进财力由中央向地方政府转移，由富裕地区向贫困地区转移，促进地区之间、城乡之间、全民的基本公共服务均等化。

2. 打破城乡二元体制限制，推进城乡社会发展建设共享

长期实行的户籍制度严重阻碍了城乡一体化建设，因此建议稳步推进户籍制度改革，放宽户籍限制，打破城乡二元体制限制。同时推进与户籍

制度相联系的就业制度、教育制度、医疗卫生制度以及社会保障制度等一系列基本公共服务制度的改革，实现真正意义上的城乡一体化，促进基本公共服务在城市和农村之间共享。

3. 建立以政府为主导的公共服务供给主体多元化的共享体系

由于政府财力有限，基本公共服务的供给不能单靠政府，也要靠其他主体的参与。政府可以通过相关的政策鼓励和吸引各种民间组织，使民间组织的积极性充分调动起来。同时，让民间组织与政府形成平等的竞争，有利于提高基本公共服务提供效率，降低基本公共服务的供给成本，增加基本公共服务的数量。政府应鼓励促进基本公共服务供给方式多样化，根据具体的情况选择合适的供给方式。政府可以将提供基本公共服务的任务委托给社会组织，加强政府和社会组织通力合作，明确分工，通过合作完成基本公共服务的供给。

（三）文化教育共享相应对策

1. 加大文化专项经费的投入

着重加大场馆薄弱区域的基础设施建设，同时及时配套。加大引导社会力量参与文化共享发展，争取达到祁阳县全社会共同推动文化共享的局面。加大导向型引导力度，引导更多的文化志愿者参与到文化共享发展的工作中来。

2. 实施"全面改薄"工程

实施"全面改薄"工程，争取上级资金近1.6亿元，改造农村薄弱学校89所，维修改扩建校舍7.1万平方米。投入5347万元，建成非完小合格学校44所并全部通过市教育督导室评估验收。截至2017年9月，全县共建成完小以上合格学校88所、非完小合格学校44所。推动城区学位建设有序推进。启动城区学位建设三年攻坚计划，将全部建设任务分成3块，成立3个工程指挥部，由县委、人大、政府分管联系教育的领导牵头负责。祁阳一中、七里桥镇中学、县职业中专、宝塔完小、大众完小、浯溪三中、浯溪街道中心小学等扩建和新建项目征地拆迁正在进行。西区明德小学新教学楼建设已完成并交付使用，将县教师进修学校搬迁到县委党校，深挖浯溪一中和浯溪二中潜力，实施百花完小和祁阳二中初中部扩班计划，支持哈弗中学在邵家岭社区开办分校，2017年以来新增学位2600个。

3. 加大教师招聘力度

按照祁阳县教育当前规模和实际情况，以保障正常教育教学需要为目的，调整编制结构配足配齐教师数量。同时，为实施中小学幼儿园教师奖励性绩效工资增量改革，提高中小学班主任津贴和偏远农村小学、教学点的特殊津贴，出台《关于中小学教师奖励性绩效工资、班主任津贴和偏远农村学校特殊津贴发放实施办法》等多项举措，充分调动广大教师工作积极性，保障师资力量，以实现教育资源共享。

（四）生态共享相应对策

1. 建立生态环保联动运行机制

进一步规范县生态环境保护委员会设置，强化综合决策及工作目标、重大政策和措施制定等议事协调职能，日常工作由县环保局承担。强化相关部门的生态环境保护责任，建立协作配合、信息共享的联动运行机制。

2. 有序推进监测监察执法垂直管理制度改革

及时向县委、县政府和县编委领导汇报全市环保机构监测监察执法垂直管理制度改革工作相关会议精神及祁阳县传达贯彻意见，第一时间让编委了解会议精神情况，为决策提供参考。组织干部职工学习领会精神实质，并结合工作实际，把学习的思想成果转化为做好环保机构监测监察执法垂直管理制度改革工作的自觉行动，积极稳妥有序推进改革。

3. 按省市部署做好监测监察执法

结合政府部门新修订的"三定"方案，进一步理顺环保部门职责关系，强化环保部门职能，按照省市部署，加强环境执法和环境执法监测、应急监测、污染源监督性监测，努力构建良好的生态环境检测、环境执法工作体系。

4. 加快项目工程建设进程，全面深化水、气、土壤污染治理

按照《祁阳县湘江污染防治第二个"三年行动计划"实施方案（2016—2018年）》《祁阳县水污染和大气污染治理实施方案（2017—2020年）》以及《祁阳县土壤污染防治实施方案》的要求，一是全面深化工业企业污染整治；二是全面治理湘江干流和主要支流两岸城镇生活污水和垃圾，加快污水处理等项目工程建设进程；三是加快推进湘江干流两岸生态修复和保护工程建设，科学推进重点岸段两边还湿还草还林，使两岸污染物自然降解和生态自我防护能力明显提升。

5. 建立产业园区环保激励机制

承接沿海产业转移，推进新型工业化，必须依托园区这个大平台。祁阳县从做大做强产业和产城融合的角度，努力把新区建设成设施先进、功能齐全、环境优美的工业新区和城市新区。建议省级层面对省级产业园区（含以上）建立环保激励机制，定期考核奖励，引导园区绿色健康发展。

6. 进一步提升农村饮用水供给安全

贯彻共享发展理念，按照巩固成果、稳步提升的原则，结合推进新型城镇化、建设美丽宜居乡村和脱贫攻坚等工作部署，根据精准扶贫、精准脱贫的工作要求，聚焦县内集中连片贫困地区，对已建工程进行配套、改造、升级、联网，健全工程管理体制和运行机制，进一步提高农村集中供水率、自来水普及率、水质达标率和供水保证率。

7. 加大对田园综合体建设的支持力度

理顺建设体制，做好土地调规。田园综合体拟建的大型停车场、游客接待中心、老年康养公寓等项目，尚需调规土地500亩左右。建议国家、省、市出台田园综合体建设用地规范，确保调规有章可依，建设有地可用，以利招商引资。增加产业支撑，发展集体经济，进一步完善农村共享发展机制。发展做大油茶、优质稻、水果等产业，并作为村级集体资产，以拓展村级集体经济增收门路。增加财政投入，打通资金渠道。县财政应适度增加建设引导资金，发挥财政资金的引导和放大作用；进一步整合农业农村建设项目资金，向田园综合体倾斜和聚集；出台优惠政策，创造招商环境，吸引更多社会和工商资本投入建设；力争将其列入国家田园综合体建设试点项目，以得到更高层次、更大项目、更多资金的支持。

8. 做好创建国家生态文明示范县工作

完成大忠桥、肖家、三口塘、进宝塘、羊角塘5个镇省级生态文明建设示范镇、创建和白水、茅竹、黄泥塘、七里桥、八宝、观音滩、潘市7个镇国家生态文明建设示范镇创建工作。

第 四 章

少数民族聚居地区的共享
发展——吉首市的调研

第一节　吉首市概况

一　区位地理

吉首市系湘西土家族苗族自治州首府，为湖南省县级市，是湘鄂黔渝四省市边区重要的物资集散地和商业贸易中心。位于湖南省西部、湘西土家族苗族自治州南部，地处云贵高原的余脉武陵山东麓。东连泸溪县，西接花垣县，南邻凤凰县，北与保靖和古丈二县毗邻。吉首位于北纬 28°08′—28°29′、东经 109°30′—110°04′。总面积 1078.33 平方千米，2016 年吉首市城市建成区面积达 29.4 平方公里。吉首地处武陵山区腹地，背靠武陵山，吉首的气候为典型的亚热带季风性湿润气候。

2017 年吉首市下辖 1 乡 5 镇 6 街道，2016 年年末吉首市户籍总人口 30.75 万人，比上年增长 1.25%，常住人口 33.65 万人，增长 7.64%。吉首市城镇人口 25.4 万人，城镇化率为 75.5%，提高 2.24 个百分点。2016 年，吉首市生产总值 1363386 万元，比上年增长 10.2%。

市境地质构造处于全国东部新华夏系构造第三个一级隆起带的南西段，西部为武陵山二级隆起带的南段，东南部为沅麻盆地二级沉降带的西缘，呈北北东—北东向展布，由一系列皱褶和断层组成。吉首市境地貌以中低山和低山地貌为主，面积占全市面积的 80%，西北高，东南低，呈中山、中低山和低山三级梯降，西北部和东南部地势高差 824 米。山脉呈带状平行排列，西部、西北部为中山，高峰重峦，山大坡陡，悬崖峭壁，山脉北东、北北东走向。西南部为低山，山脉北东、北北东走向。东部、东南部为红岩低山，山峰丛丛，岭峪交错。中部为较开阔的盆地，平、丘、岗地貌发育。吉首城区地貌属于低山、丘、岗、平地区，地势较平坦，四周山坡平缓。乾州地势较开阔平坦，呈盆地状，四周为低山、岗、丘。市境岩溶地貌发育，溶沟、漏斗、落水洞等岩洞形态典型，发现较大的溶洞有 69 个，其中查明基本情况的有 56 个，总长 18578 米、平均宽 11.5 米、平均高 9.5 米，总面积 18.58 万平方米，可利用面积 13.92 万平方米。

二 资源禀赋

吉首土地资源丰富，但耕地面积不足。土地总面积 1062.46 平方公里，山地面积占总面积的 93%。农用地 98012.12 公顷，占土地总面积的 92.22%，其中耕地为 12189.6 公顷。

生物资源多样，动植物种类繁多。吉首市有陆生脊椎野生动物 42 科 108 种，其中鸟类 16 科 48 种、兽类 15 科 30 种、爬行类 6 科 16 种、两栖类 5 科 14 种。吉首市境内野生植物有木本植物 73 科 336 种。主要优势树种有樟、壳斗、木兰、金缕梅、桃金娘等 28 科 205 种。

矿产资源储量可观。2014 年，吉首市已发现的矿藏有 26 个矿种，已探明矿床地 117 处，其中保有储量达中型矿床两处，即双塘镇周家寨水泥灰岩矿床和建筑材料用灰岩矿床；具大型远景矿床两处，即社塘坡乡三岔坪村和双塘镇双塘村含钾页岩矿床，小型远景矿床六处，矿点 14 处。

依托丰富的旅游资源，吉首旅游产业规模宏大，旅游接待能力和服务质量逐年提高。区内国家 4A 级旅游景区 2 家，矮寨镇、河溪镇成为"全国重点镇"，矮寨镇中黄村被授予"全国重点文物保护单位和省级文物保护单位集中成片传统村落文化遗产整体保护利用示范村"和湖南美丽乡村"记忆力的乡愁"十佳村。在推进省"3521"工程项目建设上，矮寨镇成功创建"湖南省特色旅游名镇"，寨阳乡坪朗村、矮寨镇中黄村成功创建"湖南省特色旅游名村"。如表 4-1 所示，2014—2016 年，旅游人次和旅游收入逐年增加，旅游人次年均增速在 15% 以上，旅游收入年均增长率更是超过 20%。

表 4 – 1 　　　　　　　2014—2016 年吉首市旅游人次和旅游收入统计表

年份	2014	2015	2016
旅游人次（万人）	905	987	1163
增长率（%）	20.7	12.1	18.1
旅游收入（亿元）	58.8	73	85
增长率（%）	27.8	24	16.6

数据来源：吉首市国民经济与社会发展公报（2014—2016）。

三　人文历史

早在距今 6800 多年前的高庙文化时期，吉首就有人类繁衍生息。春秋战国时期，人类活动频繁。秦时，市域属黔中郡。汉时，属武陵郡沅陵县地。三国时，武陵郡属荆州，先后分属蜀汉和东吴。晋时，武陵郡属荆州。南朝（宋、齐）时，隶郢州武陵郡。梁代，析沅陵县，建夜郎郡。陈袭梁制。隋废夜郎郡，置静人县。不久废县，市域先后属辰州和沅陵郡。唐时，黔中观察使管 15 州，其中辰州辖泸溪、沅陵、麻阳、溆浦和辰溪县，市境属泸溪县地。五代十国时，同唐。宋时，市域属泸溪县，熙宁三年（1070 年），置镇溪寨（今吉首城区），为军事防地。元时，属辰州路泸溪县地。明洪武初年，境内设巡检司。明洪武三十年（1397 年）二月，泸溪上五都分为十六里，置镇溪军民千户所，所属辰州卫。清康熙四十三年（1704 年），撤镇溪军民千户所，设乾州厅，治乾州，隶属辰沅永靖道。嘉庆二年（1797 年），乾州厅升为直隶厅。

民国 1 年（1912 年），废厅，设乾县。因与陕西省乾县同名，民国 2 年 4 月，乾县改名乾城县，隶属辰沅道，县治仍为乾州。民国 27 年 4 月至 28 年 5 月，湘西绥靖公署绥署设在乾州。1949 年 11 月 5 日，乾城县和平解放，隶属沅陵专区。1952 年 8 月，隶属湘西苗族自治区。经中央人民政府政务院内务部于 1953 年 2 月 25 日批准，同年 4 月 1 日，乾城县改名吉首县，县政府驻地所里按苗语称为吉首。1955 年 3 月至 1957 年 9 月，吉首县隶属湘西苗族自治州；从 1957 年 9 月 20 日起，隶属湘西土家族苗族自治州，吉首为州府驻地。1980 年 11 月至 1982 年 11 月，州革委会将吉首镇从吉首县析置为县级镇。经国务院于 1982 年 8 月 3 日批准，同年 11 月 30 日，州政府撤销吉首县，设立吉首市，市辖地不变（吉首镇复归，划为三个街道）。

湘西的地域文化神秘如山岚，使武陵山脉起伏连绵的山峰隐约于古老的巫傩中。走进湘西，无不让人感受到湘西饮食文化中主要的内核，那就是湘西的正宗味道"酸辣"。湘西饮食的味道，立足于武陵山区的物产、气候，多取材本地丰富的资源，借助特有气候条件，形成酸、辣、鲜、腊的特色，自成一家。

四 经济发展

2014—2016 年，吉首市经济保持较快增长，综合经济实力大幅提升。根据历年吉首市国民经济与社会发展公报的统计数据，国内生产总值从 2014 年的 111.1 亿元增长到 2016 年的 136.3 亿元，实现年均增速 9.5%，高于全国经济增速。

2014—2016 年，吉首经济运行保持稳步增长，农业和工业生产基本平稳，投资、消费较快增长，民生事业不断改善，社会大局和谐稳定。产业结构不断优化，第二产业增长势头强劲，第三产业对经济贡献度最大。2015年，第二产业增加值为 36.9 亿元，增速达 16.7%，2016 年增速达 13.6%；第三产业增加值占生产总值比重超过 60%，增速与国内生产总值年均增速持平。总体来看，吉首市三次产业结构由 2014 年的 5.5∶29.6∶64.9 调整为 2016 年的 5.2∶30.1∶64.7，第二产业比重有所增加，第一产业比重相应减少，产业结构优化明显，工业化水平进一步提升。

表 4-2　　　　　2014—2016 年吉首市国内生产总值及产业结构

指标　　　　　　年份	2014	2015	2016
国内生产总值（万元）	1110505	1226108	1363386
增长率（%）	5.9	10.9	10.2
第一产业增加值（万元）	60731	66168	71113
增长率（%）	4.5	3.8	3.3
第二产业增加值（万元）	329326	368730	409976
增长率（%）	-0.5	16.7	13.6
第三产业增加值（万元）	720448	791210	882297
增长率（%）	9.4	8.6	9.1

城镇化继续发展提升。2014—2016 年，吉首市城镇化率由 2014 年的73.24% 提高到 2016 年的 75.5%，年均提高约 2.25 个百分点。总体上看，吉首市城镇化率明显高于国家和湖南省城镇化水平，这与其为州府所在地密切相关。

五　经济共享发展现状

经过多年发展，吉首市经济共享发展的措施取得了明显效果，主要体现在以下几个方面。

（一）经济实力明显增强，当地发展水平显著提高

吉首市积极克服经济下行压力大、要素供应偏紧等挑战，立足资源禀赋，坚定不移推进产业转型升级，国民经济稳健运行，综合实力继续增强。2015 年，全市地区生产总值达 122.6 亿元左右，比 2010 年增加 51.3 亿元，年均增长 9.3%。经济特色进一步凸显，旅游产业井喷发展。2015年接待游客达 987.3 万人次，平均增速 28%；旅游总收入达 73.1 亿元，平均增速 41.9%；两次荣获"全省旅游产业发展十佳县市"。经济增长的质量和效益显著提高，财政总收入 10.5 亿元，年均增长 16%。固定资产投资快速增加，五年累计达到 348.5 亿元，年均增长 14.6%。消费市场不断繁荣，2015 年全市实现社会消费品零售总额 78.6 亿元，年均增长 16.9%。

（二）结构调整大力推进，企业竞争力不断增强

全市三次产业结构由 2010 年的 4.9∶28∶67.1 调整到 2015 年的5.4∶30.1∶64.5。加速推进新型工业化，工业带动作用越来越强。2015年实现规模工业增加值 24 亿元，年均增长 7.2%，支柱产业对工业经济的贡献作用明显，初步形成了以锰锌加工、食品加工和生物医药为主的产业集群和矿产业、烟酒业、新材料、医药制造业等支柱产业。以湘泉药业、诚成纺织、宗南重工、长潭泵业等为代表的优势企业竞争力不断增强，品牌影响力不断提高。园区建设取得重大进展，高新技术产业发展来势良好。

（三）扶贫攻坚稳步推进

通过着力实施"精准战略"，加强对特困村、特困户的帮扶，确保一

个不漏地"托住"基本生活底线，确保贫困对象"两不愁、三保障"，贫困人口大幅减少，全市贫困人口由 2011 年的 10.2 万人减少到 2015 年的 2.8 万人，五年减少贫困人口 7.4 万人。完善家庭经济困难学生资助体系，大力实施"一户一技能"培训计划，培养有文化、懂技术、会经营的新型农民，农民素质不断提升，培训农民都掌握了 1—2 门实用技术，成为科技明白人。改善贫困村基础设施，在夯实发展基础上求精准，完成公路建设 452.9 公里，全市乡镇通畅率达 100%，行政村通达率 100%、通畅率达 92%。

六　社会共享发展现状

近年来，吉首市立足市情实际、持续发力，以保障和改善民生作为最大目标，全面贯彻落实共享发展理念，深化医疗卫生体制改革，不断增加医疗卫生资源有效供给；加快社会保障体系建设，不断提升社会保障水平；推动就业创业政策体系建设，不断提高就业创业工作实效，有力推动"健康吉首""幸福吉首""实干吉首"建设。

（一）医疗卫生资源有效供给不断增加

党的十九大报告提出"实施健康中国战略"，习近平总书记在十九大报告中指出"人民健康是民族昌盛和国家富强的重要标志。要完善国民健康政策，为人民群众提供全方位全周期健康服务"。2016 年 10 月 25 日，中国颁布《"健康中国 2030"规划纲要》明确将"共建共享、全民健康"作为建设健康中国的战略主题。让人民享有公平可及的健康服务是健康中国的战略目标，也是实现中国共享发展、全面建成小康社会的重要组成部分，而提高医疗卫生资源有效供给是让人民享有公平可及的健康服务的关键。

根据以色列学者阿耶·L. 希尔曼的研究，基本医疗卫生服务的费用虽然相对较低，但贫困者仍然可能无法负担，这时就需要政府对基本医疗卫生服务市场进行干预，保障贫困者的基本权利[1]。政府干预的重要目的就是增加医疗卫生资源的有效供给。

---

[1]　[以] 阿耶·L. 希尔曼：《公共财政与公共政策——政府的责任与局限》，王国华译，中国社会科学出版社 2006 年版。

吉首市作为典型的山区型农业县级市，137 个行政村中有 84 个是省级贫困村。因此，吉首市大力推进基本医疗卫生服务均等化，全力改善贫困乡村医疗条件，积极引导医疗卫生工作重心下移、医疗卫生资源下沉，不断增加医疗卫生资源有效供给。

基本医疗卫生服务逐步均等化。吉首现拥有各级各类医疗卫生事业机构 447 个，其中医院 27 家，乡镇卫生院 13 家，村卫生室 179 个，实现每个乡镇都有卫生院，每个行政村都有卫生室；与 10 万居民签订"家庭医生服务协议书"，家庭医生签约服务覆盖全市人口总数 30% 以上，重点人群签约服务覆盖率达到 60% 以上，建档立卡贫困户、计划生育特殊家庭签约服务实现全覆盖。

基层医疗机构服务能力明显改善。吉首加强基层医疗卫生机构的硬件建设和软件建设，加大资金支持力度，推行"核定任务、核定收支、绩效考核补助"财务管理办法，以收抵支，不足部分由市财政足额补助，医疗卫生服务能力明显提升，2016 年，吉首市有 2 家卫生院获国家卫计委"2015—2016 年度群众满意的乡镇卫生院"称号。

健康项目顺利推进。凭借深厚的人文底蕴和优美的生态环境，吉首加快中医药和生态康养事业深度融合发展，2017 年，吉首荣获"一带一路国际健康旅游目的地"，中医药森林康养旅游项目进展顺利，湘西州首个医养、康养、旅游相结合的产业项目"湘西红枫谷康养中心"落户吉首，各类健康项目推进顺利。

医疗救助惠及面不断扩大。通过"一站式"医疗救助工作，2017 年 1—10 月，吉首市已为住院的 5428 名建档立卡贫困人口报销了 2559.58 万元，贫困户自付费用 571.01 万元，报销比例达到了 81.77%，有效遏制了因病致贫、因病返贫现象。

（二）社会保障水平不断提升

"利民之事，丝发必兴"。习近平总书记多次强调，"保障和改善民生没有终点，只有连续不断的新起点"。党的十八大以来，党中央通过不断制定科学的政策和分配制度，让大众特别是低收入阶层更享有公共财富。其中，社会保障制度是现代国家最重要的社会经济制度之一，承担着保障和改善民生的重要责任。

社会保障是满足人们对美好生活需要的基本制度保障，也是经济社会共享发展的基本途径与制度保证①，其最基本的功能是解除城乡居民生活方面的后顾之忧，并为全体人民提供稳定的安全预期。近年来，吉首市将保障和改善民生工作放在最为重要的位置，逐步织密社会保障网络，推进城乡社保制度并轨，促进社会保障水平不断提升。

社会保障网逐步密实，加快提升医疗保险、养老保险、城乡低保等基本社保制度保障水平，预计"十三五"末，城乡基本养老保险覆盖率达到95%以上，医保参保率稳定在99%以上。

城乡社保并轨进展顺利，圆满完成新农合和城镇居民整合工作，实现城乡居民医疗保险制度的统一；农村合作医疗制度管理职能由市卫计局向市人社局顺利移交，相应的城乡居民医保行政股室和城乡居民医保管理中心成立运行；城乡居民医保征缴工作顺利全面完成。

社会保险经办成效显著，改进基金征缴方式，开辟多种缴费渠道，实现缴费由乡村协办员上门收缴向参保人自主到金融网点缴费的根本转变；社会保障卡应用范围得到拓展，积极推广应用保障卡。

（三）就业创业工作不断取得实效

"十三五"时期，就业领域面临许多新的矛盾和挑战，就业任务仍然十分繁重。习近平总书记高度重视就业工作，强调"就业是民生之本，要从全局高度重视"。党中央、国务院高度重视就业工作，把促进就业作为最大民生，把就业比较充分作为全面建成小康社会的重要目标。

管理学大师彼得·德鲁克曾提出，创业型就业是美国经济发展的主要动力之一，是美国就业政策成功的核心②。因此，制定积极的创业政策体系和重视对创业者的支持和培训成为世界各国解决就业问题和提高经济发展水平的重要手段。近年来，吉首充分发挥州府所在地的区位优势，大力支持就业创业工作，把创业与就业相结合，以创业带就业，将吉首打造为湘西乃至整个武陵山片区创新创业的高地。

转移就业脱贫工作稳步开展。2017年先后开展"春风行动""圩场招聘会""民营企业招聘周""人才集市""送岗下乡"等招聘活动，实现建档立卡贫困劳动力转移就业2232人，其中新增贫困劳动力转移就业

①　郑功成：《对共享发展的三个基本认识》，《群言》2016年第8期。
②　[美] 彼得·德鲁克：《创新与创业精神》，上海人民出版社2002年版。

1216 人，贫困家庭"两后生"技能培训 168 人。

创新创业工作成效显著。实施大学生创业引领计划，建设吉首地区大学生创业孵化基地，2011—2015 年累计帮扶大学生创业企业 80 余家，壮大 52 家，直接吸纳各类创业人员 2000 余人，带动就业 7000 余人，累计销售收入 4.8 亿元，税收 3000 余万元，为加快地方经济发展注入了新的活力；2016 年，荣获"湖南省创新创业带动就业示范县市区"。

创业示范乡镇的发展良好。吉首市以马颈坳镇为试点，打造湘西州创建创新创业示范乡镇，取得良好发展成效，在吉首掀起了新一轮创新创业的热潮。目前，该镇拥有创业项目 692 个，成功帮助 1000 余名农村劳动力实现创业，带动就业 5500 余人；其中，建档立卡户贫困劳动者 2000 余人。

就业培训效果显著。充分发挥市总工会、就业局的培训主体作用，结合市场前景和本地就业特点，开展月嫂、厨师、茶艺师等社会需求量较大的职业工作培训；2015 年顺利建成吉首市农村妇女创业就业培训基地，"湘西自治州示范妇女之家"落户吉首；为返乡农民工、城镇失业人员和应届"两后生"提供免费技能培训。

七　文化共享发展现状

吉首市非常重视文化事业发展和文化共享发展工作。截至 2016 年年底，吉首市有表演团体 46 个，公共图书馆 1 个，文化馆 1 个，文化站 12 个。文化经营单位（户）252 家，其中，娱乐场所 27 家、音像市场 10 家、书刊市场 21 家、印刷打字复印 69 家、营业性演出 2 家、网吧 123 家。全市共有非遗传承人 88 人，非物质文化遗产项目 67 项，其中，国家级 3 项、省级项目 10 项、州级项目 16 项、（县）市级项目 38 项。馆藏文物共计 857 件（套），其中二级珍贵文物 7 件（套）、三级珍贵文物 96 件（套）。文物保护单位 45 处，其中国家级文物保护单位 1 处、省级文物保护单位 6 处、州级文物保护单位 5 处、市级文物保护单位 33 处。全市有广播电台 1 座，公共广播节目 1 套，广播综合人口覆盖率为 90%；有电视台 1 座，公共电视节目 1 套，电视人口综合覆盖率为 96%；无线广播电视转播发射台 1 座。农村有线广播电视联网用户 8572 户，有线广播电视光纤网 777 公里。

八 教育共享发展现状

吉首市高度重视教育事业发展，教育质量优良。如表 4 - 2 所示，截至 2016 年年底，吉首拥有学校 148 所，其中大学 3 所，中等职业学校 10 所，高级中学 1 所，完全中学 3 所，初级中学 10 所，九年制、十二年制学校 6 所，小学 26 所，教学点 58 所（不计入学校总数），特殊学校 1 所，幼儿园 88 所。在校学生 124872 人，其中，小学生 29560 人、初中生 14138 人、高中生 8643 人、职业中专生 14035 人、大学生 42725 人（含研究生、成人、网络等学生）、幼儿园 15641 人、特殊学校 130 人。小学适龄儿童入学率 99.8%，毕业率 99.24%，初中阶段升学率 94.09%。义务教育质量人均分、优秀率、合格率继续领先全州。高中学业水平考试位居全州前列，高考应届生二本上线率 23.44%。职业教育新生招生达到 1314 人，学生毕业就业率继续保持 100%，稳居全州榜首。

表 4 - 2 　　　　　2016 年吉首市在校学生、招生、毕业生数

	大学	中等职业学校	普通中学			小学
				普通高中	初中	
学校数（所）	3	10	20			26
在校学生数（人）	42725	14035	22781	8643	14138	29560
招生数（人）	15342	5805	7731	3031	4700	5597
毕业生数（人）	14099	4592	7434	2815	4619	4497

九 生态共享发展现状

吉首市作为湖南省湘西土家族苗族自治州的州府所在地，地处武陵山区中心腹地，具有天然的生态环境优势。全市拥有环境监测站 1 个，市垃圾无害化处理率达 100%，污水处理率 90%。2016 年年末全市拥有县级自然环境保护区 2 个，自然环境保护区面积达 20386 公顷，占全市土地面积的 18.9%。省级生态乡镇 10 个，获省环保厅批准生态村称号 33 个，州环保局批准生态村称号 63 个。吉首市酸雨控制区面积 30.42 平方公里，饮用水源地水质达标率 100%，空气质量优良率 89.2%。吉首市 2016 年共完成人工造林面积 448 公顷，其中退耕地造

林 200 公顷、石漠化造林 20 公顷、巩固退耕造林 88 公顷、世行（法开署）造林 67 公顷、湿地 73 公顷，全市森林覆盖率为 74.06%，全市城区绿地面积 846 公顷。

吉首市一直高度重视生态文明建设，"十三五"规划落实期间，吉首市坚持"生态立市"发展方向，把"生态文明建设"作为重点贯穿在全市的各项工作中，以科学发展为主题，加快转变经济发展方式，调整产业结构，优化消费模式，构建生态保护优先的绩效评价体系，大力开展生态修复和污染防治，因地制宜发展绿色经济、循环经济等地方特色明显并具有市场竞争力的优势产业，生态环境得到进一步改善，在生态文化建设方面有诸多可供其他地区借鉴的地方。

第二节　吉首市共享发展的举措

一　经济共享发展举措

（一）加快经济增长速度，缩小与发达地区发展差距

吉首属于武陵山区腹地的欠发达地区，经济基础较为落后。作为共享发展的重要内容，吉首市在自然禀赋、区位因素等客观条件下制定合理的发展规划，引导建立适合当地情况的产业结构布局，克服区位劣势扩大开放程度，以加快经济增长速度，分享经济发展红利，保障民生。具体而言，吉首市发展经济的措施主要包括以下几个方面。

1. 全力打造武陵山片区生态文化旅游产业中心

突出武陵山片区文化旅游中心城战略目标，立足打造国际旅游目的地，紧紧围绕省委省政府"张吉怀精品生态文化旅游经济带"建设战略和州委州政府打造"国内外知名生态文化公园"战略愿景，站在吉首发展全局的战略高度推进全域旅游，使吉首成为"区域核心、湘西动力、湖南形象"。充分发挥文化旅游资源富聚的存量优势，促进旅游产业与农业、林业、文化、体育等产业的多元融合，形成"旅游＋"产品，满足广大游客的需求，把生态文化旅游产业培育成为支撑吉首未来发展的战略性支柱产业。

发展民族文化旅游。积极整合武陵山地域民族民俗文化旅游资源，利用乾州古城、矮寨德夯等重点景区，打造土家摆手舞、苗族"四月八"、

鼓文化节、傩戏、烧龙、百狮会等众多特色民族民俗文化优势品牌，通过加强湘西非物质文化遗产园和民族特色文化艺术展演平台建设，大力发展生态文化旅游产业。如组织以湘西古老土、苗民族起源、迁徙、生产、生活、祭祀为主线的民间戏剧、戏曲、巫傩文化、绝技、绝活等演绎活动；继续举办传统旅游节会，充分发挥非物质文化遗产传承人的引领、传扬作用，组织专业演出团队，开展演唱苗歌、击苗鼓、打苗拳、舞狮、跳摆手舞等传统民族文化活动，努力把传统节会办成吉首文化旅游经济的经典品牌。积极对接旅游市场，深度开发民族文化资源，大力扶持特色旅游工艺产业，壮大规模、集合品牌、提升品质。

发展生态休闲旅游。依托优美自然山水和特色民族历史文化底蕴，科学规划旅游线路，精心设计旅游产品，全面保护并合理开发安全、友好、温馨、洁净的原生态绿色田园风光。重点建设矮寨景区生态旅游圈，唱响"百年路桥奇观，千年苗寨风情，万年峡谷风光"的精品旅游品牌。结合新农村建设，围绕高山生态休闲和特色农业产业，大力发展乡村旅游度假社区与农家客栈。重点发展以八仙湖和天星湖景区为主的生态休闲旅游，形成以德夯国家级风景名胜区、八仙山国家自然保护区、峒河国家湿地公园、矮寨国家森林公园、红枫森林公园、花果山森林公园、新桥森林公园、小溪森林公园等为中心和以峒河、万溶江、沱江、司马河、洽比河、丹青河等为主线的多个生态休闲旅游圈（带）。

发展乡村村寨体验旅游。通过村庄整治、土地整理、生态保护、文化挖掘、产业提升等重点项目的实施，加快旅游设施建设与服务功能提升，因地制宜改造一批主题鲜明且"宜游、宜创、宜居、宜业"的特色风情村寨。加大乡村村寨体验旅游营销力度，塑造乡村村寨体验旅游品牌，重点打造矮寨和围绕德夯景区、峒河湿地公园等发展乡村旅游，扩大吉首村寨体验旅游的市场知名度和影响力。

发展特色工业旅游。依托作为国家工业旅游示范点的酒鬼生态工业园以及酒鬼产品特有的工业科技旅游资源和工业园良好的区位条件，充分利用传统优质名酒酿制过程及其专有文化要素，融生产车间工艺参观、品鉴体验、形象展示、旅游购物等实地情景为一体，深度开发以"工业和科技体验"为主打产品的多层次、多元化、立体型旅游系列产品，将吉首市建成武陵山特色工业旅游体验基地。

2. 积极推动农业产业现代化特色化发展

加快转变农业发展方式，发展多种形式适度规模经营，着力构建现代农业产业体系、生产体系、经营体系，提高农业质量效益和竞争力，推动粮经饲统筹、农林牧渔结合、种养加一体、一二三产业融合发展，走产出高效、产品安全、资源节约、环境友好的农业现代化道路。

推动农业生态化发展。充分发挥"三带"优势，大力发展绿色生态农业，加强建设示范功能强、产业效益好、经营规模大的特色农业标准产业园区，建设高档生态优质稻米、优质早熟金秋梨、大棚西瓜、葡萄（美国红提）、大棚草莓、中药材、金银花、原烟复烤等示范基地。着力建设一批生态农庄、生态农业观光园、生态农业休闲体验园。支持边城生物、湘西资源、木本世家等农业产业化龙头企业发展。

加强农业科技化建设。以"培养新农民、服务新农村"为宗旨，加大力度提高农民科技文化素质、经营管理水平和生产技能，围绕全市的主导产业、主导品种、主推技术开展新型农民培训。加强对国内外先进农业设备、技术、工艺的引进、消化、吸收和再创新，大力推广农林地测土配方施肥等实用技术，支持农业技术集成创新与应用，加快农业技术集成化、农业生产机械化、生产经营信息化发展步伐，推动吉首市传统农业向现代农业转变。

促进农业品牌化提升。以"品牌兴农""商标富农""认证助农"为重点，积极推进农业品牌化经营。依托农业主导产业，以合作基地、专业合作社、农业龙头企业为主要载体，实施农产品品牌战略，对辖区内地理标志资源和重点出口农业龙头企业进行服务，推动商标战略深入实施，推进及争创湖南省著名商标、地理标志和马德里国际商标注册。着力打造有机、绿色、地理标志产品等"农字号"品牌集群。大力引进"农字号"龙头企业，采取"公司＋基地＋农户"形式发展订单农业，实现工业反哺农业。利用农产品电子商务平台，建立网上品牌展厅，开展电子交易。

推进农业规模化经营。积极稳妥地推进土地流转制度改革，加快推动农村土地经营和管理规范化建设，激活农村土地资源，推进土地集约化经营。加快构建以农户家庭经营为基础、多主体合作与联合为纽带、社会化服务为支撑的立体式混合型现代农业经营体系。培育专业大户、家庭农场、农民合作社、农业企业、山地农庄等现代新型农业经营主体，发展适度规模经营。积极探索、创建集基地建设、产业发展、土地规模经营于一体的新型农业发展机制。

3. 壮大传统工业、强化特色工业、培育新兴工业

按照"扩量转型"的基本思路，依托吉首市制造业产业基础，充分发挥本底优势，以转型升级为主线，以市场为导向，着力增强企业加工制造能力、产业配套能力、自主创新能力、服务增值能力，推动优势制造业向集群化、智能化和生态化方向发展，把吉首打造成武陵山地区乃至中国中西部地区重要的新材料、新能源、医药、食品、矿产品精加工、山区机械制造基地和住宅产业化研发生产中心，建成武陵山地区具有较强产业集聚力、品牌影响力、自主创新力和市场竞争力的产城融合城市。工业税收贡献率达40%以上，高新技术产业增加值占工业增加值的比重达30%以上。

发展特色食品加工业。鼓励引进国内外农产品加工知名企业和战略投资者，采取参股、并购、直接投资等多种形式，培育聚集带动能力强的农产品加工龙头企业或企业集团，引导和支持中小企业向园区集聚，促进农产品精深加工，不断提高农产品加工转化率。重点扶持酒业、醋业、椪柑、茶叶、猕猴桃、蔬菜、畜牧水产等系列产品发展。塑造独特的"绿色、生态、有机"农产品品牌，培育深加工与市场营销龙头企业，支持企业进行农产品商标注册、有机食品、绿色食品和无公害食品的产地认证和产品认证，大力实施名牌战略，扩大酒鬼、果王素、河溪香醋、葛四腊味、白云贡米、八月湖米粉、黄金茶等民族特色产品品牌知名度，努力建成武陵山区域乃至中国中西部重要的绿色食品加工基地。

发展生物医药产业。发展以天麻、黄柏、杜仲、土茯苓、何首乌等区域优势药材资源为基础的生物医药产业。重点发展中药饮片，虎杖、苦参、土茯苓等湘西特色中药材提取物，中药滴丸、心脑健滴丸和脑心清滴丸、双氢青蒿素、复方青蒿素、皂素等生物医药产品。支持"土药"、"苗药"等特色民族药品生产。加快形成生物医药产业集群和现代中药产业链体系，把吉首建设成为湖南省重要的中成药生产基地。

发展山区机械制造业。加大推动机械制造业结构调整、技术改造、产业升级换代力度，依托吉首市的产业基础和劳动力资源优势，积极承接产业转移，引进战略投资者，发展农用机械设备、山区农用机械、山区农用

载货车等实用产品，培育一批主业突出、技术领先、管理先进的龙头企业。加快沃华德公司、宗南重工公司发展，壮大以焊接机器人、农用机械和矿山机械等产品为支撑的机械制造产业规模。

发展新材料新能源产业。依托国家锰、锌深加工高新技术，统筹规划，适度发展锰、钒、钾及石材等地方矿产资源精深加工业，延长产业链条，发展新材料产业。抓住国家发展绿色能源产业的机遇，立足资源优势、产业基础，加快水电、分布式太阳能、农村沼气工程等项目建设，尽快形成规模效应、品牌效应，把新材料、新能源产业打造成为吉首市重要的战略性支柱产业。

4. 加快推进服务产业现代化

以市场化、产业化和社会化为导向，壮大服务业规模，拓宽服务业领域，优化服务业结构，促进生产服务业集聚化、生活服务业便利化、公共服务业均等化，推动服务业与新型工业化、城镇化的融合与互动，全面推进服务业的现代化发展，全面提升服务业总量、质量、均量和效率。

大力扶持文化创意产业发展，大力扶持具有浓郁民族风情和地方民俗文化特色手工艺品、特色旅游纪念品发展，重点支持具有非物质文化遗产认证的手工艺品制作业发展，推进民族手工艺传承与创新，对非物质文化遗产传承人兴办的传统手工艺品制作企业，给予优惠政策和优先支持。

加快发展现代化边贸物流产业。充分发挥吉首的交通优势和集散能力，优化物流企业供应链管理服务，提高物流企业配送的信息化、智能化、精准化水平，推进云计算、物联网、北斗导航及地理信息等技术在物流智能化管理方面的应用，建设区域综合性物流中心。重点发展乾州商业区和乡镇中心集镇商业网点以及本土物产运销为主的在线电商群，培育一批销售收入过千万元的批发零售企业、销售收入过亿元的大型市场和电商主体。建设大湘西物流城、阳成木业公司食品加工冷藏项目等一批现代化物流专业园区，组建培育专业化大型物流企业。重点发展以锰、锌、钒等为代表的有色金属采购物流中心。

加快推进现代信息化产业发展。推进信息技术与传统产业深度融合，基本建成"智慧城市"应用主体框架体系。依托成聪软件、凤飞传媒、初九科技等初具规模和实力的公司，大力推进电子商务、"互联网＋"战略，大力推进互联网经济发展。

大力推进住宅产业化发展。进一步深化与湖南省住宅产业化联盟战略合作,以东方红住宅产业化园区为龙头,加快培育集研发、设计、生产、展览、物流配送于一体的住宅产业化综合基地,打造武陵山片区住宅产业化研究与生产中心。

培育现代服务业新业态。积极发展健康服务业、互联网金融服务业、软件和信息技术服务业、电子商务服务业、节能环保服务业、人力资源服务业、融资租赁服务业、总部经济、"互联网+"等新型服务业态。支持各类市场主体从事家庭服务业,鼓励发展家政服务、养老服务、社区照料服务、病患陪护服务等业态。大力发展移动互联网大数据挖掘,促进信息消费服务。鼓励并积极培育第三方组织或机构开展节能环保方面的设计、建设、改造和运行管理等服务。加快培育各类融资租赁主体,推动融资租赁参与城市道路、公共医疗、污水处理等重大基础设施建设。

5. 加快壮大工业园区,推动产业集聚发展

发挥工业园区的产业集聚功能,有效衔接和融合配套城市发展,实现企业集中布局、产业集群发展、资源集约利用、功能集合构建和人口有序转移,促进产城融合,推动经济社会健康、持续发展。

优化园区产业分工。统筹规划产业园区建设,继续发挥吉首经济开发区龙头带动作用,以吉庄—乾南产业园、河溪马鞍产业园为主战场,围绕支柱产业和主导产业延伸链条,推进分工协作,实行专业化、集约化、规模化发展。引导园区的主导产业明确定位、错位发展,培育形成特色化创新型园区产业集群。创新园区开发管理模式,积极引导特色优势产业项目和优势企业入园。加大对湘西坊创业园等创业孵化基地的支持力度,不断完善基地的社会化服务,提升就业创业综合服务、培训和企业孵化三大功能,打造创业、就业、创新平台,使创业孵化基地成为引领全市转型发展的创新创业高地。

创新园区体制机制。依据园区特色,推进行政管理体制创新,形成以政府领导、居民自治为主,社会中介服务、行业管理为辅的管理机制。完善"一站式服务"的行政代理机制,将行政职能从管理微观经济活动转到宏观规划和服务上来。立足园区社会与企业发展的实际需要,大力推进园区公共服务平台建设。创新集约用地与投融资模式,强化要素保障。加强与周边园区特别是湘西经济开发区的合作,积极探索产业协作发展利益

共享机制，探索异地兴办工业园区的"飞地经济"模式，实现基础共建、产业共育、利益共享、环保共担的互惠互利机制。

推进产城融合发展。进一步优化园区的投资硬环境，搭建企业发展平台，加快园区内基础设施和配套工程建设，推动产城互动融合发展，按照产城一体发展思路，统筹各产业集聚发展平台和城市建设，强化功能集合构建。推进产业园区内金融、邮政、卫生医疗、生活服务区等功能设施项目的建设，推进城镇与产业集聚园区发展规划和设施建设的无缝衔接和功能共享，提升产业集聚园区的综合承载能力。产业园区要引进一批劳动密集型企业，发挥好产业集聚人流物流信息流资金流的作用，带动产业新城的城市综合体开发，将园区建设成为城市的新组团。

6. 促进"开放发展"，扩大城市开放

开创对外开放新局面，推进双向开放，促进要素有序流动、资源高效配置、市场深度融合，着力引领武陵山片区发展，推进"一带一部"建设，积极融入"一带一路"，努力形成区域互利合作格局。

构建对外开放平台。坚持以大开放促进大发展，不断提高吉首对外开放的层次和水平，加快吉首经济开发区、振武营工业组团和吉庄—乾南工业点、河溪马鞍工业点的发展，增强各工业组团的承载配套能力，引导承接产业和项目向开发区和工业园区聚集，形成特色产业集群，使其成为吉首市对外开放的首要平台；抓好吉首保税物流仓库申报工作，借助口岸、商检、海关等平台，提升经济开放水平；依托丰富的锰锌钒矿资源和特色生物资源，加大招商引资力度，完成湘西物流园、湘西矿产品交易中心、湘西农产品交易中心、乾州农贸市场迁建；推动湘西腊肉、椪柑、猕猴桃、湘西醋、茶叶等特色农产品通过"农超对接"和在线电商走向全国；加快服务型政府建设，转变政府职能，强化公共服务，改善营商环境，促进投资贸易便利化。

提升引资引智水平。把招商引资作为对外开放的首要任务，进一步创新招商方式，不断营造优良的投资营商环境，确保引资项目落地生根。集中力量建设保税仓库、湘西公路口岸、园区平台、市场平台，继续抓好与中铁集团、大汉集团等重大招商引资项目的合作，力争招商引资到位资金每年增加20%以上；充分利用市域边区物资集散中心和商贸市场热旺的现实基础，争取工、农、中、建四大国有银行及其他股份制银行将武陵山区域性管理总部和后台运营服务中心设驻吉首；编制《吉首市培养和吸引金融人才规划》，制定科技、金融、信息、教育、医疗等高端人才引进、安居政策，吸聚业界精英创业展业；大力引进知名风险投资公司等金融机构来吉首建立区域性运营总部，把吉首市农村商业银行建设成为武陵山区知名的金融品牌，提升吉首作为区域性金融中心的显要地位。

深化区域合作交流。按国家《武陵山片区扶贫攻坚与区域协作规划（2012—2020）》要求，遵循战略性与务实性、长远性和阶段性相统一原则，进一步前瞻谋划和系统设计新常态下跨域合作的目标取向、重点领域、主要任务与具体步骤，更好地推展跨域合作；以互利共赢为出发点，以加强重大基础设施对接为切入点，推进吉首与武陵山周边区域的经济一体化发展；依托吉首的特色产业和骨干企业，主动融入并积极深化与武陵山区域各县市区的横向协作，不断拓展文化旅游、新型工业、现代农业、商贸物流市场；建立有利于互惠互利、共享共赢的长效性府际合作机制，及时调处、解决区域合作中的重大问题，加速推进跨域基础设施、公共服务、社会治理、生态保育等方面的一体化建设。

（二）加快城乡统筹，推进协调发展

吉首市地处武陵山区欠发达地区，当地城镇与乡村，尤其是贫困村之间发展水平差距较大。因此加快城乡统筹，提高乡村经济发展与生活水平，推进协调发展是当地城镇与乡村居民共享发展的重要内容之一。

吉首市统筹城乡发展的思路包括：坚持工业反哺农业、城市支持农村，健全城乡发展一体化体制机制。促进农业转移人口市民化，推进城乡要素平等交换、合理配置和基本公共服务均等化。坚持把绿色生态作为吉首城乡第一形象，协同共建靓丽城市、美丽乡村。具体措施如下。

1. 促进农业转移人口市民化

加快推进户籍、住房保障、社会保险等配套改革，逐步淡化户籍附带的公共福利，多渠道、多形式改进农业转移人口在居住、就业和子女教育等方面的均等服务，完善覆盖农业转移人口的住房公积金制度，优化有利于农业转移人口市民化的制度环境。坚持分类指导，有序推进农业转移人口市民化，对基本融入城市、在城市有稳定工作、举家外出的农业转移人口，放宽落户条件，优先解决城市落户问题。创新农业转移人口承包土地和宅基地流转机制，切实保护农业转移人口的土地权益。建立合理的财政分摊机制，强化对农业转移人口市民化的财政投入。

2. 推进城乡一体化发展

强化环吉首经济圈的城镇职能，依据城镇主体特色，按综合型、旅游型、商贸型、工贸型、边贸型五类城镇发展能要求，高标准编制城乡路网、公共交通、供水排水、电力通信、治污排污等基础设施专项规划，统筹指引市域城乡一体化发展。加强分类指导，优化空间布局，促进相向对接与功能互补，构建覆盖城乡、综合配套、高效有序的基础设施运行体系。拓展城乡基础设施建设投资渠道，加大对农村基础设施建设的投资力度，一方面争取中央财政支持，另一方面充分发挥财政资金的杠杆作用，引导、动员并吸聚社会各类资金流向农村基础设施建设。至 2020 年，基本建成全域覆盖、方便快捷的城乡公共交通系统，服务完善的商贸物流系统，功能健全的社会公共服务设施系统，高效安全的现代信息网络系统和精准防控的生态环保监测系统，城乡一体化新格局基本形成。加大特色村落保护力度，坚持把绿色生态作为吉首城乡第一形象，协同共建靓丽城市、美丽乡村。

3. 推进美丽乡村建设

实施新农村建设提质升级行动，努力构建布局美、产业美、环境美、生活美、风尚美的"五美"乡村格局。统筹编制市域城镇体系与村庄建设规划，根据自然环境条件，全面优化城镇发展、产业基地、基础设施、基本农田、生态保育等空间功能，科学布局乡村居民集中居住的中心村及其行政中心，形成"重点突出、梯次合理、特色鲜明、相互衔接"的空间组织结构和以中心城市、中心镇、一般乡镇、中心村、一般村、特色村为支撑的合理布局。调整撤并部分聚集度不高、不适宜居住的自然村组，明确中心村和一般村的数量、功能与定位，促进人口、产业、基础设施的适度规模化聚集。进一步完善矮寨、寨阳等旅游小镇的基础设施，重点保护、修缮、开发中黄村、齐心村、小溪村、德夯村、司马村、吉斗寨等特色村寨，推进"人无我有、人有我优、人优我特"的"一村一品""一村一景"特色乡村建设，发展以"自然观光、度假休闲、民俗体验"为主导的村寨生态游、农家休憩游与别致风情游，提升乡村旅游产品的市场影响力与吸聚力。

（三）加快推进精准扶贫，率先实现全面脱贫

吉首市属湖南省重点扶贫县，2013年年底110个行政村中有贫困村74个（2018年已全部摘帽），扶贫工作是吉首市经济共享发展的主要内容之一。为了完成脱贫任务，吉首市采取多种措施做好扶贫工作。

1. 建立健全精准扶贫工作机制，将扶贫工作机制化、常态化、长效化

建立健全动态管理机制。针对贫困对象识别准确性不够、部分扶贫对象不符合条件、部分符合条件的贫困户未纳入扶贫对象等问题，充分结合"一进二访三联"活动，进一步摸清情况，找准问题，对建档立卡、贫困户精准识别等工作认真进行一次回头看，认真核查基本情况、贫困户资料数据是否准确统一，切实做到帮扶措施、项目安排、产业选择精准；要将识别认定后的贫困户基本情况及时录入到精准扶贫信息管理系统，确保扶贫对象更加精准；建立动态识别、动态管理机制，搞清楚每年的脱贫率、返贫率、动态标准是多少，以此来识别扶贫对象、锁定扶贫目标，确保扶贫对象有进有出、扶贫目标动态可控。

建立健全多元投入机制。积极开展金融扶贫，通过增加财政投入，带动金融和社会资金投入扶贫工作。探索建立抵押担保、信用担保贷款机制和平台，逐步建立健全贫困农户土地承包经营权、宅基地使用权、林权"三权"抵押贷款的多元担保机制；整合各类涉农项目资金，重点支持贫困乡、贫困村和贫困农户的发展；开展资金互助，建立扶贫小额信贷担保基金，通过龙头企业、专业合作社或专业大户带动贫困农户发展特色农业，帮助贫困农户解决贷款难的问题。

建立健全精准考核机制。把扶贫人口生活水平、贫困人口数量、扶贫开发精准度和"六个到村到户"作为主要指标，进一步完善扶贫开发工作考核评估办法，严格按制度规矩办事，明确扶贫帮困工作纪律，坚持日常考核与集中考核相结合，对干部下基层、办实事进行群众满意度测评，完善考评激励机制，更好地推动扶贫事业健康发展。

2. 全面推进精准扶贫

以改革创新为动力，以74个贫困村为主战场，以脱贫奔小康为首要任务，瞄准每年减少农村贫困人口8000人的目标，统筹抓好发展生产、公共服务、全民教育三件大事，切实强化45个工作组驻点扶贫责任，凝

聚社会各界力量，形成全市推进扶贫开发的合力，按照"四个切实""五个一批""六个精准"的要求，坚决打赢精准脱贫攻坚战。

措施精准到户。有针对性地实施"五个一批"工程，对有劳动能力的，通过扶持产业和就业帮助实现脱贫；对居住地"一方水土养不起一方人"的，通过移民搬迁实现脱贫；对丧失劳动能力的残障弱势群体，通过低保政策实施兜底帮扶；对因病致贫、因病返贫的，通过医疗救助帮扶支持。特别针对五保老人、贫困学生、留守老人儿童等特殊人群，坚决落实好一人（户）一本台账，适时动态跟踪帮扶、关爱关心，让他们切实感受到社会主义大家庭的温暖。

精准安排项目。把精准扶贫工作具体落实到一个个具体项目上，因地制宜确定扶贫开发项目，加快实施水、电、路、气、房、环境治理"六到农家"，扎实抓好就医、就学、养老、低保、五保、村级集体经济发展"六个落实"，以项目建设带动和推进扶贫攻坚。

精准选择产业。结合吉首旅游城市和中心城市的资源地位，围绕全市十个万亩农业产业园区的规划建设，充分发挥"围城靠市"的优势，按照"园区景区化、农旅一体化"的要求，科学选择每个贫困村的支柱产业项目，因地制宜发展蔬菜、茶叶、水果、花卉苗木、乡村旅游等特色产业，实现2017年农业经营组织在全市每个村的全覆盖，走出一条"产城融合""农旅融合""扶贫开发和旅游发展深度融合"的特色优势精准扶贫路子。同时，积极探索"互联网＋农产品"路径，实现农户产品网上交易，农民增收。

精准使用资金。切实加大扶贫开发投入，加强汇报衔接，争取上级更多的资金、项目支持；加强资金整合统筹，健全以扶贫成效为导向的资金分配机制，集中力量办大事，增强资金使用的针对性和实效性；强化扶贫资金管理使用，强化扶贫项目现场查验、项目资金审计等工作，做好项目建成使用后的效益跟踪回访，确保扶贫资金安全、高效运行。

二　社会共享发展举措

（一）深化医疗卫生体制改革，推动"健康吉首"建设

习近平总书记强调，"健康是促进人的全面发展的必然要求，是经济社会发展的基础条件，是民族昌盛和国家富强的重要标志，也是广大人民

群众的共同追求"。吉首市地处武陵山连片特困地区腹地，是少数民族聚集地区、革命老区和湖南扶贫攻坚的主战场，全市 30.75 万人中，建档立卡贫困人口有 4.458 万人。在建档立卡贫困人口中，每年需住院就医的达7500 多人，占该市建档立卡贫困人口总数的 17%，医疗卫生工作的重要性不言而喻。当前，吉首市积极深化医疗卫生体制改革，加快推进"医疗健康城"、市民族中医院等项目，全面推动"健康吉首"建设。

一是多措并举、扎实推进，全面落实医疗救助帮扶工作。吉首市积极探索新思路、大胆开拓新实践，先后出台《吉首市医疗救助帮扶工程工作方案》《农村建档立卡贫困人口慈善救助实施细则》等政策，通过设立建档立卡医疗帮扶资金专户、报销差额部分市兜底、简化住院报销程序、开通贫困人口就诊"绿色通道"、落实"先诊疗、后结算"政策、实行"一站式、一票制"服务等一系列举措，全面落实医疗救助帮扶工作，极大简化医疗报销程序，提高贫困群众就医报销比例，有效解决"贫困人口多、看病难"这一吉首精准扶贫工作中的难啃的"硬骨头"。

二是明确目标、循序渐进，稳步推动分级诊疗制度建设。遵循自愿、免费原则，推动居民与街道卫生服务中心签订《吉首市家庭（乡村）医生与居民签约服务协议书》；设立家庭建设健康档案，针对家庭成员健康状况，卫生服务中心实施健康行为干预；采用家庭医生"3 + 1"模式，支持"一对一"式服务，为家庭提供健康咨询和就医路径及预约就诊、双向转诊等服务；为家庭提供医疗、预防、保健、健康教育、康复、计划生育技术指导等"六位一体"服务；提供对重点人群的上门服务；为长期卧床、行动不便的家庭成员建立家庭病床。

三是因地制宜、立足实际，积极促进中医药事业和生态康养事业深度融合。吉首积极利用现有自然资源、民族资源和人文资源，以独特民俗风情和中医药生态康养为基础，积极支持配合推动康养项目产业开发建设，大力发展生态农业、休闲旅游、森林康养等产业，加快促进中医药事业和生态康养事业深度融合，在提升特色产业发展活力、弘扬民族特色文化的同时，有力增强民生福祉。

（二）加快社会保障制度建设，推进"幸福吉首"建设

当前，中国社会主要矛盾已经转化为人民日益增长的美好生活需要和不平衡不充分的发展之间的矛盾，解决这一主要矛盾需要尽快全面建成稳

定的、完整的社会保障体系。近年来，吉首市通过构建多层次的社会保障体系，统筹推进城乡居民社会养老保险制度，推动城乡居民基本医疗保险并轨，全面推进"幸福吉首"建设。

一是加速推进、统筹完善，构建多层次的社会保障体系。建立兼顾各类人员的社会保障待遇确定机制和正常调整机制，以扶老、助残、救助、济困为重点，进一步拓展社会福利保障范围，推动社会福利由补缺型向适度普惠型转变；大力发展慈善事业，更好地保障低收入者和特殊困难人员的基本生活，健全农村留守儿童、妇女、老人、残疾人和特困群体关爱服务体系。

二是积极落实、协调发展，推动城乡居民基本医疗保险并轨。根据《湖南省人民政府关于整合城乡居民基本医疗保险制度的实施意见》精神及《湘西自治州新型农村合作医疗制度管理职能移交工作方案》要求，吉首新型农村合作医疗制度管理职能由市卫计局向市人社局移交；成立相应的城乡居民医保行政股室和城乡居民医保管理中心，负责整合后城乡居民基本医疗保险制度的政策制度、综合管理、监督检查、基本管理和支付结算等工作；通过电视报道、制作宣传画报、入户宣传等多种形式进行宣传发动，推动城乡居民医疗保险参保征缴工作顺利开展。

三是注重公平、多管齐下，统筹推进城乡居民社会养老保险制度。整合城乡居民基本养老保险，实现城乡居民在基本养老保险制度上的平等、管理资源上的共享；积极引导和鼓励城乡居民选择更高档次缴费、长期持续缴费为抓手，稳步推进民生服务工作；积极落实各项惠民政策，逐步扩大养老保险覆盖率、提高了养老保障水平，让全县广大居民共享改革发展的成果。

（三）推动就业创业政策体系建设，促进"实干吉首"建设

就业是民生之本，创业是就业之源，就业创业是共享发展的重要内容。近年来，吉首市通过建立健全创新创业政策扶持体系，大力实施转移就业脱贫工程，倾力打造创业示范乡镇，不断完善就业创业政策体系，全面推动"实干吉首"建设。

一是落实政策、强化服务，建立健全创新创业政策扶持体系。切实落实"双创"政策，先后制定出台了《关于大力推进全民创新创业的实施意见》《全民创新创业活动实施方案》等系列文件，设立创业专项资金，

推出了贷款贴息、项目无偿资助、创业场地租金补贴、创业成功奖励等优惠政策，大力鼓励支持大众创业万众创新。

二是科学规划、精心组织，大力实施转移就业脱贫工程。加强部门之间协作，加大就业创业培训力度，加大资金投入力度，加强往届、应届、在读"两后生"技能培训，鼓励贫困劳动者就业创业；通过开展"春风行动""圩场招聘会""民营企业招聘周""人才集市"等招聘活动，实现人岗精准对接；开展"送岗下乡"活动，让偏远的贫困劳动力足不出村就能找到合适的工作。

三是发挥优势、突出创新，倾力打造创业示范乡镇。吉首市深度结合自身有基础、有优势的产业，以创业示范乡镇创建为突破口，通过差异定位、细分领域、错位发展，不断完善"合作社＋农户"的经营模式，不断促进创新创业成果进行深化，以创业带动就业，助力创新创业整体水平提升，以"创新创业"为铺路石，助力"精准扶贫"。

三　文化共享发展举措

为促进文化共享发展，吉首市采取了如下举措。

（一）重视顶层设计谋划共享

吉首市围绕打造"武陵山区文化旅游中心城"总目标，从顶层设计层面着力推进全市全域旅游发展，提出通过"政府主导、市场运作、社会支持、群众参与"方式，全力打造文化旅游节会品牌，推进文化旅游产业深度融合发展。一是制定了《关于支持旅游产业发展若干优惠政策》《关于加快乡村旅游发展的指导意见》等文件。二是围绕全域旅游理念，编制完成了《吉首市旅游总体规划（修编文本）》《吉首市乡村游发展总体规划》等各项旅游规划。三是精准制定村级旅游发展规划，完成了9个村乡村旅游规划编制。四是科学规划乡村游线路，制定了覆盖全市全域的8条乡村旅游精品线路。五是落实政策保障，加大对旅游产业发展政策、项目、资金等方面的扶持力度，促进旅游景区（点）提质改造，加快旅游配套设施建设。

（二）推进文化旅游深度融合

对于广大的民族地区而言，在发展民族文化旅游过程中贯彻共享发展理念是实现脱贫致富的一大法宝。民族地区一般都保存着原生态的生态环境和富有浓郁民族特色的风土人情及人文景观，有着得天独厚的发展旅游业的条件，通过旅游扶贫，完善当地的公共服务设施，不仅仅是为游客服务，还可以改善当地居民的生活环境，使当地居民共享发展成果，也在一定程度上为当地居民提供更多的就业机会，减缓当地的就业压力。不仅有助于当地居民获取公平参与旅游的开发和经营的机会，还有助于民族文化的传承。近年来，吉首市结合"山区特点、民族特色、时代特征"，依托丰厚的民族民俗文化底蕴，以"百年路桥奇观、千年苗寨风情、万年峡谷风光"及"游湘西、奔乾城"品牌为核心，着力打造民族文化旅游品牌，提升文化旅游品位[①]，推进文化旅游深度融合发展。

（三）开展群众文化体育活动

近年来，吉首市采取"民办公助"等方式，精心培育群众文化体育项目，已形成了具有浓郁特色的"东歌（山歌）、西鼓（苗鼓）、南戏（傩戏）、北狮（舞狮）、中春（闹春）"的民族民间文化格局[②]。其中，"东歌"是指吉首市东边的丹青、排绸、排吼、太平四个乡镇为主体的苗歌艺术。"西鼓"是指吉首市西边的矮寨、寨阳、社塘坡和己略四个乡镇为主体的跳鼓艺术。"南戏"是指吉首市南边的双塘、河溪、万溶江三个乡镇为主体的阳戏艺术。"北狮"是指吉首市北边的马颈坳、白岩等乡镇的群众逢年过节以民间玩狮子而具有特色。"中春"是指吉首城区及乾州新区以"扎春"为特色的艺术形式。

（四）加强农村文化阵地建设

近年来，吉首市以和谐新农村建设为契机，把强化阵地建设作为发展农村文化的着力点，按照乡镇有综合文化活动站、村有文化活动室、组有文化中心户的要求，采取政府主导、部门支援、市场运作的方式，多途径加大投入，推进了村寨文化活动室建设，开展各种教育、文体、科技等活动[③]。各地采取村独办、村村联办、村企联办等形式，开展了广泛的群众性文体活动。同时，组织文化专业户和文化中心户因地制宜，开展科技讲座、信息交流、文艺汇演、知识竞赛等群众活动，极大地满足了农民求

---

① 陈生真：《吉首着力打造民族文化旅游品牌》，《团结报》2012 年 5 月 25 日。
② 谭必清：《吉首群众文化体育活动丰富多彩》，《团结报》2007 年 4 月 10 日。
③ 陈生真、陈勇：《吉首市着力推进农村文化阵地建设》，《团结报》2008 年 4 月 25 日。

富、求知、求乐、求美的精神文化需求。此外，还对涌现出来的文明家庭、致富能手等先进事迹进行广泛宣传。

四 教育共享发展举措

为促进教育共享发展，吉首市主要采取了如下措施。

（一）加大教育基础设施建设

吉首市高度重视教育基础设施建设工作，加大了教育投入力度。2016年全市教育支出 58949 万元，同比增长 17.1%，占全市财政支出的比重约 20%。吉首市坚持项目引领，根据老城区、雅溪园区、乾州新区三个组团来布局学校建设，通过城区优质学校带动、乡镇中心辐射、社区学校和边远教学点补充，实现了城乡教育资源全覆盖，优化了教育资源的区域布局。比如，在优化城区布局调整方面，为保障老城区学生入学，启动了市二小改扩建项目，完成了市民中综合楼建设和铁路学校综合楼 1 号楼建设；在突出农村功能提升方面，完成了丹青小学樟武教学点等八所教学点的合格学校建设及排吼学校等六所学校运动场及操场改造，通过农村合格学校、教师公转住房等建设改善了农村学校办学条件，提升了农村学校区位功能、教学功能和保障功能。

（二）加快实施教育扶贫工程

"家贫子读书"。中央把"发展教育，脱贫一批"作为重要举措，加快实施教育扶贫工程，以共享发展促进教育公平，提升特殊困难群体及其后代发展能力，阻断贫困代际传递。近年来，吉首市深化了教育扶贫举措。根据学生就近入学的原则，恢复建设了村小三所，全面完成了十所学校的"春苗营养计划"项目，配备食堂设备 50 万元，解决了留守儿童就学中餐问题，启动了 15 个留守儿童的"亲情小屋"建设。为保证贫困家庭孩子受到教育，吉首市出台《吉首市教育发展脱贫学生资助全覆盖实施方案》等文件，明确资助范围、对象、标准、程序，资金筹措、发放及保障措施。在全面摸清贫困学生底子的基础上，建立起吉首市困难学生数据库，积极落实扶贫助学政策。积极落实国家各项资助政策，2016 年落实学前教育、义务教育、高中教育、中职教育和大学教育阶段贫困家庭学生各类资助项目共计 4200 多万元，惠及学生 35000 多人次，收到社会捐资助学资金共计 508.9 万元，实现了资助全覆盖。落实农村教师岗位补助增长 10%，优待农村教师，稳定教师队伍。为进一步将教育精准扶贫落地落实，吉首市实施常态化督查指导，压实脱贫攻坚责任，鼓励支持扶贫帮扶单位、驻村工作组等开展"群众会""微宣讲"活动，让群众普遍知晓教育扶贫等政策知识。一系列的举措行动，确保了建档立卡贫困家庭适龄青少年儿童全员接受学前至高中阶段 15 年免费教育，建档立卡贫困家庭大学生资助实现全覆盖，确保了每一个贫困学生不因贫失学。

（三）扩大教育资源覆盖面

随着中国城市化、城镇化进程的不断加快，以农民工为主体大规模的人口流动已经成为中国最为显著的社会现象。农民工向城市、城镇的大规模流动，其随迁子女的教育公平问题日益凸显。近年来，吉首市通过实施教育三项"一个都不少"工程、高中免学费工程、农村寄宿学生温暖工程和学生营养改善计划，多举措努力促进城乡贫困学生就读机会的均衡，在全面实施免费义务教育的基础上，大力实施农村留守儿童关爱工程，解决农民工随迁子女教育问题，着力完善对家庭经济困难大学生的资助长效机制建设，启动了高校学生生源地信用助学贷款业务①，确保贫困家庭孩子、留守儿童"能上学、上好学"，使教育资源覆盖面不断扩大。

（四）推进教育"四大工程"

2015 年吉首市着手实施教育"四大工程"，即城镇班额均衡化建设工程、农村学校标准化建设工程、城乡教育信息化工程和教师队伍素质提升工程。实施教育"四大工程"以来，城镇大班额压力有所缓解，农村学校办学条件得到明显改善，城乡教育信息化水平显著提高，教师队伍素质也大幅提升。2016 年，吉首市重点建设了 3 所城镇学校，扩大城镇学位 1000 个；完成建设农村学校校舍 0.65 万平方米及配套设施设备购置；完成建设城乡学校网络出口带宽 50M 以上，无线网络 100% 覆盖乡镇中心完小以上学校，50% 教学点实现教学资源"班班通"；培训中小学及幼儿园教师 1600 人，完成创建名师工作室、公费定向师范生培养及招聘特岗教师等任务②。

① 蒋厚泉：《吉首城乡教育发展格局日趋均衡》，《团结报》2010 年 11 月 25 日。
② 周堃：《重点建设三所城镇学校　扩大城镇学位 1000 个》，《团结报》2016 年 4 月 3 日。

（五）实施乡村教师支持计划

吉首市是老少边穷地区，少数民族以苗族居多，占总人口的 73%。乡村教育基础薄弱，生源和师资流失严重，成为制约教育发展的瓶颈。当前乡村教师队伍面临职业吸引力不强、补充渠道不畅、优质师资配备不足、机构不尽合理、整体素质不高等突出问题。为加强乡村教师队伍建设，缩小城乡师资水平差距，促进城乡教育均衡发展，吉首市实施了乡村教师支持计划。该支持计划从加强乡村教师师德建设、拓宽乡村教师补充渠道、提升乡村教师能力素质、提高乡村教师生活待遇、建立乡村教师成长激励机制、切实保障乡村教师编制、积极推动城乡校长教师交流轮岗、落实各级政府主体责任八个方面提出了 26 条具体措施，建立"越往基层、越是艰苦、地位待遇越高"的激励机制，逐步形成"下得去、留得住、教得好"的局面，努力造就一支数量足够、结构合理、素质优良、甘于奉献、扎根乡村的教师队伍，为教育强市、基本实现教育现代化提供坚强有力的师资保障。

五　生态环境共享发展举措

（一）生态文明建设顶层设计

湘西自治州"十三五"规划中的一项重要内容是"突出生态保护，加快建设美丽湘西"，其中特别强调加强"绿色湘西"建设、加强生态资源保护、加大环境污染治理，为所辖各市、县、村等指明了未来五年整个湘西自治州生态文明建设的方向。2016 年，吉首市启动了生态红线保护划定工作，2016 年年底，已完成吉首市生态保护红线区示意图初步制定。初步划定的生态保护红线总面积为 603.90 平方公里，占国土面积比例为55.97%。生态保护红线的实质是生态环境安全的底线，目的是建立最为严格的生态保护制度，对生态功能保障、环境质量安全和自然资源利用等方面提出更高的监管要求，从而促进人口资源环境相均衡、经济社会生态效益相统一。

（二）生态文明建设具体实践

1. 推进国家森林城市建设

吉首市作为湘西自治州州府，大力推动国家森林城市建设，力图成为全州创建国家森林城市工作的模范。2016 年年底全市共造林 8200 亩，其中城市绿化美化 7300 亩，城区荒山绿化 900 亩。绿色产业基地建设 37000 亩，其中茶叶基地 33000 亩，油茶基地 4000 亩。完成峒河、万溶江河道绿化 12.5 公里。吉首市在"创森"建设中的一大亮点是推动绿色产业基地建设，特别是茶叶种植方面，已经成为吉首市的一个"明星"产业，推动生态保护的同时也创造了经济效益。

吉首市在"创森"的同时全面落实林业生态和保护，实施了退耕还林、长防造林、"八百里绿色行动"等林业重点工程，在森林防火、资源林政管理和野生动植物保护等工作方面，也建立起较完善的管理机制，打开了林业发展及生态建设的新局面。

2. 推动生态创建工作

吉首市的生态创建工作主要从生态村到生态乡镇再到生态市，从下到上推动生态建设。目前吉首市共有 33 个村获得省级生态村命名，63 个村获得州级生态村命名，全市 12 个乡镇有 10 个乡镇获得省级生态乡镇命名，其中 4 个乡镇还通过了国家级生态乡镇验收。省级生态乡镇占乡镇总数的 83.3%，目前正在加快步伐向国家级生态市命名的终极目标努力。

3. 加强环境监测和污染治理

吉首市已经建立起较完善的环境监测机制和体系，定期对市辖范围内涉危险化学品、涉重金属、涉危险废物企业、饮用水源地保护区、尾矿库及台儿冲垃圾填埋场进行环境隐患检查，排查环境安全隐患，确保环境安全。"十二五"期间，吉首市实现污染物减排量化学需氧量 2750.33 吨，氨氮 400.7 吨（其中削减工业化学需氧量 30.47 吨，氨氮 12.59 吨；削减生活化学需氧量 2692.02 吨，氨氮 382.7 吨；削减农业化学需氧量 27.84 吨，氨氮 5.41 吨），二氧化硫 2197.86 吨，氮氧化物 89.2 吨。2015 年，吉首市继续定期开展环保违规建设项目清理，强化重点污染源监测，确保污染物达标排放。同时，吉首市非常注重生态环境质量数据的监测和收集，积极开展水质、大气、重点污染源监测，生态环境相关数据收集及数据上报工作。此外，吉首市积极动员群众力量参与环境监督，除设有专门信访接待室外，还开通了"12369"环保举报热线，执行全年 24 小时值班。以 2016 年为例，全年共处理环境信访案件 176 件，其中接待群众来访和电话来访 133 件（次），上级交办 15 件，其他途径投诉 28 件。污染类型由以下情况组成：投诉大气污染 67 件，水污染 9 件，噪声污染 86

件，其他污染 14 件。对于群众来访和电话来访，吉首市环保局在做出相关处理后会及时向来访者回复，在动员群众监督力量方面取得了很好的效果。

吉首市高度重视污染治理，过去三年在大气污染、水污染、重金属污染等方面做了大量工作。大气污染防治方面，在综合治理及调整能源结构方面，积极推进城区燃煤锅炉淘汰，开展全市范围内燃煤锅炉摸底调查，对禁燃区内的燃煤锅炉分期分批进行淘汰，2016 年年底基本完成城区燃煤小锅炉、炉窑（灶）淘汰工作。同时大力开展绿色交通推广实施及"黄标车"的淘汰工作，目前已经完成了淘汰任务的 51%。水污染防治方面，一是开展集中式饮用水水源保护区划分工作，目前已完成 1000 人以上全市集中式饮用水源的摸底调查及峒河、万溶江、黄石洞、跃进水库饮用水水源保护区划分技术报告的初步编制工作；二是加强饮用水源保护，保护饮用水源职能下放乡镇，实现属地管理。开通"12369"环保投诉热线、网站投诉专栏，使群众积极参与饮用水源保护行动当中。目前已经建立起较完善的饮用水源保护制度，从制度和行动上有效保障饮用水源安全。重金属污染治理方面，2016 年吉首市申报重金属专项资金项目 2 个，获得省专项资金预安排 1500 万元，用于吉首市关停重金属企业遗留钒矿污染治理和大湘西物流园遗留锰渣的处置。项目实施后将解决吉首市电解锰渣的历史遗留问题和遗留钒矿污染问题，改善重金属环境污染，消除环境安全隐患。

4. 发展新兴产业

吉首市在积极推动工业转型升级的同时，将发展重心转移到现代农业和旅游业。近年来，吉首市立足山地特色农业建设特点，根据全市各乡镇农业资源特色、产业基础与开发潜力，形成"一轴率先、两片支撑、多园带动"的特色产业基地空间发展格局。"一轴"是指山地特色农业产业示范轴，沿着杭瑞高速沿线集中布局。"两片"是指西部生态农业旅游观光片区、东部和南部特色农业产业片区。"多园"是指在全市建设的八大产业园，包括椪柑、茶叶、蔬菜、中药材、特色水果产业、生态休闲农业、特色养殖、苗木花卉产业园。

与此同时，吉首市围绕加快建设"武陵山片区生态文化旅游中心城"这一目标，坚持贯彻全域旅游理念，以生态为本，市场为导向，实现了文化旅游产业的井喷发展，先后获得"中国优秀文化休闲旅游城市""中国最具价值文化（遗产）旅游目的地城市""湖南省旅游产业发展十佳县市区"等称号。2016 年，吉首市接待旅游人数 1163 万人次，实现旅游收入 85 亿元，旅游业已经是吉首市的支柱产业之一。

（三）吉首市生态共享发展成效

1. 生态环境质量稳步提升

自 2014 年开展国家重点生态功能区县域生态环境质量考核工作以来，吉首市生态文明建设工作蓬勃发展，生态环境质量稳步提升。2016 年吉首市成功入选国家环境保护部环境监测司全国 18 个近年来重点县域考核结果总体较好或环境质量持续改善的典型县域。

2. 城市环境美化成效显著

吉首市认真落实"以人民为中心"的城市发展理念，提高城市管理服务，推进乡村振兴战略，与人民群众共享生态文明建设成果。城市管理方面，推动"城市双修十项工程"，包括山体修复、水生态环境修复、废弃地再利用、违法建筑拆除、道路畅通、公共服务设施配套完善、特色风貌塑造、城市环境绿化美化亮化、地下空间开发利用、城市安全运行效率提升。乡村振兴方面，推动"农村双改工程"，包括规划引导、贫困农户安居、湖湘农民新居、农村生活污水治理、农村生活垃圾治理、特色小镇培育、传统文化保护、农村公共空间整治、农村建筑工匠培育。"双修双改"工作是一个长期的系统工程，对促进城乡旅游发展具有重要意义。

3. 农村环境整治成效显著

农村环境整治工作是吉首市推动生态共享的一大亮点，吉首市环保局为 9 个项目村建设垃圾围、垃圾池、饮用水源宣传牌、排污沟、生活污水处理设施等，并发放了垃圾箱、保洁车等垃圾处理设备，9 个村寨的环境质量状况得到改善。在农村环境整治中，吉首市通过典型示范、党员带头、全民参与，积极引导发挥群众主体作用。2016 年年底整治清理河道 2000 余米、修缮整治联户路 4000 余米，因地制宜、就地取材在村道、茶园、菜园等周围扎上了竹篱笆，组织发动群众在村道沿线和房前屋后空地种花植绿，既打造了小景点也划分了责任区，实现干群合力共建美丽乡村。同时，在村主干道安装了太阳能路灯 80 盏，配置环保垃圾筒 15 个，绘制主题文化墙 100 余米，全村基础设施不断完善，乡村面貌焕然一新，群众幸福指数得到很大提高；在促进乡村旅游发展的同时，也带动农民增收，实现了经济效益和社会效益的兼顾。

4. 特色农业产业发展迅速

目前，在"一轴率先、两片支撑、多园带动"的特色产业基地发展规划下，吉首市共建成 40.66 万亩的农业特色产业园区，完成 3 个万亩精品园，12 个千亩标准园，148 个百亩示范园，现有农民专业合作社 362 个，家庭农场 167 个，实现土地流转面积达 7.8202 万亩，落实和下拨建档立卡户产业资金 0.5708 亿元，集体经济发展资金 0.44 亿元，农业园区建设资金 0.4395 亿元。吉首市在湘西自治州现代农业发展方面起到良好的模范引领作用。

第三节　共享发展存在的问题与相应对策

一　经济方面共享发展存在的问题

（一）经济基础产业竞争力问题及对策

经过多年发展，吉首市经济水平得到很大提升，但仍然存在一些问题。由于地处山地，交通不便，难以发展工业，虽然经过多年发展，吉首经济总量仍然较小。资金不足限制了基础设施的配套建设。经济发展水平和交通情况也限制了城市建设管理的提升。当地产业发展结构亟待调整，存在第二产业结构不良、文化旅游产业竞争力不强、农村脱贫致富支柱产业薄弱三大突出问题。吉首目前的三次产业结构为 5.2∶31.6∶63.2，第二产业创新能力不足，科技含量不高，在扩大城市人口规模、增强自我发展能力、辐射周边带动区域发展、聚集要素激活优势产业等方面有待加强。

在当前的经济基础和自然禀赋条件下，吉首市需要靠自然禀赋，发展特色经济。当地自然条件既是以前限制经济增长的客观条件，也是当前发展特色经济的优势所在。当地须认识到良好的自然资源和生态环境既是当地人民长期的福祉，也是经济发展的独特禀赋。政府须克服经济欠发达地区盲目引进工业项目、加快发展的"增长冲动"，充分挖掘和利用自然坏境优势，发展品牌农业、绿色工业、旅游服务业等特色经济，找到适合当地自然条件的经济增长路径。

为了实现共享发展，国家及湖南省也需要将财政投入和转移支付适当向欠发达地区倾斜。资金短缺是欠发达地区发展当地经济、提升人民生活水平的主要限制之一。湖南省及国家应该对欠发达地区的基础设施建设、资源环境、生态建设等方面给予支持，增加财政投入和转移支付力度。

（二）融资、引资问题及对策

经济发展滞后限制了城市建设和产业升级。吉首未来加快推进新型城镇化和优势产业化"两轮驱动"发展，最突出的问题就是资金不足。

针对基础设施建设、城镇化的推进及引导企业产业结构升级面临资金不足的情况，吉首市限于自身财政状况难以在短期内大幅增加投入，需要结合自身特点进一步完善投融资管理。一方面，需要完善自身投融资机制，包括深化投融资改革，成立统一的投融资平台。在一些基础设施建设、资源开发、政府服务的领域引入 PPP 模式，扩大投融资渠道。另一方面，需要加大招商引资力度，更好利用民间资金对当地进行开发。

（三）生态公益林补偿问题及对策

吉首市生态公益林面积约占国土面积 1/4，55.97% 的地区被划入生态保护红线，对周边环境的保护做出了巨大贡献。但是由于生态保护区域的开发方式和程度都受到很大限制，因此当地经济增长背负着很大的环保压力。当前生态公益林补偿标准较低，对当地农民补偿不足，既无法保证农户生活条件使其摆脱贫困，也难以巩固当前生态保护成果。农民的基本生活难以得到保障，那么这个负担就会由当地财政来承担，就会更加限制当地的发展水平。因此建议国家对环保负担较重地区，如生态保护红线面积或生态公益林面积超过一定比例的地区适当增加生态补偿标准，提高当地农民生活水平，减轻当地财政压力。

（四）城镇低收入群体问题及对策

近年来中国扶贫措施对减少农村贫困人口起到了巨大作用，但这些措施重点关注了农民，而对城镇低收入群体缺乏关注。事实上城镇大量的下岗职工、失地农民等难以享受扶贫政策，对他们的帮扶政策力度不足，难以保证其基本的生活条件。因此国家应当充分关注城镇低收入群体，出台相应政策，加大帮扶力度。

二 社会方面共享发展存在的问题与相应对策

（一）吉首市社会共享发展中存在的问题

1. 城乡基本公共服务供给不均衡

城乡基本公共服务供给不均衡是吉首市社会发展成果共享面临的突出问题，具体表现为：一是单一的供给无法与多元化的需求相一致，导致公共服务供给效率偏低。目前公共服务政策的制定主体主要由政府承担，而由于个体差异所导致的贫困原因并不相同，使得由政府所主导的单一供给模式无法满足多元个体的不同需求，群众对某些政策便有了抗拒情绪，影响了基本公共服务供给本应发挥的作用，继而影响了扶贫的成效。只有充分满足了贫困人口的各项差异需求，全面脱贫才会得以逐步实现。二是城乡之间由来已久的各项差异，使得基本公共服务供给资源呈现不对等状况，贫困地区没有有效的规划，市政管理混乱，基础设施欠账过多，使得贫困人口无法切实享受各项利益，公共服务供给未有效分配。三是以政府为主体的单体供给渠道，客观上影响了公共服务供给的效率。

2. 基本公共服务供给过程监管不力

现阶段政府对基本公共服务过程缺乏有效监管，影响了供给的效率，最终表现为扶贫作用不明显。目前吉首市在基本公共服务供给方面存在监管缺失或监管滞后现象，政府在制定决策时波动较大，在决策执行过程中也存在一些"暗箱操作"现象，加上 GDP 主义观念依然存在，容易出现急功近利的低效能供给。同时，又缺少外界或上级的监管，导致供给出现忽视了群众尤其是贫困群众的真正需求。

3. 转移就业缺乏产业支撑

转移就业缺乏产业支撑。实现人口转移后，最重要的是给予转移农民自身生存能力和"造血"功能，正所谓"授之以鱼，不如授之以渔"。吉首是一个快速发展的城市，而城市的发展缺乏足够的一二三产方面的产业支撑则会导致难以提供足够的转移农民人群稳定工作的岗位和环境，特别是集中安置在统筹城乡园区的转移农民就近就业的岗位更是少之又少。近些年，为加快产业发展，促进产业升级，吉首市虽然也引进了一些大项目，但新落地项目需要较高的资本、技术、学历等，吸纳劳动力就业能力不强，特别是低端劳动力。同时，就业服务不到位。

（二）对策建议

1. 建立多元化供给机制

一是应以政府为主导，鼓励社会各企业、个人以及其他社会性机构参与，构建以政府为主导、社会主体共同参与的服务供给保障体系；二是降低投入门槛，拓宽社会资本进入渠道，以更加灵活的方式让社会力量参与其中，将适应市场化方式运作、社会力量能够承担的民生工程项目，通过采取政府购买服务等方式，充分提升当地基本公共服务的效率和质量；三是放宽公共服务投资准入条件，鼓励民间资本投向农村基础设施、农村公益事业、保障性住房、农村饮水安全工程等民生工程项目建设与管护；四是加大民生类项目要素整合，放大民生工程政策效应，最大限度提高项目资金的使用效益。

2. 完善监督问责机制

一是明确基本公共服务监督的内容，不仅要对供给主体的资金、服务内容、执行细则等方面进行监管，也要对供给的过程与结果进行全方位的监管。二是构建合力监督机制，充分调动全市上下各方面力量参与监督，使人大、政协、群众、新闻媒体等形成监督合力。要严格实行责任追究制度，对推进基本公共服务均等化不力的部门和工作人员追究责任，确保政府基本公共服务责任的充分落实。三是建立社会参与和监督的机制，积极开展基本公共服务社会满意度调查，通过制度化的方式确立评价主体多元化，规范利益相关者参与机制。四是重新制定政绩考核标准，构建全流程、立体式的问责机制，使基本公共服务的决策、执行等各环节都纳入问责范围。

3. 探索建立农村转移人口就业激励机制

一是探索建立转移人口就业的目标责任考核制度和激励制度。将转移农民劳动力就业工作情况列入对各部门的考核目标，形成促使其认真抓就业的内在动力；二是强化统筹就业保障机制建设，建立管委会和街道负责、社会力量广泛参与的促进就业创业实施责任体系；三是加大劳动执法检查力度，强化日常巡视检查，加强对重点行业和重点企业的监管，加大对违法行为的监督和打击力度，整顿劳动力市场秩序，营造促进就业的良好环境；四是鼓励企业优先吸纳掌握一定就业技能的户籍劳动力，建立企业优先使用转移农牧区人口的激励制度；五是建立党员干部结对帮扶转移劳动力就业体系，充分发挥机关事业单位广大党员干部社会资源丰富的优势，引导和帮助转移劳动力尽快实现就业。

三 文化方面共享发展相应对策

近年来，吉首市高度重视文化共享发展工作，通过重视顶层设计谋划共享、推进文化旅游深度融合、开展群众文化体育活动、加强农村文化阵地建设等举措切实促进了全市文化共享发展，全市人民在共享文化发展成果上取得了重大进步，但是仍然存在文化基础设施建设不完善、民族文化旅游资源挖掘不充分、文化旅游商品产业扶持不到位等问题，亟待加大资金投入和政策扶持力度，进一步促进文化共享发展。

（一）加大投入力度，完善文化基础设施建设

2016 年，吉首市文化体育与传媒支出 3465 万元，同比增长 8.1%，占全市财政支出比重仅为 1.2%。当前，吉首市在图书馆、博物馆、戏剧院等文化载体建设上仍比较落后，广大市民在这方面的需求无法得到满足。建议吉首市加大财政投入力度，完善民族文化基础设施建设。实施民族文化提质工程，加强吉首市图书馆建设、农村电影放映工程、吉首市农家书屋建设和村级民族文化活动室建设。依托湘西深厚的民族文化资源，规划建设湘西历史博物馆，探索乡镇文化设施长效管理机制。

（二）保护民族文化，大力发展民族文化旅游

加强民族文化保护与传承，构建优秀民族文化传承体系，加强文化遗产保护，振兴传统工艺。在保护民族文化基础上，积极整合武陵山地域民族民俗文化旅游资源，通过加强湘西非物质文化遗产园和民族特色文化艺术展演平台建设，大力发展生态文化旅游产业。积极对接旅游市场，深度开发民族文化资源，大力扶持特色旅游工艺产业壮大规模、集合品牌、提升品质。

（三）加大政策扶持，发展文化旅游商品产业

大力扶持文化创意产业发展，大力扶持具有浓郁民族风情和地方民俗文化特色手工艺品、特色旅游纪念品发展，重点支持具有非物质文化遗产认证的手工艺品制作业发展，推进民族手工艺传承与创新，对非物质文化遗产传承人兴办的传统手工艺品制作企业，给予优惠政策和优先支持。

四　教育方面共享发展相应对策

吉首市委市政府高度重视教育共享发展工作，通过加大教育基础设施建设、加快实施教育扶贫工程、扩大教育资源覆盖面、推进教育"四大工程"、实施乡村教师支持计划等多举措促进教育共享发展。但是，当前吉首市教育共享发展还存在以下问题：一是城区学校建设跟不上城市建设步伐，满足不了城区扩容需要，学位不堪重负，大班额现象十分突出。二是受学校管理不到位和教师教学方法不得当，加上部分乡镇村组保障适龄人口入学措施不力及当前就业形势严峻的影响，控辍保学效果不明显，特别是农村初中生辍学率仍居高不下。三是教师结构性矛盾仍然突出，农村中小学合格的音、体、美和英语、计算机教师普遍缺乏，农村地区教师培养与培训机制亟待进一步完善。为进一步促进吉首市教育共享发展，亟待采取以下措施。

（一）均衡发展基础教育

扩大财政投入，均衡配置公共教育资源，依法保障公民平等享有受教育的权利。深入推进教育教学改革，促进学生全面健康成长。积极发展学前教育，逐步把学前教育纳入政府公共服务范畴。巩固提高义务教育质量和水平，加快普及高中阶段教育，关心和支持特殊教育。适应农村人口向城镇转移的新形势，适度调整教育资源城乡分布格局，增加市区、中心镇学校学位。

（二）做好乡村教师培养

实施农村定向师范生"金色种子"第二期高端研修；做好名优教师、骨干教师与农村学校对口交流，与农村教师师徒结对工作；组织名师工作室适时开展乡村学校视导，定期对教学、管理进行诊断；扎实开展区域活动、校际交流和送培、送教下校活动。

（三）继续落实教育扶贫

一是实现资助全覆盖。完善建档立卡与城乡低保户贫困生数据库，按照资助全覆盖标准及时发放各类资助金。二是加快职业教育发展。办好市职专，巩固旅游服务、服装、幼教等优势专业，开展职业培训，培训大学生农民，为建档立卡贫困家庭每户至少培养一名技能型劳动者。三是加大辍学失学控制。整合边远乡镇教育资源，适时推进学校撤并，探索保育式学校建设，构建学校、家庭和社会各界广泛参与的关爱网络，确保贫困少年、留守儿童入学"一个都不能少"。

五 生态环境方面共享发展存在的问题与相应对策

（一）面临的问题和主要挑战

1. 生态保护与经济发展的矛盾依然突出

虽然吉首市从政府层面到群众层面的环保意识逐步增强，但在具体的工作中，环境保护和经济发展的矛盾依然突出，生态保护所带来的经济效益距离群众的期待还有一定距离，在调动群众积极性方面难度较大，怎样在发展中保护、在保护中发展，让人民群众更好地共享生态发展成果，依然在探索中。

2. 生态环境保护的法律保障不够

生态环境保护是一项复杂的社会工程和系统工程，由于相关法律法规的缺失或局限性，目前的环境保护还主要依靠政府监管和审查，环境保护工作齐抓共管的格局没有形成，同时由于对环境保护工作的认识还存在偏差，环保部门既当裁判员又当运动员的情况普遍存在。

3. 生态保护人力不足

从政府监管层面来看，目前吉首市环保部门履职能力相对较弱，队伍结构不优，技术支撑体系不完善，部分工作人员的思想观念、工作作风、业务能力与工作的要求和群众的希望差距较大。从动员群众的角度来看，虽然目前吉首市已经开通"12369"环保热线，但是2016年全年只有环境信访案件176件，群众的积极性并不高，生态保护在人力保障方面还有很大不足。

4. 新兴产业创新性不强

目前推动吉首市生态共享的两大支柱产业是现代农业和旅游业。现代农业方面建设了椪柑、茶叶、蔬菜、中药材、特色水果产业、生态休闲农业、特色养殖、苗木花卉产业园为主的八大产业园，通过推广销售生态农产品增加经济收入，但目前尚未形成优势产业，缺乏创新性，极易被相邻或相近地区抄袭复制。本次调研我们发现吉首市在农业科技方面发展较为落后，很容易在日后的竞争中丧失优势。

（二）加强生态共享发展的政策建议

1. 进一步提高对生态共享发展的认识

生态共享发展需要与群众共享生态文明建设的经济效益和环境效益，也应该积极树立政府、企业和公众的"主人翁"意识。既要不断提高对生态环境保护重要性的理解和认识，发挥各界力量推动生态环境的保护和修复，也要鼓励企业和公众积极发掘良好生态所带来的经济效益，发展生态产业和绿色产业。

2. 加快新兴产业科技创新

推动生态共享发展，科技创新是支撑。一方面，对于高能耗的传统产业，需要积极引入更加环保、绿色的新兴产业技术，提高科技创新水平。另一方面，对于现代农业和旅游业等优势产业，应当积极探索如何提高农业科技水平，形成创新优势，与此同时探索如何借助互联网、电商平台等进行产品推广，打造产品品牌。

3. 打造乡村旅游品牌

推动生态共享发展，兼顾经济效益和环境效益是核心，吉首市生态文明建设最大的亮点是美丽乡村建设项目，在农村环境整治方面取得了非常好的成效，应继续推广上述经验，增强品牌效应，充分挖掘旅游资源，打造乡村旅游品牌。

第五章

湖南省典型地区共享发展经验及启示

第一节　积极探索共享发展新思路

共享作为根本性的发展理念，具有普遍的指导性，但在具体实践中共享发展又存在多种模式。不同区域的自然资源、区位特点、经济发展水平、基础设施状况均有所差异，面临的现实问题也有所差异，如何根据自身特点探寻符合现实需要的共享发展思路是落实共享理念的关键所在。

一　以基层党建聚力引领共享发展

（一）党建引领共享发展的岳塘经验

岳塘区隶属于湖南省湘潭市，位于湘潭市东北端，湖南省湘江与涟水河汇合处，东接株洲市石峰区，南与湘潭县隔湘江相望，西同雨湖区隔湘江相望，北近长沙市长沙县。岳塘是湘潭市行政中心区，是湘潭市乃至湖南省的重要工业基地和国务院批准设立的"资源节约型、环境友好型"社会建设综合配套改革试验区，城镇化率达到95.7%。作为城市地区的代表，岳塘区探索出了一套"以党建为引领，多管齐下"的共享发展思路。

党的十九大报告指出："伟大斗争，伟大工程，伟大事业，伟大梦想，紧密联系、相互贯通、相互作用，其中起决定性作用的是党的建设新的伟大工程。"同时，"坚持党对一切工作的领导"也是党的十九大报告提出的，新时代坚持和发展中国特色社会主义的首要方略。岳塘区在共享发展的过程中，将共享发展理念首先贯彻到党建工作中，实现基层党建资源的共建共享，继而通过党建工作，聚力引领全区的共享发展。岳塘区的党建工作可以概括为"3456"体系。

"3"是指三级联动,落实党建责任层级化。岳塘区委带头建立基层党建联系点,区委领导干部联系1家以上驻区企事业单位,定期研究全区基层党建工作,提思路、定政策、抓落实。街道党工委履行直接领导责任,凝聚区域内各个领域党组织,推动共驻共建共享共治。社区党组织落实主体责任,建立网格党支部或党小组,整合辖区内各单位的优势资源,不断提升社区治理水平。

"4"是指四建融合,促进社会治理多元化。将社区党建和驻街机关事业单位党建、国有企业党建、两新组织党建四条线全部纳入共建组织网络,实现了四建融合。一是落实社区党组织的主体作用,二是突出机关事业单位党组织的示范作用,三是发挥国有企业党组织的优势作用,四是激发"两新"党组织的聚力作用。

"5"是指五项工作机制,推动党建管理标准化。全区9个街道建立"大党工委",45个社区党组织落实了"兼职委员"机制;建立了党建联席会议机制;推进了"五化"建设责任机制;打造了骨干队伍共育机制;健全了考核评价机制五项机制。上述五项工作机制的建立,推进了全区党建管理标准化。

"6"是指六个工作平台,实现党建服务品牌化。教育平台,整合各级各部门党员教育管理资源;共享资源平台,提供了一批社区综合服务阵地;志愿服务平台,打通"民生"服务的最后一公里;共建载体平台,丰富共建活动;工作网络平台,利用新媒体手段加强信息沟通;社会治理平台,完善社会治理体系。

（二）党建引领共享发展的慈利经验

慈利县以党建促共享发展的表现也比较突出。近年来,慈利县加强意识形态工作,制定出台意识形态工作责任制考核问责办法。坚持党委领导、精准施策、依法有序、扎实推进,选派县乡换届工作指导组和会风监督组,全程参与、指导、监督县乡换届。开展党员组织关系集中清理排查、党支部按期换届情况清理排查等基层党建七项重点任务,新建非公有制企业和社会党组织62家。深入开展"基层党组织规范化建设年"活动,开展创建9个市级和32个县级基层党建示范点。启动农村综合服务平台建设,完成乡镇政府"六小"建设投资3227万元。创新出台容错纠错机制，出台《慈利县国家工作人员和党员领导干部履职不力行为问责暂行办法》《慈利县实行容错纠错鼓励干事创业暂行办法》，为敢于担当的干部担当，为敢于负责的干部负责。

二 着力打造地方特色共享发展模式

（一）慈利县的"旅游+"共享发展模式

慈利县地处湖南西部，素有"湘西门户"之称，属于省级重点贫困县，也是武陵山集中连片扶贫开发重点县，脱贫攻坚任务艰巨。近年来，慈利县委、县政府全面落实五大发展理念，共享发展取得了显著成效，为区域经济社会发展提供了有力支撑。在不断的实践摸索中，慈利县共享发展形成了独特的模式和特点，建立了以"旅游+"为特色的共享发展模式。

"旅游+"发展模式符合慈利县的资源特点和生态建设要求。一方面，慈利县地处张家界区域，具有得天独厚的旅游名片。同时，慈利县自身的旅游资源也非常丰富，慈利县历史悠久，最早可以追溯到秦始皇时代；红色文化璀璨夺目，贺龙、萧克、袁任远等老一辈革命家曾在此开辟红色根据地，5000多人参加红军，1400人为革命捐躯；自然资源独特，拥有张家界大峡谷、禾田居山谷、五雷山、江垭温泉、万福温泉、朝阳地缝、四十八寨、南山桃源等张家界东线精品旅游景区景点，国家 AAAA 级景区共有 4 个。另一方面，慈利县生态保护压力较大，环境质量的标准和要求较高。全县共收到中央环保督察组交办件 18 件，督察期间行政处罚企业 8 家，罚款 32.3 万元。全县划定生态保护红线总面积 1703.85 平方公里，占全县国土总面积的比例达到 48.79%。生态环境的高要求对慈利县经济发展造成了一定的限制，近年来慈利县积极推进"去产能"工作，三年共关闭矿山 70 家，传统工业发展受到一定的制约。在这种背景下，积极发展旅游业，打造全域旅游成为慈利县发展的重要方面。

慈利县充分发挥旅游产业的带动性，增强"旅游+"的共享效果。近年来，慈利县旅游产业得到了较快发展，极大地推动了全县经济发展。2016 年全县旅游接待人次和旅游总收入达到 567.34 万人次和 30.81 亿元，分别比 2014 年增长 87.2%、70.1%；2017 年 1—9 月，全县旅游接待人次和旅游总收入分别达到 64248 万人次、31.6 亿元，同比分别增长

54.04%和54.2%，均位居全市第一。旅游业发展的直接效应是增强了地方财力，2017年1—9月全县一般公共预算收入9.08亿元，地方财政收入5.63亿元，分别同比增长40.41%、27.18%。另一方面，慈利县增加旅游业发展的关联性，增强区域整体发展水平，积极发挥"旅游+"的间接效应。加强旅游与农业和农村的结合，创新性地提出旅游扶贫的四种模式（景区辐射模式带动、休闲体验模式推动、节会赛事模式舞动、新兴业态模式撬动），对推动慈利县扶贫工作发挥了重要作用，2017年慈利县被评为湖南省旅游扶贫示范县。以旅游产业带动教育发展，积极筹备开办旅游专业教育学校，争取建立旅游大学。以旅游促进道路等基础设施建设，推动绿色发展，全县森林覆盖率提高到66.53%。以旅游带动信息化发展，在旅游产业中积极引入远程预约、大数据分析等现代信息技术。慈利县这种根据自身优势和特点，以关联性强的核心产业为主导的共享发展模式，对于推动区域共享发展具有一定的借鉴价值。

（二）祁阳县的"文化强市"与"文教兴县"共享发展模式

祁阳县政府推出"文化强市"与"文教兴县"决策部署。在文化领域，借力全县文化基础设施建设促进文体资源共享，完成农村综合性文化中心建设，并稳步推进文体中心建设。祁阳县投资修建文化特色广场，打造社会主义核心价值主题公园，按"政府买单，百姓看戏"的总体部署，在广场举办文艺节目、活动宣传，丰富群众的文娱生活；投资修建体育馆与图书馆，发挥公共文化服务功能，丰富全县人民的精神文化生活，共享文化改革发展成果。祁阳县积极开发保护当地文化遗产与文物资源，大力发展文化旅游业，带动祁阳县文化共享发展；发展广播电视网络事业，促进舆论信息共享，注重农村文化共享工程，通过向社会公开招商引资竞标，进行"农村卫星直播户户通"、农村广播"村村响"工程建设；严管文化市场，保护文化环境，确保全县文化市场秩序规范与平安稳定。

在教育领域，牢固树立"以人民为中心"以及"抓教育就是抓发展、抓未来"的理念，以切实行动推动"文教兴县"战略落地落实，大力改善办学条件，着力加强队伍建设，奋力提升教育质量。一方面，坚持"党政重教"不动摇。县委县政府多次主持召开现场办公会和座谈会，实地督查指导，及时解决了学校征地选址、城区学校规划布局、教育项目融资等发展难题，县政府领导亲自担任创建省教育名县工作小组组长，专题研究解决教育项目审批、规划选址、征地拆迁、项目融资等问题，集中力量办成了一批看得见、摸得着的实事好事。各镇（街道）主动履行教育工作职责，为发展区域教育事业做了大量卓有成效的工作。

另一方面，部门支教不打折。在教育重大项目建设中，县经开区、发改委、财政、教育、住建、国土、人社、监察、审计、"两办"督察室等部门协调联动，确保了项目建设落地达效。在校车管理和校园周边环境综合治理中，县综治、安监、公安、交警、交通、城管、环保、教育、卫计、食药工商质量监督、文体广播新闻等部门密切配合，切实维护了校园的安全和谐稳定。在帮扶学校方面，县财政、城建投、电力等部门积极捐款捐物，真心实意为联系学校解决了诸多实际问题。全民兴教不松劲。祁阳县各教育界积极成立基金会，捐资学校建设，奖励优秀师生，资助贫困学生，改善城乡办学条件，为促进城乡教育公平做了实实在在的工作。快速推进农村公办幼儿园的建设，强势启动标准化学校建设，有序推进城区学位建设，扎实推进普高项目建设，强劲推进职教项目建设。祁阳县全面深化教育综合改革，在教育管理体制、课堂教学改革、育人模式改革、招考制度改革、人事支付改革等方面取得了显著成效，在推动城乡教育共享方面起到举足轻重的作用。

三 统筹推进城乡一体化发展

城乡发展不平衡是中国共享发展领域普遍存在的问题，因而城乡一体化发展是推进共享发展的重要途径。以岳塘区为例，虽然岳塘区整体上属于城市地区，但其中也有少部分农村地区，因而岳塘区并未忽视城乡一体化发展。岳塘区的城乡一体化发展强调乡村振兴，主要经验如下。

一是重视村集体经济发展和农民增收。发展壮大村级集体经济，是加快现代农业快速发展、实现城乡一体的重要环节。近年来，岳塘区高度重视村级集体经济发展，采取了一系列行之有效的措施与办法，如成立了村级集体经济发展领导小组，召开了村级集体经济发展工作会议，制定了实施方案与考核细则，举办了研讨班并进行了实地考察学习。岳塘区的村级集体经济发展也取得了良好的成效。例如，霞城街道五星村壮大鸿星物流，加强与湘钢、湘机、湘电等大型企业的合作，村集体年收入逾400万元，为改善基础设施、增加村民福利提供了有利条件。而且全区四个村级集体经济空白村已全部清零。

二是加强龙头企业、合作社、家庭农场等新型农业经营主体建设。岳塘区已经培养壮大了以正江蔬菜种植专业合作社为代表的十余家合作社，其中还包括数家示范性合作社。岳塘区大力扶持的国家级、省级、市级龙头企业已达到 8 家，这些龙头企业在 2015 年和 2016 年累计完成销售收入分别达到 51.6 亿元和 54.7 亿元，较好地带动了农民增收。

三是推进农村土地承包经营权确权登记颁证工作。岳塘区于 2015 年 10 月召开了土地确权登记颁证工作动员会，成立了工作领导小组，制定了实施方案与制度，开展了宣传培训，目前，土地确权工作正有序进行。

四是齐抓"双百工程"，稳步推进美丽乡村、新农村建设。近年来，岳塘区 16 个村每年都突出建设 1—2 个示范村和 2—3 个环境整治村，已先后有 3 个村成功创建了省级美丽乡村示范村，2017 年岳塘区又重点打造了一个美丽乡村示范片和 2 个美丽乡村示范村，并申报 1 个省级美丽乡村示范村。例如，荷塘乡清水村通过两年的新农村建设工作，取得了较好的成绩，2014 年以来先后获得了"湖南省美丽乡村示范村""湖南省秀美村庄""湘潭市水利建设明星村"等荣誉称号。

五是全面落实减负惠农政策。近年来，岳塘区开展了损害涉农利益专项整治工作，对涉农部门进行了自查自纠，由财政"一卡通"发放的涉农补贴全部及时、准确发放到农户的个人账户上；对涉及面广、关注度高的教育、农电等收费部门，进行了实地调查和暗访活动，加强了对村级经济的监督管理，及时发现和纠正了违规现象。同时，岳塘区积极开展"一事一议"农村小型公益事业项目建设，争取上级财政奖补资金，有力地保证了项目的完成。

六是积极推进城乡社保体系一体化。近年来，岳塘区通过培育社会公益力量、完善社会保障制度体系、发展多层次的社会保障等多种途径，有效地打破了社保体系城乡分割的局面，推进了城乡社保体系的一体化进程。

四 以新型城镇化促进共享发展

吉首市是湘西土家族自治州州府所在地，属于民族地区城市化水平较高的区域，近年来吉首市委市政府积极落实共享发展理念，在推进共享发展方面进行了有益尝试，探索出了以新型城镇化促进共享发展的思路。

吉首市围绕建设武陵山片区中心城市战略，按照州委州政府新型城镇体系和发展格局的总体部署，加快完善城市功能，全面提升城市品质，完善城市职能体系，增强中心城区辐射带动能力，全面推进以扩容提质、近邻组团、城乡统筹为重点的新型城镇化建设，全力构建"大吉首城"。坚持分类指导，有序推进农业转移人口市民化，对基本融入城市、在城市有稳定工作、举家外出的农业转移人口，放宽落户条件，优先解决城市落户问题。强化环吉首经济圈的城镇职能，依据城镇主体特色，按综合型、旅游型、商贸型、工贸型、边贸型五类城镇发展要求，高标准编制城乡路网、公共交通、供水排水、电力通信、治污排污等基础设施专项规划，统筹指引市域城乡一体化发展。2016 年，全市城镇人口 25.4 万人，城镇化率为 75.5%，比 2015 年提高 2.24 个百分点。

信息化建设是提升社会管理效能的必由之路。"智慧城市"，就是充分利用移动通信、物联网、云计算等信息通信技术，实时感测、分析、处理、整合城市运行核心系统的各项关键数据和信息，特别是整合并联通政府、社区、企业等原有独立的信息系统，为城市运营管理提供随需应变的决策支持与执行工具，将"智慧服务"融入城市民生的方方面面，实现城市运行的全面和谐。2016 年，吉首市正式实施"智慧吉首"建设，内容涵盖智慧交通、智慧路边停车、智慧政务、智慧城管/城市网格化管理整合、智慧旅游、市民城市一卡通、智慧教育、智慧医疗、智慧管网、平安城市、安全生产综合监控系统、应急联动平台、智慧社区、智慧园区、智慧城建、智慧水务、智慧环保、智慧物流等多个领域。目前，正在积极建设大数据中心，优化大数据采集体系，加快推动基础设施建设，同时通过试点方式逐步推进停车管理、政务服务、旅游出行等智慧化工作。项目建成后，市民能通过智能手机、互联网等方式享受到更便捷、高效、灵活的公共管理服务模式。智慧城市的建设以良好的软硬件设施，实现城市管理的智慧化、高效化、科学化、精细化，全面提升社会服务管理水平。

五 大力拓展产业扶贫特色之路

（一）慈利的旅游精准扶贫之路

慈利县是省级贫困县，扶贫压力大。2017 年，慈利县共有建档立卡贫困户 24274 户，共 86892 人；其中未脱贫 14162 户，共 48590 人。按照 2018 年年底完成脱贫攻坚任务的要求，任务相当繁重。近年来，慈利县全力开展脱贫攻坚战。2016 年年底，全县小康实现程度达到 87.9%，2017 年 1—10 月，用于民生支出 22.74 亿元，148 名驻村帮扶工作组合万名干部开展驻村结对帮扶工作。在实践过程中，创新地提出产业扶贫、旅游扶贫和金融扶贫。其中旅游精准扶贫四种模式得到湖南省委高度重视。这四种旅游精准扶贫模式即：高位谋划，聚集旅游精准扶贫"引领力"；基础先行，提升旅游精准扶贫"支撑力"；创新模式，展现旅游精准扶贫"行动力"；强化责任，筑牢旅游精准扶贫"保障力"。

（二）祁阳的主导产业"融合"扶贫之路

祁阳是农业大县，辖 22 个镇（街道）办事处，总人口 108 万，其中农业人口 86 万，建档立卡贫困人口 30750 户、87149 人，省定贫困村 88 个，是全省脱贫攻坚任务较重的面上县。祁阳县按照省市和精准扶贫的总体要求，坚持把脱贫攻坚作为第一民生工程，把产业扶贫作为脱贫攻坚的重要抓手，围绕"四个突出"，扎实推进产业扶贫工作，取得显著成效。

一是突出与主导产业"融合"，充分发挥产业扶贫政策优势，以传统优势主导产业为依托，以市场为导向，本着资源可持续利用、项目能长久发挥实效的原则，因地制宜、科学合理地选择、确定和安排农业产业扶贫项目。按照"产业区域化、基地规模化、生产标准化、经营集约化、管理精细化"的要求，全力打造"一村一品、一乡一业"的特色农业产业基地，通过大扶农业主导产业，大建农业产业基地，2016 年发展粮、油、果、蔬、茶、药材基地共 98 万亩，带动 0.93 万贫困人口实现脱贫致富。

二是突出与美丽乡村共建。祁阳县把产业扶贫与美丽乡村建设相结合，将省定贫困村纳入美丽乡村建设计划，采取"美丽乡村建设＋产业发展＋脱贫攻坚"工作模式，建设美丽乡村 25 个，较好地实现了贫困村整体脱贫摘帽。围绕全县各贫困村实际，农业、林业、环保、文化、旅游等职能部门结合"一村一业、一村一品、一村一景"的要求，为每个有条件的贫困村制定出科学的中长远产业发展规划，有效提升了贫困村整体脱贫水平。

三是突出与龙头企业联姻。祁阳县推行"龙头企业 + 合作社 + 贫困户"的模式，走出了一条"龙头带动，农企对接，基地化发展"的产业化扶贫开发新路子，形成了支柱产业快速发展、龙头企业不断壮大的双赢局面。

四是突出与融资平台对接。为切实解决贫困村、贫困户"融资难"问题，祁阳县在加快小额扶贫信贷的基础上，进一步创新融资平台，并突出贫困村、贫困户对接，助力脱贫致富。确保财政资金精准投向，确保扶贫政策到位，项目落实到位、投入安排到位。财政资金、项目资金进行倾斜扶持，投向贫困村、贫困户，实行精准投放，形成的资产直接量化到村落实到户，增加贫困农户的财产性收入。并在实施过程中，根据上级拨付的扶持资金规模以及各规划村实际情况的变化，可以对不适宜的规划村或规划项目及其规模做适当调整，以保证项目安排更切合实际，扶持效果更加明显。

（三）吉首的多措并举产业扶贫模式

吉首市针对本地区农村脱贫致富支柱产业薄弱的问题，先后出台了《吉首市产业扶贫奖励实施方案》《吉首市金融扶贫实施意见》等文件，一方面鼓励贫困户和农业合作社，积极利用金融扶贫贴息贷款发展脱贫产业；另一方面鼓励和引导贫困户，以财政扶贫资金、金融产业扶贫贷款、土地和农林等产业经营权，入股或者委托合作社，通过股份和分红，多渠道增加收入。在精准扶贫过程中，吉首市多措并举，以发展各种产业为突破口，坚持长短结合，坚持突出特色，坚持市场导向，创新产业扶贫"新路径"，拓宽了贫困群众收入增长渠道。

一是实行"参与式"扶贫，改革扶贫资金分配方式。明确规定扶贫资金的 60%，必须用于产业发展，且实行以奖代补竞争性分配办法，明确财政专项扶贫资金不再按以往"按村分配"，而是"以奖代补"的方式，投向产业扶贫项目和建档立卡贫困对象。

二是推进"联动式"扶贫，建立利益联结机制，鼓励和引导贫困户，以财政扶贫资金、金融产业扶贫贷款、土地和农林等产业经营权，入股或者委托合作社，通过股份和分红，多渠道增加收入。

三是实施"链条式"扶贫，推动一二三产业融合发展，大力实施"旅游＋"推动"绿水青山"变成"金山银山"。

四是推动"开放式"扶贫，激活社会资本，充分发挥政策资金的杠杆作用，撬动金融资本共同参与，构建政府、市场、社会协同推进的"开放式"扶贫格局。通过着力实施"精准战略"，贫困人口大幅减少，全市贫困人口由2011年的10.2万人减少到2015年的2.8万人，五年减少贫困人口7.4万人。

六　着力提升基本公共服务水平和质量

提高公共服务水平和质量是共享发展的重要保障。以岳塘区为例。近年来，岳塘区为保障民生需求，提升居民幸福指数，不断调整和优化支出结构，强化养老、教育、文化、社保等公共服务体系建设，促进公共服务设施互联互通、共建共享。

2017年1—10月，岳塘区教育、医疗卫生、社会保障等11项民生支出8.75亿元，占总支出的81%，比2016年同期增长20%。为促进教育发展，安排教育经费1.8亿元，建立了城乡统一、重在农村的义务教育经费保障机制，统筹解决"农村学校太弱、城市学校太挤"问题，实现了保障政策、补助标准和分担比例"三个统一""两免一补"等义务教育经费随学生携带流动，切实解决区域教育公平问题，实现4115名外来务工人员子女100%入学。

为助推文化产业发展，安排2500万元，突出文化人才、文化设施、文化阵地建设和文化活动开展，实现全区9个街道综合文化站面积均达350平方米，45个社区、16个村均建有200平方米或以上的多功能文化服务中心，文化站（室）100%达标，人均拥有公共文化体育设施面积达3.8平方米，全面构筑了城区、农村公共文化服务圈。

为提高社会保障水平，2017年安排财政对企业养老保险基金补助150万元，城乡养老基金补助25万元，机关养老财政补助7042万元，城乡医保补助500万元，健全低保、特困供养、临时救助等制度政策，将低保标准与扶贫标准"两线融合"，提高最低生活保障水平到人均460元/月。同时，不断完善养老服务保障制度，养老服务日益完善，全区已有1855人享受政府高龄津贴和政府购买的居家养老服务。同时，为了推进医疗卫生和计生事业的发展，2017 年投入 5748 万元，进一步完善了医保差别支付政策，将财政对城乡居民医保人均补助标准提高到 450 元。

为强化生态环境保护治理，岳塘区累计投入 2 亿余元，积极响应湘江流域重金属污染治理工作，在全省率先实现污染企业整体关停，为全省乃至全国重金属污染治理提供了可复制、可推广的经验，得到了中央、省、市各级领导的充分肯定和社会的广泛赞誉。同时，岳塘区还累计投入 1 亿余元对 146 条背街小巷以及 64 个老旧小区进行提质改造；2017 年已投入超 4000 万元，对 "品质岳塘" 建设 70 个老旧小区、31 条背街小巷实施提质改造；投入 350 万元用于城市基础设施维修维护，为居民提供了更加舒适的生活环境。

第二节　精心构筑共享发展长效机制

从理论上讲，共享是弥补市场失灵的重要手段，与市场竞争和单纯追求经济收益的资源配置方式存在一定的差异，因此，共享发展与微观经济主体经济行为有所不同。在这种情况下，单纯依靠短期政策很难实现共享长期发展，全面落实共享理念必须完善相关制度和机制，通过制度和机制建设实行共享发展的规范化和长期化，只有相关制度的完备，共享发展才能形成持续效果。近年来，课题调研的四个典型地区在推进共享发展机制建设方面进行了积极探索，形成了若干具有特色的共享发展机制。

一　积极探索优质公共资源共建共享机制

优质公共资源共享是共享发展的一项重要要求。岳塘区在推进共享发展的实践中，特别重视推进优质公共资源的共建共享，在医疗、教育领域表现尤其突出。

在医疗领域，岳塘区主要采取了 "1 + 1 + X" 组合服务模式，即组建基层医疗服务机构、综合医院、专科医院的医疗健康集团并提供组合服务。与集团签约的居民既能方便地在基层进行首诊，又能根据需要享受条件较好的综合医院或专科医院的服务。医疗健康集团的核心医院每周派专家下基层坐诊、开展健康教育讲座，接受基层工作人员进修，为家庭医生团队提供技术支撑，逐步提高基层医生的服务能力。同时，医疗健康集团还通过"八个统一"合作，实现医疗资源在集团内的共建共享和合理布局。

在教育领域，岳塘区通过集团化办校、校校结对帮扶、教师轮岗交流、教育扶贫等措施，有力推进了共享发展。通过集团化办校，岳塘区组建了四个教育集团，已经形成了集团内部学校优势互补、资源互享、师资互通、平台互建、课改互帮的格局。在探索校校结对帮扶模式的过程中，深化联点帮扶工作，各城区优质学校与条件相对薄弱学校签订结对帮扶协议，以"强校"带"弱校"，破解薄弱学校发展难题。岳塘区26所学校已经有序结成8对帮扶校，促进了基础教育区域和校际间优势互补、资源共享和共同提高，推动基础教育均衡优质发展。通过教职工轮岗交流，已经实现6名校长和80余名教师交流。完成"三区"支教任务。通过教育扶贫，实现了"四个全覆盖"，即对建档立卡对象动态管理全覆盖，对建档立卡对象教育扶贫资助政策宣传资料发放全覆盖，建档立卡家庭子女就学资助政策落实全覆盖，与建档立卡户结对帮扶全覆盖，确保区内学生不因贫困失学。同时，岳塘区每年安排进城务工人员子女就读4000人左右，占全区学生总人数的1/5。

慈利县也建立一系列有效机制来积极推进教育事业发展，如加强教育资源共享力度，开展"1+N""网络进校园"等模式，推动城乡教育资源共享，加大人才引进力度，强化培训模式，建立农村教师培训制度和新教师农村实习制度等。目前，该县小学适龄儿童入学率达到100%，高中阶段教育毛入学率由2014年的85%增长到2016年的94.5%。

二 以改革破除共享发展体制障碍

共享发展虽然已经成为中国的主要发展理念之一，但在贯彻落实的过程中仍会受制于一些体制障碍。通过改革破除这些体制障碍，才能更好地推进共享发展。慈利县在这方面的三点经验值得借鉴。

一是积极推进相关制度的调整。为了促进发展，慈利县积极争取推进省直管县经济体制改革试点，"全省新型城镇化试点县"等23项试点政策落地，政府机构改革、事业单位分类改革、乡镇行政区划调整和并村改革、乡镇站所"四权下放"等改革任务基本完成，政府工作部门减少24个，乡镇减少25个，建制村（居）减少427个。2016年全县252项改革事项基本完成，其中社会治安综合治理网格化管理等 10 项自主改革事项成效显著。

二是积极推进"放管服"改革力度。商事制度改革和行政审批制度改革深入推进，三年来共取消行政审批事项 13 项，承接上级下放行政审批 96 项，委托下放 2 项，目前全县非行政许可审批已全部清理。深化与国家开发银行的战略合作，华融湘江银行进驻慈利，慈利农村信用社成功改制农商行。推进扩权强镇试点改革，进一步整合经济发达乡镇机构设置、工作力量，加快推进镇改街道办事处、乡改镇改革，探索城市管理执法、财政评审等权力向乡镇下放。

三是完善生态文明制度。坚持严格实行环境质量属地管理原则，把资源消耗、环境损害、生态效益纳入经济社会发展评价体系，建立健全土地空间开发保护制度、水资源管理制度和环境保护制度等。积极实施环境整治"7＋2"、城乡绿化三年攻坚、"六城同创"行动。

三　大力推进共享发展制度建设

党的十八届五中全会紧扣时代脉搏，顺应人民期盼，提出了以共享发展为出发点和落脚点的"五大发展理念"。注重顶层设计是党的十八大以来以习近平同志为核心的党中央治国理政的鲜明特色，共享发展理念就是党中央作出的一项重大的新顶层设计，是在沿着"先富—后富—共富"道路前进过程中产生的，将引领人民朝着共同富裕方向稳步迈进。共享发展理念的新顶层设计与"先富—后富—共富"道路的顶层设计犹如鸟之双翼、车之两轮，两者相辅相成。

（一）岳塘的共享发展制度建设

在推进共享发展的过程中，岳塘区十分注重共享发展长效机制的建设，在扶贫、基层公共卫生服务、生态环保领域的表现尤为突出。

第一，为巩固和继续推进脱贫攻坚工作，岳塘区先后制定了《岳塘区党政正职脱贫攻坚工作问责机制（试行）》《巩固脱贫攻坚成效的实施意见》《岳塘区建立健全稳定脱贫长效机制实施细则》等一系列工作文件，从组织领导、绩效考核、实施过程为脱贫攻坚提供了机制保障。其中，《岳塘区建立健全稳定脱贫长效机制实施细则》对脱贫人口动态调整、贫困人口稳定脱贫、脱贫攻坚措施做出了详细的安排。

第二，为提升基本公共卫生服务水平和质量，岳塘区人民政府成立了由分管副区长任组长的国家基本公共卫生服务项目管理领导小组，设立了项目管理办公室，配备了 2 人负责项目管理工作，切实加强了项目的组织领导。在制度建设方面，区人民政府下发了《关于进一步加强基层医疗卫生服务体系建设的实施意见》，明确了保障基层医疗卫生机构的人员编制、财政投入、机构设置和建设、人才队伍建设；区卫计局印发了《岳塘区专业公共卫生机构和中医医疗机构指导基层开展基本公共卫生服务工作实施方案》等指导性文件，建立了以基本公共卫生服务的数量和质量、服务对象满意度等为主要考核内容的考核评价机制。在分工协作机制建设方面，区人民政府下发了《关于建立岳塘区国家基本公共卫生服务项目协调工作机制的通知》，强化了项目领导及分工协作机制，并定期召开工作会议，研究解决项目工作；区卫计局和区财政局联合下发《关于调整岳塘区基本公共卫生服务项目领导小组、专家指导小组和基本公共卫生服务项目实施管理办公室的通知》《关于明确岳塘区专业公共卫生机构和中医医疗机构在基本公共卫生服务中工作职责的通知》，明确了专业公共卫生机构和基层医疗卫生机构职能分工。同时还强化了考核机制，建立了以基本公共卫生服务的数量、质量和服务对象满意度等为重要考核内容的考核评价机制，考核结果与经费分配直接挂钩。

第三，为推进生态文明领域的共享发展，岳塘区成立了由区委书记任顾问、区长任组长的岳塘区生态环境保护委员会，建立健全了全区"党政同责、一岗双责"的环境保护责任体系。制定出台了《岳塘区迎接中央环保督查工作方案》《岳塘区党政领导干部生态环境损害责任追究实施细则》《大气污染防治特护期强化工作方案》《岳塘区关于加快推进黄标车淘汰工作实施方案》《2017 年岳塘区禁烧（垃圾、杂草、秸秆）工作责任追究办法》《禁燃工作方案》《2017 年全区环境双随机监管执法检查工作计划》等一系列方案、计划和办法。

此外，在教育共享领域，岳塘区也先后出台了《岳塘区教育集团实施方案》《岳塘区教育集团建设章程（试行）》《岳塘区教育集团建设实施方案（试行）》《岳塘区教育集团管理暂行办法》和《岳塘区教育集团建设引导资金管理办法（试行）》《岳塘区推进义务教育学校校长教师交流工作方案》等文件，为推进教育资源的共建共享提供了有力的机制保障。

（二）祁阳县的共享发展制度建设

祁阳县政府深刻理解和准确把握共享发展的科学内涵、实现路径及保障措施，深知发展成果全民共享这一目标，狠抓加强基本制度建设这一重要的根本环节。祁阳县政府根据当前全县社会发展情况，充分了解公民所需所想，以及各职能部门在现实中遇到的具体问题，以此为依据对经济、社会、文化等各方面制定了政策文件，力求使制度作用得到发挥，从而使共享发展这一理念得到真正贯彻。除基本制度之外，具体制度也相应出台各项文件，使得共享发展不仅体现在宏观的制度角度，也能够有效应用到各项具体事务之上，将共享理念落实到每一个具体角落。祁阳县政府做好了各项制度安排，统筹规划，全局考虑，照顾城乡、区域及各阶层之间的现实需求，在注重差异化的同时保障发展的整体性，实现祁阳县各阶层和各领域发展的共享性，实现共建共享。

祁阳县政府先后在扶贫、教育、医疗、社会保障、生态环境等相关方面出台各政策文件。以扶贫方面为例，《祁阳县驻村帮扶工作管理办法》《祁阳县脱贫攻坚战役 2017 年工作方案》《中共祁阳县委关于加快推进精准扶贫开发工作的决议》《祁阳县人民政府关于贯彻落实中央、省市精准扶贫战略部署的实施意见》《祁阳县精准扶贫产业发展规划》《祁阳县关于兜底保障农村贫困人口的实施意见》《祁阳县社会力量参与精准扶贫实施方案》《祁阳县干部联户帮扶工作实施办法》《中共祁阳县委组织部关于在精准扶贫工作中加强贫困村基层党组织建设的若干意见》《祁阳县精准扶贫工作考核办法》《祁阳县驻村帮扶工作队管理考核办法》等，这一系列政策文件的出台为祁阳县打赢脱贫攻坚战提供了重要依据，也更深落实了共享经济社会发展红利。

第三节　几点启示

一　促进社会公平正义是社会共享发展的核心要领

改革开放之初，中国以经济建设为中心，建立了社会主义市场经济，并强调效率优先、兼顾公平的原则，近40年来中国的经济社会发展迅猛。但是，中国在经济发展过程中也出现了收入差距不断拉大、区域发展不均衡等问题。因此，习近平总书记在党的十九大报告中强调，中国特色社会主义进入新时代，"我国社会主要矛盾已经转化为人民日益增长的美好生活需要和不平衡不充分的发展之间的矛盾"。现阶段，我们必须转变以往只注重效率而忽视社会公平正义的经济发展方式，要在共享发展理念引领下，更加注重促进和维护社会公平正义的发展道路，更加注重解决不平衡不充分的发展问题。

二　提升人民获得感是社会共享发展的根本目标

民生是幸福之基、社会和谐之本。人民对"获得感"的渴望与追求是对美好幸福生活的向往，是改革与发展的最终目的。随着全面建成小康社会决胜阶段的到来，人们对小康社会总体性内涵的期望和要求更加殷切、更加强烈。"获得感"不仅是改革和发展带来的物质生活水平的提升，还有医疗、教育、社会服务等公共服务方面的满足。在社会发展成果共享过程中，县级政府应以提升人民获得感是社会发展成果共享发展的根本目标，努力打破影响人民群众权益的利益固化藩篱，实际解决人民群众的教育、就业、社保、医疗、生育政策等方面的具体问题，将发展成果转化为老百姓看得见、摸得着、感受得到的红利，以实际行动创造更多"看得见摸得着"的实惠。

三　基本公共服务均等化是共享发展的主线和导向

近年来，中国基本公共服务均等化进程明显加快。城乡居民医疗保障制度从无到有、从局部到整体，完成了全覆盖；城乡基本养老保险制度全面建立等。推进基本公共服务均等化，是共享改革发展成果的必由之路，是实现人人共享社会发展成果的制度安排，也是实现社会基本平等、解决民生问题和缩小城乡差距的现实要求。基本公共服务均等化是促进社会发展成果共享的主线和导向。因此，要加快推进中国基本公共服务均等化：一是要加快建设服务型政府。强化基本公共服务均等化理念，明确政府各部门的责任和分工，建设以公共利益为目标、以公共需求为尺度、以为全社会提供高质量公共服务为方向的现代服务型政府。二是建立健全基本公共服务多元化供给机制。坚持政府负责的前提下，实现基本公共服务提供主体和提供方式多元化，逐步形成政府主导、社会参与、公办民办并举的基本公共服务供给模式。三是完善基本公共服务财政保障机制。建立健全与财力增长相匹配、与基本公共服务需求相适应的基本公共服务投入增长机制，同时，给予基层政府相对多的财力支撑，用于农村基本公共服务供给。

四　区域自我发展能力是共享发展的动力和源泉

区域自我发展能力是区域主体基于自身现实条件，依靠系统内部发展机制，整合利用各种资源，因地制宜发挥优势，挖掘发展潜力、激发发展动能，以实现区域内经济、社会、生态等持续健康发展的一种能力。区域自我发展能力是促进社会发展成果共享的动力和源泉，只有提升地区自我发展能力才能为共享发展创造良好的物质条件和外部环境。因此，要大力培育区域自我发展能力：一方面，调动本土潜能，激发地区萌发实现自我发展的内在冲动。依靠开发和提升本地劳动力素质，积极培育市场主体，大力发展特色优势产业，将本地潜在的资源优势转化为现实的经济优势，增加区域内部的财富创造，为改善民生提供更多可能性。另一方面，吸引和嵌入外源性资源，加速地区自我发展能力的形成过程。充分利用外部资源，培育自我发展能力。通过改善产业发展环境，发展产业配套，积极承接产业转移，并增大这些产业的根植性；通过技术、经济、人才和文化交流，寻求更多的合作关系，积极开拓国际和国内市场。

五　政策的协同、整合是社会共享发展的重要抓手

近年来，国家实施出台一系列促进社会发展成果共享的公共医疗、就业、社会保障、环境保护等多方面政策，县级政府要牢牢抓住这些"共享"政策带来的发展机遇，以协调与整合相关政策为社会发展成果共享的重要抓手，加强县域发展与促进社会发展成果共享协同，发挥政策的组合效应，突出政策的集成效应。政府部门更要以当地的实际情况为出发点，因地制宜根据政策需求，科学调动、合理整合人力、财力及物力等资源，实现资源和资金的优化配置。同时，要进一步加强各部门间的协作，从资金安排、项目规划到基础设施建设、发展能力建设及监督检查工作，充分调动全社会各界的力量广泛拥护并积极参与进来，共同推进"人民群众共享发展成果"。

六　政策执行力是社会共享发展的前提和保障

"共享"政策的执行是民生福利水平提高的核心环节，高效的政策执行力是促进社会发展成果共享的前提和保障，提升政策的执行力对有效实现"共享"政策目标和达到预期效果具有重要意义。政策的执行力关键在于执行者，因此，要推动政策执行者三方面能力提升：一是政策的理解能力，即理解政策内容和领会精神实质的能力；二是政策的组织能力，即执行者整合各方面要素，贯彻实施政策的能力；三是政策的创新能力，即执行者在贯彻政策原则的基础上可以根据具体情况灵活的执行政策的能力。只有执行者的理解能力、组织能力和创新能力，才能将各方面资源进行合理配置、科学利用、系统整合，发挥资源的最大效应，以主动灵活的、创造性的方式完成政策的预期目标。

七　政府投入是实现共享发展的重要保障

实现共享发展离不开政府的大力支持，尤其是政府资金支持，确保政府资金稳定投入，建立财政资金稳定投入增长长效机制是开展共享发展工作的基础。例如，慈利县在实现文化教育共享发展工作过程中充分体现了政府投入的重要保障作用，一方面，慈利县积极整合资金推进公共文化服务基础设施建设，先后投入 3.5 亿元建设了县级文化艺术中心，投入 1.5 亿元建设了县级全民健身中心，投入 1 亿元建设了乡镇文体活动中心，在实现文化共享发展方面取得了显著成效；另一方面，慈利县加大了教育经费投入力度，教育经费投入呈现逐年增长趋势，从 2013 年的 53699 万元增长到了 2016 年的 75971 万元，教育经费投入占全县地方财政预算支出的比重达到了 18%，在教育共享发展方面努力实现教育公平。

共享发展指标体系与指数

一 研究现状

改革开放三十多年来，中国经济社会发展取得了举世瞩目的成就。但是伴随着经济社会的持续快速发展，经济收入差距拉大、社会资源分配不均等现象越来越突出。发展中的不公平问题不断累积，成为中国在跨越中等收入陷阱过程中亟须解决的关键问题。党的十八届五中全会提出的共享发展理念，正是基于对当前中国经济社会种种不平等的反思，是实现社会主义共同富裕的集中体现。

共享发展理念为中国今后的发展路向提供了理论依据，但是实践还离不开对客观实情的判断。因此，如何科学地评价共享发展水平是亟待解决的现实问题，需要构建科学、客观、全面的共享发展评价体系来为国家推进共享发展理念和政策提供重要的依据和参考。王蕾等（2012）在中央明确提出共享发展理念之前，就从发展机会共享、基础设施共享、公共服务共享、发展成果共享四个方面构建了城乡共享评价体系，并对山东省进行了评价。易昌良（2016）从共享发展的战略出发，从共享环境、共享绩效和知识共享 3 个领域构建中国省际和城市共享发展的指标体系框架，并分别选取了 43 个指标和 27 个指标设计了省际和城市共享发展的指标体系。张琦等（2017）从共享发展的内涵出发，从经济发展分享度、社会保障公平度、公共服务均等度、减贫脱贫实现度和生态环境共享度 5 个维度构建中国共享发展指标体系，并分别选取了 25 个和 16 个基础指标，并从综合层面和城乡层面对省际共享发展指数进行了测算。

可以说，王蕾等（2012）和易昌良（2016）对共享发展评价指标体系的框架和指数构建具有开创性意义，而张琦等（2017）对共享发展指标体系的构建则充分体现了共享发展理念的内容：以推进社会公平正义为前提，以推进扶贫脱贫、缩小收入差距为抓手，以推进区域、城乡基本公共服务均等化为保障，以推进共同富裕为目标。但是王蕾等（2012）的评价体系聚焦城乡，不能完全展现不同省份之间的差异，而后述两个研究成果对共享发展评价体系的构建依然未能摆脱经济社会发展评价的一般性框架，并且在基础指标的选取上，对共享发展理念内涵的体现不够。其原因可能在于目前学术界对共享发展理念的内涵尚未形成统一意见。此外，后述两个研究成果均是采用效用值法对基础指标进行无量纲处理，对每个基础指标给予相同的权重，加权求和后获得共享发展指数。但是每个基础指标具有同等解释力是对每个基础指标给予相同权重的前提条件，而两个研究成果都未对此进行充分说明。

因此，有关共享发展的评价指标体系仍有待进一步的研究。本书试图在深入分析和把握共享发展的内涵和特征的基础上，结合中国特色社会主义建设五位一体总布局，提出共享发展的评价指标体系。

二 指标选取原则

共享发展评价指标的选取要符合实际，既要能够全面准确地反映共享发展状况，又要保证指标体系的关键性与精简性，不冗余、不重复。

（一）科学性原则

共享发展评价指标体系必须遵循经济社会发展规律，采用科学的方法和手段，确立的指标必须是能够通过观察、测试、评议等方式得出明确结论的定性或定量指标，这样才能保证评价结果的真实和客观。

（二）全面性原则

共享发展指标体系的选取要具有全面性，应该包括静态指标、动态指标。

（三）简明性原则

指标的选取要具有简明性。虽然指标越多反映越全面，但是随着指标量的增加，难免发生指标与指标的重叠，相关性严重，这反而给综合评价带来不便。

（四）层次性原则

由于共享发展内涵的多层次性，指标体系也是由多层次结构组成，反映出各层次的特征。以保证评价的全面性和可信度，这样既能消除指标间的相容性，又能保证指标体系的全面性、科学性。

（五）可操作性原则

在各指标子系统中，存在较多难以定量、精确计算或获取的数据。因此，在构建评价指标体系时，应挑选一些易于计算、容易取得并且能够在要求水平上很好地反映共享发展实际情况的指标，使得所构建的指标体系具有较强的可操作性。

三　共享指标体系

根据前言部分阐述的共享发展内涵及关键核心内容，通过习近平同志提出的全民共享的理念，结合党的十八大提出的五位一体的战略布局，我们把共享发展按经济共享、政治共享、社会共享、文化共享、生态共享的逻辑从理论上对共享发展指标进行征集、论证与筛选。同时，指标的选取要体现共享发展的特征，一是要体现不同地区发展的特征，选取一定的代表经济社会发展的指标来衡量；二是要体现不同地区共享的特征，选取一定的体现共享差异化的指标来衡量，指标体系的建立如表 I - 1 所示。

表 I -1　　　　　　　　　　　共享发展指标体系

一级指标	二级指标	三级指标	指标代码	权重（%）	指标类型
经济共享	包容性增长	人均 GDP 城乡居民可支配收入差距	I_1 I_2	5% 5%	正向指标 逆向指标
	基础公共服务	人均道路面积 人均民用车拥有量 人均移动电话拥有量 人均互联网用户数	I_3 I_4 I_5 I_6	5% 5% 5% 5%	正向指标 正向指标 正向指标 正向指标
	贫困治理水平	贫困发生率（贫困人口占全部总人口的比率） 脱贫率（贫困人口减少数与贫困人口总数的比率）	I_7 I_8	5% 5%	逆向指标 正向指标

续表

一级指标	二级指标	三级指标	指标代码	权重（%）	指标类型
文化共享	文化生产	人均文化产出	I_9	5%	正向指标
	文化传播	人均公共图书馆藏书量	I_{10}	5%	正向指标
社会共享	教育公平	人均各级学校专职教师拥有量	I_{11}	5%	正向指标
		人均教育经费	I_{12}	5%	正向指标
	医疗公平	医疗保险覆盖率	I_{13}	5%	正向指标
		人均卫生技术人员数	I_{14}	5%	正向指标
		人均卫生机构床位数	I_{15}	5%	正向指标
	社会保障	养老保险覆盖率	I_{16}	5%	正向指标
		失业保险覆盖率	I_{17}	5%	正向指标
生态共享	生态效率	万元工业增加值能耗	I_{18}	5%	逆向指标
	生态环境质量	人均绿化覆盖面积	I_{19}	5%	正向指标
		环境空气质量综合指数	I_{20}	5%	正向指标

（一）经济共享指标子系统

在一级指标经济共享下，我们设立了包容性增长、公共服务共享以及贫困治理三大二级指标。

1. 包容性增长指标

包容性增长高度反映了经济的发展水平和经济发展成果的共享程度，从而充分体现了共享发展对经济建设的要求及其共享性与发展性特征。为了有效地测度包容性增长，我们首先选取了人均GDP（I_1）这一衡量经济发展水平的核心指标。毋庸置疑，在共享程度既定的情况下，经济发展水平越高越好，即人均GDP越高越好。进一步，更高的经济发展水平也有利于提升共享程度。

中国经济具有突出的城乡二元性特征，表现在居民收入分配方面就是城乡收入差距巨大，因此缩小城乡收入差距是推进共享发展的重要途径。城乡收入差距（I_2）的计算公式为：

$$I_3 - U^{'}/R^{'}$$

其中，$U^{'}$为该省（直辖市）城镇居民当年人均可支配收入中位数，$R^{'}$

为该省（直辖市）农村居民当年人均可支配收入中位数。

2. 基础公共服务指标系统

公共服务是人类发展的重要条件，也是人类发展得重要内容，其主要特征就是共有性和非营利性。因而大力发展公共服务以及公共服务均等化也是共享发展的重要内容。基础公共服务是公共服务中的一个类型①，它主要是指政府部门通过国家赋予其的权力介入或公共资源投入，为公民及其组织提供从事生产、生活、发展和娱乐等活动都需要的基础性服务，如提供水、电、气，交通与通信基础设施，邮电与气象服务等。由此可见，基础公共服务水平在很大程度上反映了居民对政府所掌控的经济发展成果的共享程度。同时基础公共服务水平也是促进经济发展的重要因素。因而，我们将基础公共服务当作经济共享的有机组成部分。

人均道路面积（I_3）和人均民用车拥有量（I_4）衡量了交通基础设施的共享水平。要指出的是，这里人均道路面积根据城乡居民总数和城乡道路总面积计算，是城市人均道路面积和乡镇人家道路面积的加权平均值。人均民用车拥有量则反映了居民对本地交通工具的共享水平。

人均移动电话拥有量（I_5）和人均互联网用户数（I_6）是衡量邮电基础设施发展水平的重要指标。邮电基础设施发达程度是现代社会经济发达程度的重要标志。移动电话和互联网的使用是民众共享邮电基础设施的最主要的两种方式，因而本书把人均移动电话拥有量和人均互联网用户数也当作基础公共服务的核心指标。

3. 贫困治理水平

贫困治理是党的十八届五中全会重点强调的共享发展内容，精准扶贫精准脱贫是当前党中央国务院的一项重大工作，是衡量 2020 年全面建成小康社会是否成功的核心指标。无论是国际社会还是在中国，都以可支配收入为标准来定义贫困。因而，贫困治理应当属于经济共享的范畴，是经济共享的重要方面。

我们选取贫困发生率（I_7）即贫困人口占全部总人口的比率和脱贫率（I_8）即贫困人口减少数与贫困人口总数的比率作为贫困治理水平的核心

---

① 公共服务还包括其他重要类型，如社会公共服务。我们将其他公共服务指标分别归入人文化、社会以及生态共享指标子系统。

指标。贫困发生率从静态视角反映了贫困治理水平，不管什么原因造成的贫困，贫困发生率越高总是意味着贫困治理水平越低，当然也说明经济共享水平越低。脱贫率则从动态视角反映了贫困治理水平，反映了一个地区解决贫困问题的力度和进展状况。脱贫率越高，则贫困治理水平越高，经济共享水平的改善程度越大。

由于贫困发生率和脱贫率都只从一个视角或侧面反映了贫困治理水平，必须把两者综合起来才能全面反映贫困治理水平，以免造成评价的偏差。例如，经济共享水平本来就很高的地区，其贫困发生率通常较低，该地区的脱贫率很可能也就不高，因为贫困人口的基数本来就小。因而，如果仅以脱贫率来衡量贫困治理水平，则很可能形成误判。同样，如果仅选择贫困发生率，则不能有效衡量贫困治理水平的推进力度，不利于调动贫困治理的积极性。

（二）文化共享指标子系统

文化共享主要涉及文化生产和文化传播两个维度，我们分别用人均文化产出和人均公共图书馆藏书量来代表文化共享的这两个维度。

人均文化产出（I_9）是指该地区文化、旅游和体育的生产总值与该地区总人口的比值。人均文化产出在很大程度上衡量了一个地区文化的先进程度和丰富程度。

公共图书馆是由国家中央或地方政府管理、资助和支持的、免费为社会公众服务的文化机构，是人类社会文明发展的产物，也是人民群众获取文化知识、共享文化建设成果的主要途径。人均公共图书馆藏书量（I_{10}）反映了该地区的公共文化服务供给水平和文化成果的传播力度。该指标值越大，公共文化共享水平越高。

（三）社会共享指标子系统

社会共享也包括三个方面的二级指标，即教育公平、医疗公平和社会保障，它们也都是政府应提供的公共服务的重要内容。这三方面的内容是提升民众自我发展能力，改善民众素质，保障民众发展权力的重要条件，也是促进民众共建共享的重要途径。

1. 教育公平

追求教育公平是人类社会古老的理念，同时教育公平是一个历史范畴，在不同的国家和不同的历史时期有着不同的含义。在我国现阶段条件下，可以从三个层次来理解教育公平，即确保人人都享有平等的受教育的权利和义务、提供相对平等的受教育的机会和条件、教育成功机会和教育效果的相对均等。目前我国已经基本解决了人人享有平等的受教育的权利和义务的问题，因此我们主要采用人均各级学校专职教师拥有量（I_{11}）、人均教育经费（I_{12}）来衡量教育公平。

人均各级学校专职教师拥有量（I_{11}）和人均教育经费（I_{12}）衡量了受教育的机会和条件的公平性，前者是根据普通小学、初中、普通高中、中等职业学校以及普通高校专职教师总人数与该地区总人口的比值，后者是公共财政中教育经费支出与总人口的比值。

2. 医疗公平

医疗公平是指城乡居民公平享有公共医疗资源和医疗服务，它是社会共享不可或缺的内容。我们主要选取医疗保险覆盖率（I_{13}）、人均卫生技术人员数（I_{14}）、人均卫生机构床位数（I_{15}）这三个指标来衡量医疗公平。

医疗保险是为补偿疾病所带来的医疗费用的一种保险，它对患病的劳动者给予经济上的帮助，有助于消除因疾病带来的社会不安定因素，是调整社会关系和社会矛盾的重要社会机制。一个地区的基本医疗保险覆盖率（I_{13}）是当地参与基本医疗保险的人数与总人数的比，它衡量了医疗资源和医疗服务对当地民众的保障程度。人均卫生技术人员数（I_{14}）和人均卫生机构床位数（I_{15}）衡量了民众可以共享的潜在公共医疗资源和医疗服务水平。这两个指标值越高，表明共享医疗资源和医疗服务的水平越高。

3. 社会保障

社会保障也是社会共享的重要内容，它是指国家通过立法，积极动员社会各方面资源，通过收入再分配，保证无收入、低收入以及遭受各种意外灾害的公民能够维持生存，保障劳动者在年老、失业、患病、工伤、生育时的基本生活不受影响，同时根据经济和社会发展状况，逐步增进公共福利水平，提高国民生活质量。我们主要采用养老保险覆盖率（I_{16}）、失业保险覆盖率（I_{17}）这两个指标来衡量社会保障。

随着中国逐渐进入老龄化社会，养老也成为中国社会保障不可回避的挑战。养老保险覆盖率（I_{16}）是已参加基本养老保险的人数与应参加基本养老保险的人数的比值，它既体现了民众共享社会保障的水平，也反映了民众共建社会保障体系的程度。

中国正处于经济结构快速转型时期，供给侧结构性改革带来的产业调整难免对就业造成冲击。因此，失业保险是稳定社会秩序、保障供给侧结构性改革和中国经济转型的重要保障。一个地区的失业保险覆盖率（I_{17}）是指该地区领取失业保金的人数与该地区全部失业人数的比值，其取值越高，则社会保障的共享程度也越高。

（四）生态共享指标子系统

习近平同志指出："良好的生态环境是最公平的公共产品，是最普惠的民生福祉。"生态共享就是要保证所有人都享有良好的生态环境。改革开放以来，我国经历多年的高速经济增长，但过去的经济增长方式以高耗能、高污染为代价，对生态环境造成了巨大破坏，也带来了严重的环境不公平问题。解决上述问题的根本途径就是要大力推进生态文明建设，不断改善生态环境效率，创造良好的生态环境，使民众共享生态文明成果。

我们主要从生态效率和环境质量两方面考察生态共享水平。其中，生态效率选取的衡量指标是万元工业增加值能耗（I_{18}）。该指标不仅体现了经济发展的能源效率水平，在很大程度上也能体现经济发展的其他资源利用效率，因为其他资源的投入与能源投入有很强的正相关性。同时，能耗与污染排放水平也有很强的正相关关系，因而万元工业增加值能耗也能较好地反映地区经济发展中的污染排放强度。

生态环境质量的衡量指标有两个。人均绿化覆盖面积（I_{19}）是城市公共绿地面积与城市非农业人口的比值，它是衡量城市绿化程度的核心指标。环境空气质量综合指数（I_{20}）则能有效地反映一个地区的环境状况，这个指标取值越高，意味着当地的环境质量越高。

四 共享发展指数的测算

共享发展指数是衡量共享发展水平的一个量化评价结果，力求科学、客观、全面地反映省际层面共享发展水平的区域差距。根据上述共享发展评价指标体系的设计，通过对 36 个三级指标的权重设置、无量纲处理和加权求和，完成共享发展指数的测度。

（一）权重确定方法

在初步确定共享发展评价指标体系后，还要经过一个非常重要的步骤——权重分配。权重是指标体系中各个指标的重要性程度，它像标尺一样显示指标对目标实现的影响程度。指标体系表明的是哪些因素对目标达成富有价值，而权重则标明它们的价值到底有多大。某一指标的权重标明了该指标在整个评价指标体系中的相对重要性程度，确定指标权重就是对评价内容的重要程度进行了定量分配。事实上，凡属客观的评价都是有重点的评价，因此，指标权重的确定将会影响共享发展评价的效度。

在共享发展评价指标体系设计中，指标确权是共享发展评价重要性的风向标。因此，可以说指标权重的确定是共享发展评价指标体系构建中最为关键和最为敏感的环节。在评价研究中，确定指标权重的常用方法主要有主观赋权法和客观赋权法两种：主观赋权法包括指数法、德尔菲法、层次分析法、模糊综合评价法等方法；客观赋权法包括主成分分析法、因子分析法、变异系数法、熵值法、复项关系数法等方法。上述指标确权方法在使用上各有优劣，不能说一种方法比另一种方法更为优越，因此，在具体实施中只有根据实际需要选取符合情境的方法才是上策。

我们暂且将每个指标作等权重处理，即每个三级指标的权重为2.78%。这样，一级指标中经济共享的权重达到38.92%，政治共享的权重为8.34%，文化共享的权重为5.56%，社会共享的权重为33.36%，生态共享的权重为13.9%。

（二）指标值的无量纲处理

由于各基础指标的单位或量级存在差别，因此需要对每个基础指标的数值进行无量纲处理，以此科学地进行横向和纵向比较、加权求和。本书选定2015年为基准年，采用"定基极差法"来计算每个基础指标的无量纲指标值，公式如下：

对于正向指标[①]而言，$Q_k^t = \dfrac{I_k^t - I_{k,\min}^{2015}}{I_{k,\max}^{2015} - I_{k,\min}^{2015}}$

----

① 正向指标是指数值越大，评价就越好的指标。

对于逆向指标①而言，$Q_k^t = \dfrac{I_{k,\max}^{2015} - I_k^t}{I_{k,\max}^{2015} - I_{k,\min}^{2015}}$

其中，Q_k^t 表示第 k 个基础指标在 t 年的无量纲指标值，I_k^t 表示第 k 个基础指标在 t 年的原始测度值，$I_{k,\max}^{2015}$ 表示第 k 个基础指标在 2015 年原始测度值中的最大值，$I_{k,\min}^{2015}$ 表示第 k 个基础指标在 2015 年原始测度值中的最小值。

（三）共享发展指数的计算

在上述工作的基础上，通过加权求和的方式分别计算 5 个维度的指数和共享发展指数，公式如下：

$$JJI_t = \sum_{k=1}^{14} w_k Q_k^t \quad ZZI_t = \sum_{k=15}^{17} w_k Q_k^t \quad WHI_t = \sum_{k=18}^{19} w_k Q_k^t \quad SHI_t = \sum_{k=20}^{31} w_k Q_k^t \quad STI_t$$

$$= \sum_{k=32}^{36} w_k Q_k^t$$

$$SDCI_t = \sum_{k=1}^{31} w_k Q_k^t$$

其中，JJI_t 为 t 年的经济共享指数，ZZI_t 为 t 年的政治指数，WHI_t 为 t 年的文化共享指数，SHI_t 为 t 年的社会共享指数，STI_t 为 t 年的生态共享指数，$SDCI_t$ 为 t 年的共享发展指数；w_k 是第 k 个基础指标的权重，Q_k^t 为第 k 个基础指标在 t 年的无量纲指标值。

参考文献

童星：《从"成果共享"到"共享发展"》，《贵州师范大学学报》（社会科学版）2017 年第 2 期。

王瑾：《共享发展：让群众有更多的获得感》，《当代世界与社会主义》2016 年第 2 期。

王蕾、李红玉、魏后凯：《城乡共享发展评价体系的构建与评价》，《经济纵横》2012 年第 7 期。

易昌良：《2015 中国发展指数报告——"创新 协调 绿色 开放 共享"新理念、新发展》，经济科学出版社 2016 年版。

---

① 逆向指标是指数值越小，评价就越好的指标。

张彦，顾青青：《共享发展：当代发展伦理的中国表达》，《思想理论教育》2016年第 7 期。

张琦等：《中国共享发展研究报告（2016）》，经济科学出版社 2017 年版。

郑洪：《共享发展的科学内涵及实现机制》，《中外企业家》2017 年第 2 期。

附 录 Ⅱ

湖南省四大经济板块共享发展指数

采用前述方法，本研究计算了 2015 年湖南省四大经济板块各地级市的各类共享发展指数。所使用的基础数据主要来自《湖南省统计年鉴2016》，部分数据来自各地级市的经济社会发展统计公报和政府网站。要说明的是，由于政治共享发展指标的相关数据难以获取，本研究暂不评价政治共享发展。

一 经济共享发展总体状况

表Ⅱ-1 和表Ⅱ-2 显示了湖南省各地级市及四大经济板块的经济共享发展指数。从包容性增长来看，长沙地区位于第一位，主要原因是长沙作为湖南省的省会城市，人均 GDP 最高，城乡居民可支配收入差距最小；湘潭位于第二位，其人均 GDP 是长沙的一半左右，城乡居民可支配收入差距和长沙比较接近，说明湘潭地区的城乡发展比较均衡。相比较而言，湘西和娄底由于人均 GDP 和城乡居民收入差距比较大，分别位于倒数第一位和倒数第二位。就人均 GDP 来看，长沙的人均 GDP 是湘西的 6 倍还要多，说明湖南整体的发展差距还是非常大的。

从基础公共服务来看，长沙地区位于第一位，说明长沙地区的基础公共服务走在了前列。从分指标来看，人均民用车、互联网、移动电话拥有量均为第一位，但是就人均公路面积来看，却是倒数第一位，主要原因是长沙地区是湖南省人口集聚区；而张家界作为全国最有名的旅游景点之一，由于地广人稀，人均公路面积位于第一位，总体基础公共服务水平位于湖南省第二位。而邵阳地区由于人均电话拥有量和互联网拥有量均比较低，所以基础公共服务水平位于倒数第一位。

从贫困治理水平来看，湘潭由于脱贫率全省最高，贫困发生率位于全省第二，所以总体贫困治理水平最高；长沙地区由于经济比较发达，贫困人口比较少，所以贫困发生率最低，脱贫率仅次于湘潭，总体贫困治理水平位于第二位。而湘西由于经济发展水平最为落后，所以贫困发生率最高，脱贫率也位于倒数第二位，整体来看，贫困治理水平最低。

综合来看，长沙地区经济共享程度最高，其包容性增长、公共服务和贫困治理水平均为第一，可见长沙作为湖南的省会城市在各个方面都走在了前列。其次为湘潭，湘潭地区的贫困治理水平位于全省第一位，包容性增长和基础公共服务分别位于第二位和第三位，经济共享水平位于全省第二位。值得一提的是张家界作为全国著名的旅游景点，其人均道路面积位于湖南省第一位，其基础公共服务水平仅次于长沙，位于第二位，可见湖南省对于张家界基础建设的重视。邵阳地区由于基础公共服务最差，导致经济共享程度位于全省倒数第一位，湘西州由于人均 GDP 最低，贫困人口最多，导致了经济共享指数位于全省倒数第二位。

从四大板块来看，长株潭板块经济共享指数为 0.71，要远远高于其他三个板块，环洞庭湖板块次之，第三位是泛湘南板块，大湘西板块经济共享程度最低。从包容性增长来看，长株潭板块的人均 GDP 最高，是大湘西板块的 3 倍还要多，也说明了湖南省经济最发达地区和最不发达地区的差距还是非常大的。从基础公共服务来看，大湘西板块由于地广人稀，人均道路面积位于前列，泛湘南板块由于信息通信比较落后，总体位于四大板块的最后一位，说明泛湘南板块的基础设施建设是四个板块中最差的。就贫困治理水平来看，除了长株潭板块的贫困治理水平较高之外，其他板块的贫困治理水平均比较落后，特别是湘西地区的贫困发生率要远远高于其他板块，说明其脱贫任务还比较严峻，泛湘南地区的贫困发生率也比较高，其贫困治理水平也有待提高。

表Ⅱ-1　湖南省地级市经济共享发展指数

地区	包容性增长			基础公共服务					贫困治理水平			经济共享指数
	人均GDP	城乡居民可支配收入差距	综合指数	人均公路道路面积	人均民用车拥有量	人均移动电话拥有量	人均互联网用户数	综合指数	贫困发生率	脱贫率	综合指数	
长沙	1.00	1.00	1.00	0.37	1.00	1.00	1.00	0.84	1.00	0.52	0.76	0.86
株洲	0.51	0.78	0.64	0.59	0.68	0.58	0.71	0.64	0.40	0.46	0.43	0.59
湘潭	0.53	0.89	0.71	0.48	0.68	0.61	0.68	0.61	0.55	1.00	0.78	0.68
衡阳	0.31	0.92	0.61	0.49	0.36	0.38	0.43	0.41	0.29	0.42	0.36	0.45
邵阳	0.17	0.70	0.43	0.52	0.39	0.33	0.37	0.40	0.11	0.31	0.21	0.36
岳阳	0.45	0.81	0.63	0.62	0.50	0.49	0.52	0.53	0.25	0.38	0.32	0.50
常德	0.40	0.81	0.61	0.66	0.54	0.43	0.60	0.56	0.25	0.55	0.40	0.53
张家界	0.26	0.62	0.44	1.00	0.69	0.47	0.64	0.70	0.09	0.41	0.25	0.52
益阳	0.27	0.93	0.60	0.62	0.53	0.43	0.40	0.50	0.18	0.25	0.22	0.45
郴州	0.37	0.78	0.58	0.64	0.54	0.52	0.54	0.56	0.19	0.38	0.29	0.49
永州	0.23	0.83	0.53	0.73	0.44	0.33	0.38	0.47	0.14	0.43	0.29	0.44
怀化	0.23	0.59	0.41	0.72	0.56	0.43	0.42	0.53	0.10	0.43	0.26	0.43
娄底	0.29	0.67	0.48	0.66	0.74	0.47	0.48	0.59	0.12	0.29	0.20	0.46
湘西	0.16	0.58	0.37	0.83	0.40	0.34	0.47	0.51	0.06	0.30	0.18	0.39

表Ⅱ－2　　　　湖南省四大经济板块经济共享发展指数

板块	包容性增长			基础公共服务					贫困治理水平			经济共享指数
	人均GDP	城乡居民可支配收入	综合指数	人均公路道路面积	人均民用车拥有量	人均移动电话拥有量	人均互联网用户数	综合指数	贫困发生率	脱贫率	综合指数	
长株潭	0.68	0.89	0.78	0.48	0.79	0.73	0.80	0.70	0.65	0.66	0.65	0.71
环洞庭湖	0.37	0.85	0.61	0.63	0.52	0.45	0.51	0.53	0.23	0.39	0.31	0.50
泛湘南	0.30	0.80	0.55	0.63	0.52	0.42	0.46	0.51	0.19	0.38	0.28	0.46
大湘西	0.20	0.62	0.41	0.77	0.51	0.39	0.48	0.54	0.09	0.36	0.23	0.43

二　社会共享发展总体状况

表Ⅱ-3和表Ⅱ-4显示了湖南省各地级市及四大经济板块的社会共享发展指数。从教育公平来看，长沙地区位于第一位，其专职教师占总人口的比重和人均教育经费均为全省最高；益阳地区专职教师占比最低，而岳阳的人均教育经费是最低的。整体来看，益阳的教育公平指数最低。

就医疗公平来看，长沙的医疗共享指数最高，其医疗保险覆盖率、人均卫生技术人员数、人均卫生机构床位数均为最高；张家界的医疗保险覆盖率最低，邵阳的人均卫生技术人员数和人均卫生机构床位数最低。综合来看，张家界的医疗共享指数最低。

就社会保障来看，长沙的养老保险覆盖率最高，怀化的养老保险覆盖率最低，娄底的失业保险覆盖率最高，岳阳的失业保险覆盖率最低。总体而言，长沙的社会保障指数最高，湘西地区由于养老保险和失业保险覆盖率均比较低，整体上社会保障处于最低水平。

综合来看，长沙地区的社会共享程度最高，其次为郴州，而张家界由于养老保险和医疗保险覆盖率均比较低，社会共享程度处于湖南省最低水平。

三　文化共享发展总体状况

表Ⅱ-5和表Ⅱ-6显示了湖南省各地级市及四大经济板块的文化共享发展指数。综合来看，文化共享指数最高的是长沙地区，最低的是邵阳地区。从文化生产指数来看，由于张家界是全国著名旅游景点，其文化和旅游产业走在前列，人均文化产出也是最高。在文化传播方面，从人均公共图书馆藏书量来看，张家界是最低的。由于邵阳的人均文化产出和人均公共图书馆藏书量均比较低，综合来看，文化共享程度最低。

从四大板块来看，由于大湘西地区由于是文化、旅游的著名地区，所以人均文化产出位于四大板块之首，长株潭板块次之。综合来看长株潭板块由于人均文化产出和人均公共图书馆藏书量均比较高，所以文化共享指数最高。而环洞庭湖地区文化共享程度最低，说明应该环洞庭湖地区应该加强文化的生产和公共文化的传播。

表 Ⅱ - 3　湖南省地级市社会共享发展指数

地区	教育公平			医疗公平				社会保障			社会共享指数
	专职教师占总人口比重	人均教育经费	综合指数	医疗保险覆盖率	人均卫生技术人员数	人均卫生机构床位数	综合指数	养老保险覆盖率	失业保险覆盖率	综合指数	
长沙	1.00	1.00	1.00	1.00	1.00	1.00	1.00	1.00	0.74	0.87	0.96
株洲	0.68	0.57	0.63	0.51	0.58	0.63	0.57	0.84	0.72	0.78	0.65
湘潭	0.81	0.53	0.67	0.47	0.61	0.67	0.58	0.64	0.72	0.68	0.64
衡阳	0.74	0.53	0.63	0.48	0.56	0.63	0.56	0.76	0.72	0.74	0.63
邵阳	0.69	0.54	0.61	0.93	0.44	0.52	0.63	0.51	0.43	0.47	0.58
岳阳	0.66	0.48	0.57	0.34	0.51	0.60	0.49	0.48	0.07	0.27	0.45
常德	0.63	0.52	0.57	0.40	0.51	0.63	0.51	0.64	0.26	0.45	0.51
张家界	0.70	0.66	0.68	0.14	0.55	0.59	0.43	0.12	0.13	0.13	0.41
益阳	0.61	0.52	0.56	0.28	0.49	0.58	0.45	0.37	0.17	0.27	0.43
郴州	0.77	0.71	0.74	0.97	0.56	0.69	0.74	0.55	0.61	0.58	0.69
永州	0.77	0.59	0.68	0.35	0.49	0.68	0.51	0.34	0.27	0.30	0.50
怀化	0.74	0.61	0.68	0.73	0.55	0.65	0.64	0.11	0.64	0.37	0.58
娄底	0.76	0.49	0.62	0.47	0.50	0.60	0.52	0.56	1.00	0.78	0.63
湘西	0.87	0.81	0.84	0.35	0.59	0.68	0.54	0.17	0.13	0.15	0.52

表Ⅱ-4 湖南省四大经济板块社会共享发展指数

板块	教育公平			医疗公平				社会保障				社会共享指数
	专职教师占总人口比重	人均教育经费	综合指数	医疗保险覆盖率	人均卫生技术人员数	人均卫生机构床位数	综合指数	养老保险覆盖率	失业保险覆盖率	综合指数		
长株潭	0.83	0.70	0.76	0.66	0.73	0.76	0.72	0.83	0.72	0.78		0.75
环洞庭湖	0.63	0.51	0.57	0.34	0.50	0.60	0.48	0.50	0.16	0.33		0.46
泛湘南	0.76	0.58	0.67	0.57	0.53	0.65	0.58	0.55	0.65	0.60		0.61
大湘西	0.75	0.66	0.70	0.54	0.53	0.61	0.56	0.23	0.33	0.28		0.52

表Ⅱ-5 **湖南省地级市文化共享发展指数**

地区	文化生产指数	文化传播指数	文化共享指数
	人均文化产出	人均公共图书馆藏书量	
长沙市	0.22	1.00	0.61
株洲市	0.41	0.35	0.38
湘潭市	0.56	0.45	0.51
衡阳市	0.22	0.25	0.24
邵阳市	0.22	0.23	0.23
岳阳市	0.28	0.20	0.24
常德市	0.31	0.25	0.28
张家界市	1.00	0.14	0.57
益阳市	0.39	0.30	0.32
郴州市	0.39	0.30	0.35
永州市	0.29	0.29	0.29
怀化市	0.33	0.32	0.33
娄底市	0.46	0.23	0.35
湘西州	0.61	0.34	0.48

表Ⅱ-6 **湖南省四大经济板块文化共享发展指数**

板块	文化生产指数	文化传播指数	文化共享指数
	人均文化产出	人均公共图书馆藏书量	
长株潭	0.40	0.60	0.50
环洞庭湖	0.33	0.23	0.28
泛湘南	0.34	0.26	0.30
大湘西	0.54	0.26	0.40

四 生态共享发展总体状况

表Ⅱ-7和表Ⅱ-8显示了湖南省各地级市及四大经济板块的经济共享发展指数。从生态效率来看，长沙地区的生态效率最高，说明长沙地区的万元工业增加值能耗最低，能源经济效益最高；娄底的能源效率最低，说明娄底地区的万元工业增加值能耗最高，能源经济效益最低。

从生态环境质量来看，怀化的人均绿化覆盖面积最低，益阳的人均绿化面积最低。就环境空气综合质量而言，湘西地区的质量最高，湘潭地区的质量最低。整体而言，怀化的环境生态环境质量最高，益阳地区的生态环境质量最低。

综合来看，长沙地区由于生态效率远远高于其他城市，因此生态共享指数最高。益阳由于生态效率和生态环境质量都比较低，因此生态指数最低。

表Ⅱ-7　　　　　　　　湖南省地级市生态共享发展指数

地区	生态效率	生态环境质量			生态共享指数
	万元工业增加值能耗	人均绿化覆盖面积	环境空气质量综合指数	综合指数	
长沙	1.00	0.60	0.77	0.46	0.79
株洲	0.29	0.93	0.77	0.56	0.66
湘潭	0.14	0.90	0.74	0.55	0.59
衡阳	0.24	0.72	0.80	0.51	0.59
邵阳	0.33	0.70	0.76	0.49	0.60
岳阳	0.19	0.66	0.75	0.47	0.53
常德	0.32	0.44	0.82	0.42	0.53
张家界	0.67	0.47	0.88	0.45	0.67
益阳	0.23	0.34	0.76	0.37	0.44
郴州	0.21	0.70	0.87	0.53	0.60
永州	0.40	0.37	0.83	0.40	0.53
怀化	0.28	1.00	0.84	0.61	0.71
娄底	0.08	0.89	0.75	0.55	0.58
湘西	0.31	0.38	1.00	0.46	0.56

从板块来看，生态效率最高的是长株潭板块，说明长株潭板块的能源经济效益比较高，最低的是泛湘南板块，说明该地区的能源经济效益比较低，人均绿化面积最高的是长株潭板块，最低的是环洞庭湖板块，环境空气最好的是大湘西板块，综合来看，生态共享指数最高的是长株潭板块，

最低的是环洞庭湖板块。

表Ⅱ-8　　　　　　　湖南省四大经济板块生态共享发展指数

板块	生态效率	生态环境质量			生态共享指数
	万元工业增加值能耗	人均绿化覆盖面积	环境空气质量综合指数	综合指数	
长株潭	0.48	0.81	0.76	0.78	0.68
环洞庭湖	0.24	0.48	0.78	0.63	0.50
泛湘南	0.23	0.67	0.81	0.74	0.57
大湘西	0.40	0.64	0.87	0.75	0.64

五　综合共享发展总体状况

表Ⅱ-9和表Ⅱ-10显示了湖南省各地级市及四大经济板块的综合共享发展指数。综合来看，长沙地区共享发展指数最高，为0.81，其经济共享、社会共享、文化共享和生态共享指数均为最高。其次为湘潭和株洲，分别为0.61和0.57。湘西地区的经济共享指数最低，说明湘西地区还要大力发展经济，提高基础设施建设，同时努力实现脱贫。邵阳地区的文化共享指数最低，说明邵阳地区要进一步繁荣和发展文化产业，加强文化建设。张家界为全国著名旅游景区，其社会共享指数最低，说明张家界需要提高医疗和社会保障水平，提升社会共享程度。而益阳由于社会共享指数和生态共享指数都比较低，所以共享发展指数最低，为0.41，说明益阳地区要不仅提高社会公共服务，还要提升生态效率和生态环境质量，提升该地区的共享发展水平。

表Ⅱ-9　　　　　　　湖南省地级市综合共享发展指数

地区	经济共享指数	文化共享指数	社会共享指数	生态共享指数	综合	排名
长沙	0.86	0.61	0.96	0.79	0.81	1
湘潭	0.68	0.51	0.64	0.59	0.61	2
株洲	0.59	0.38	0.65	0.66	0.57	3
张家界	0.52	0.57	0.41	0.67	0.54	4

续表

地区	经济共享指数	文化共享指数	社会共享指数	生态共享指数	综合	排名
郴州	0.49	0.35	0.69	0.6	0.53	5
怀化	0.43	0.33	0.58	0.71	0.51	6
娄底	0.46	0.35	0.63	0.58	0.51	7
湘西	0.39	0.48	0.52	0.56	0.49	8
衡阳	0.45	0.24	0.63	0.59	0.48	9
常德	0.53	0.28	0.51	0.53	0.46	10
邵阳	0.36	0.23	0.58	0.6	0.44	11
永州	0.44	0.29	0.5	0.53	0.44	12
岳阳	0.5	0.24	0.45	0.53	0.43	13
益阳	0.45	0.32	0.43	0.44	0.41	14

从四大板块来看，就经济共享程度而言，长株潭板块的经济共享程度最高，说明该地区经济发达，基础公共服务和贫困治理水平较高；而大湘西板块经济共享程度最低，说明该地区经济发展比较落后，基础公共服务和贫困治理水平有待于提高。

就文化共享指数而言，长株潭板块由于文化产出和文化传播比较发达，所以文化共享程度比较高；而泛洞庭湖板块均比较落后，所以文化共享程度最低。

就社会共享指数而言，长株潭板块的教育、医疗和社会保障共享程度要远远高于其他板块；泛洞庭湖板块的社会共享指数最低，说明该地区的教育、医疗和社会保障落后于其他板块，需要在以后的发展中进一步提高。

就生态共享而言，由于长株潭地区的生态效率比较高，能源产出效率比较高，所以该板块的生态指数高于其他板块。

综合来看，长株潭板块的共享发展指数最高，环洞庭湖板块的共享发展指数最低。因此，各个板块可以结合自身的特点，一方面加强板块内部之间的协作，另一方面提升版块之间的合作水平，形成优势互补、协同发展的局面，提升湖南省的共享发展水平。

表Ⅱ-10　　　　　　湖南省四大经济板块综合共享发展指数

四大板块	经济共享指数	文化共享指数	社会共享指数	生态共享指数	共享发展指数
长株潭	0.71	0.50	0.75	0.68	0.66
环洞庭湖	0.50	0.28	0.46	0.50	0.44
泛湘南	0.46	0.30	0.61	0.57	0.49
大湘西	0.43	0.40	0.52	0.64	0.50

小　结

　　为了科学合理地评价中国各地区共享发展的进展状况，同时为实际工作部门按照共享发展理念开展工作，提供参考依据，本书初步构建了一个逻辑自洽、具有可操作性的共享发展评价指标体系，该指标体系充分体现了共享发展的内涵及特征，其结构与中国特色社会主义建设"五位一体"总布局的思路相一致。

　　不过，有关共享发展的理论研究才刚过起步，有关共享发展的实践也处于探索阶段。相信随着共享发展理论研究的不断深入和共享发展实践的不断深化，人们对共享发展的理解也将与时俱进，更加科学。关于共享发展的指标体系也应及时反映最新的理论研究成果的进展和具有重大意义的实践经验。

　　因此，未来我们将密切关注共享发展最新理论研究成果和实践经验，对该指标体系加以修正、改进，以进一步提升评价体系的科学性、客观性和全面性。例如，我们可能通过问卷调查，广泛征求各领域专家和政策制定者的意见，修正三级指标的权重。在完善指标体系的基础上，我们将展开相关的应用研究。

　　本书通过以湖南省为例，对湖南省各个地区的共享程度进行测算，得出如下结论：

　　（1）湖南省共享发展的区域效应非常明显。各板块之间的共享程度差距较大，各板块内部的共享程度趋于一致。

　　（2）从经济共享来看，长株潭板块的经济共享程度最高，大湘西板块经济共享程度最低。其中，长沙和湘西、邵阳的人均GDP差距将近6倍，基础设施共享主要差距体现在手机和互联网应用方面；其中，邵阳地区的信息化水平是最低的，大约为长沙地区的三分之一。而一个地区的贫困发生率和这个地区的经济发展水平息息相关。所以，大湘西板块的经济发展和贫困治理水平有待于提高。

（3）从文化共享来看，长株潭地区由于文化产出和文化传播指数都比较高，所以文化共享程度最高。而环洞庭湖板块由于人均文化产出和人均公共图书馆藏书量比较低，所以文化共享程度最低。说明环洞庭湖板块应该加强文化建设，重视文化产出和文化传播。

（4）从社会共享来看，社会共享程度和经济共享程度有很大的相关性。长株潭板块的社会共享程度位于四大板块之首，而环洞庭湖板块和大湘西板块的社会共享水平比较低。

（5）从生态共享来看，由于经济发达地区由于生态效率远远高于落后地区，所以长株潭板块的生态效率最高，泛湘南板块最低。

可以看出，各个板块内部之间的共享程度趋于一致，板块内部的经济社会发展趋于均衡，而版块之间的共享发展差距还是比较大，一方面说明湖南省的经济社会发展的地区差距还是非常大的，另一方面也说明区域经济的带动效应有待提升，区域的经济社会合作水平有待提高。

后 记

本报告由李平、刘建武主持撰写，各章节写作分工如下：第一章（张友国、蒋金荷、张茜、陈金晓、白延涛、刘建翠）；第二章（吴滨、朱承亮、程远、左鹏飞、马晔风、徐海龙）；第三章（张友国、蒋金荷、张茜、陈金晓、白延涛、刘建翠）；第四章（吴滨、朱承亮、程远、左鹏飞、马晔风、徐海龙）；第五章（张友国、吴滨、朱承亮、程远、张茜）；附录Ⅰ和附录Ⅱ（李平、韦结余、张友国）。

本课题组感谢中国社会科学院数量经济与技术经济研究所科研处处长韩胜军、副处长张杰，湖南省社会科学院科研处处长潘小刚、湖南省社会科学院经济研究所所长李晖、副所长邝奕轩、副所长杨顺顺的组织协调。特别感谢岳塘区委区政府、祁阳县委县政府、慈利县委县政府、吉首市委市政府相关部门同志，尤其是岳塘区委书记胡海军、区长陈爱民、区委副书记郭勇、副区长杨泽宇、副区长李辉，祁阳县委书记周新辉、县委办主任张少宣、副处级干部冯育忠，慈利县委书记邱初开、县委副书记舒洪波，县委常委、县委办主任覃业成对课题组调研活动给予的精心安排和大力支持。

湖南省典型地区共享发展调研课题组

2018 年 9 月 17 日